Romance Espírita

EL PODER DE LA ELECCIÓN
ZIBIA GASPARETTO

Por el Espíritu

LUCIUS

Traducción al Español:
J.Thomas Saldias, MSc.
Lima, Perú, Junio 2024

Título Original en Portugués:

"O Poder da Escolha"

© Zibia Gasparetto, 2014

Traducido al Español de la 1ra edición Portuguesa, Octubre 2014

World Spiritist Institute

Houston, Texas, USA

E–mail: contact@worldspiritistinstitute.org

De la Médium

Zibia Gasparetto, escritora espírita brasileña, nació en Campinas, se casó con Aldo Luis Gasparetto con quien tuvo cuatro hijos. Según su propio relato, una noche de 1950 se despertó y empezó a caminar por la casa hablando alemán, un idioma que no conocía. Al día siguiente, su esposo salió y compró un libro sobre Espiritismo que luego comenzaron a estudiar juntos.

Su esposo asistió a las reuniones de la asociación espiritual Federação Espírita do Estado de São Paulo, pero Gasparetto tuvo que quedarse en casa para cuidar a los niños. Una vez a la semana estudiaban juntos en casa. En una ocasión, Gasparetto sintió un dolor agudo en el brazo que se movía de un lado a otro sin control. Después que Aldo le dio lápiz y papel, comenzó a escribir rápidamente, redactando lo que se convertiría en su primera novela "El Amor Venció" firmada por un espíritu llamado Lucius. Mecanografiado el manuscrito, Gasparetto se lo mostró a un profesor de historia de la Universidad de São Paulo que también estaba interesado en el Espiritismo. Dos semanas después recibió la confirmación que el libro sería publicado por Editora LAKE. En sus últimos años Gasparetto usaba su computadora cuatro veces por semana para escribir los textos dictados por sus espíritus.

Por lo general, escribía por la noche durante una o dos horas. "Ellos [los espíritus] no están disponibles para trabajar muchos días a la semana", explica. "No sé por qué, pero cada uno de ellos solo aparece una vez a la semana. Traté que cambiar pero no pude."

Como resultado, solía tener una noche a la semana libre para cada uno de los cuatro espíritus con los que se comunicaban con ella.

Vea al final de este libro los títulos de Zibia Gasparetto disponibles en Español, todos traducidos gracias al **World Spiritist Institute**.

Del Traductor

Jesus Thomas Saldias, MSc., nació en Trujillo, Perú.

Desde los años 80's conoció la doctrina espírita gracias a su estadía en Brasil donde tuvo oportunidad de interactuar a través de médiums con el Dr. Napoleón Rodriguez Laureano, quien se convirtió en su mentor y guía espiritual.

Posteriormente se mudó al Estado de Texas, en los Estados Unidos y se graduó en la carrera de Zootecnia en la Universidad de Texas A&M. Obtuvo también su Maestría en Ciencias de Fauna Silvestre siguiendo sus estudios de Doctorado en la misma universidad.

Terminada su carrera académica, estableció la empresa *Global Specialized Consultants LLC* a través de la cual promovió el Uso Sostenible de Recursos Naturales a través de Latino América y luego fue partícipe de la formación del **World Spiritist Institute**, registrado en el Estado de Texas como una ONG sin fines de lucro con la finalidad de promover la divulgación de la doctrina espírita.

Actualmente se encuentra trabajando desde Perú en la traducción de libros de varios médiums y espíritus del portugués al español, habiendo traducido más de 320 títulos, así como conduciendo el programa "La Hora de los Espíritus."

La vida, siempre coloca a la nuestra frente a varias opciones. La elección es libre, una vez hecha la elección, cesa nuestra libertada y somos forzados a cosechar las consecuencias.

PRÓLOGO

La tarde estaba fría, Eugênia levantó la capucha de la casaca para protegerse del viento insistente que levantaba sus cabellos, aumentaba a medida que la envolvía, provocando escalofríos por todo su cuerpo y una desagradable sensación que todo estaba irremediablemente perdido. Por más que intentase, sentía que no encontraría una forma de revertir la situación. ¡Todo estaba acabado!

Caminaba por el parque, casi vacío en ese momento, sin notar a algunas personas que cruzaban corriendo, tratando de escapar de la inminente tormenta.

Para ella, ajena al mundo que la rodeaba, lo único que importaba era la tormenta interior que amenazaba con destruir todas sus posibilidades de felicidad y arrastrarla a un mundo de tristeza y dolor.

¡Todos sus sueños destruidos! Todas las esperanzas, cultivadas durante años, habían sido asesinadas ante una realidad cruel, que le había privado de la posibilidad de seguir disfrutando de todo el bien que creía tener, pero que había resultado falsa y sin futuro.

Las lágrimas comenzaron a correr por su rostro contraído, mientras los sollozos sacudían sus hombros y sus fuerzas comenzaron a fallarle. Los relámpagos cortaban el cielo y la lluvia comenzó a caer sobre la mujer, que sintió el sabor salado de las lágrimas en la boca. El ruido del trueno correspondió al dolor que sentía y Eugênia se sentó en una banca, queriendo desaparecer y dejar su vida para no sufrir más. Entregada, encorvada, cerró los ojos y perdió la noción de las cosas. Su cuerpo yacía en el suelo y permaneció inmóvil. La tormenta pasó y algunas personas empezaron a caminar. Una mujer se detuvo frente al cuerpo de Eugênia y observó:

– ¡Parece muerta! No es una mendiga, ¡está bien vestida!

Se inclinó y colocó con cuidado su mano sobre el pecho de la mujer.

– ¡Está respirando, está viva! Necesita ayuda, llamaré a la policía.

Fue a la entrada del parque y vio una patrulla detenerse en la acera. Avisó a la policía y los llevó hasta donde estaba Eugênia. Observaron su rostro pálido y llamaron a una ambulancia, que llegó quince minutos después al lugar. Colocaron a Eugênia en la camilla y partieron hacia el hospital. Durante el viaje, el médico intentó reanimarla, pero fue inútil. En su bolso no había ninguna identificación, solo una nota:

Eugênia,

Amo a otra mujer y me voy. No puedo seguir fingiendo un sentimiento que ya no existe. Espero que me perdones, me olvides y seas feliz, como lo soy ahora. Te mereces a alguien mejor que yo. Adiós.

Júlio.

– ¡Otra mujer que sufre por amor! – Comentó el enfermero.

– Así es la vida, querido – respondió el médico.

La ambulancia siguió haciendo sonar su sirena para despejar el camino, mientras los dos vigilaban el cuerpo dormido de Eugênia, imaginando el drama de aquella extraña.

# Capítulo 1

El médico entró en la habitación y, al ver a la enfermera que regulaba el suero, preguntó:

– ¿Cómo está ella?

– Lo mismo, Doctor.

Se acercó a la cama, examinó atentamente al paciente y comentó:

– Una semana es mucho tiempo…

Rosa lo miró con pesar y respondió:

– Parece muerta.

– Pero no lo está. Sus signos vitales son normales.

– ¿Qué estás intentando hacer?

– Por ahora nada. La policía aun no ha descubierto su identidad ni ha encontrado a su familia. Tendremos que esperar. Quizás ella reaccione y todo se resuelva.

– Ella es una persona de clase, su ropa es de buena calidad. ¿Qué le pasó? ¿Le habrán robado?

– Su cuerpo no presenta signos de agresión. Mantente atento. Si notas algún cambio, házmelo saber.

– Está bien, Doctor.

El médico, pensativo, salió de la habitación y se dirigió a su consultorio. Había un paciente por atender y se olvidó del tema, sentándose en su escritorio para iniciar la consulta.

Al encontrarse sola con la paciente, Rosa se sentó junto a la cama y, mirándola a la cara durante unos segundos, pensó: "Voy a pedir ayuda a mis amigos espirituales. Ellos sabrán cómo ayudarla."

Cerró los ojos, elevó su pensamiento en ferviente oración y pronto sintió la presencia de Marcos Vinícius, su guía espiritual. Le preguntó:

– ¿Puedo hacer algo para ayudarla?

– Estás en el camino correcto. Sigue rezando. Intentemos ayudarla.

– Parece muerta...

– Su espíritu ha abandonado el cuerpo y no quiere volver. Pero aun no es hora que ella se vaya. Intenta hablar con su espíritu. Tú puedes.

Rosa respiró hondo, se dejó envolver por la compasión que sentía, puso su mano en la frente de Eugênia y dijo:

– Necesitas volver al cuerpo. Aun no es la hora de dejar este mundo. Acepta los acontecimientos que no puedes cambiar y asume la responsabilidad de tu vida.

Rosa guardó silencio y el espíritu Marcos pidió:

– Continúa. Di todo lo que sientes. Tiene muchas cosas que hacer en este mundo. No puede perder esta oportunidad.

– ¿Quizás no quiera volver?

– No. El regreso es obligatorio. Pero si sigue rebelándose, además de sufrir más, retrasará mucho su recuperación. Estaba bien preparada antes de nacer y tiene todo para superar los desafíos de la vida. No pares, habla con ella. Insiste.

La enfermera obedeció. Continuó evocando el espíritu de la mujer, insistiendo en que regresara a su cuerpo. Durante media hora siguió llamando al espíritu de Eugênia, sin éxito, y pensó:

– "Es inútil. Ella no quiere..."

– No te desanimes, Rosa. Ahora vuelve a tus tareas. En cuanto tengas tiempo, ven a verla y sigue invocando su espíritu.

– Está bien. Realmente necesito irme, pero volveré cuando pueda.

– Así es.
Te estaré ayudando.

Rosa se levantó, acarició afectuosamente la frente de Eugênia y dijo:

– Mi nombre es Rosa. Quiero ayudarte en todo lo que pueda. No tengas miedo. Vuelve, te espero para apoyarte. Todo va a estar bien. Necesito irme, pero volveré pronto. Ve con Dios.

Marcos Vinícius salió del hospital y fue en busca del espíritu de Eugênia. En el estado de descontrol en el que se encontraba, sería presa fácil de los espíritus malignos, quienes, en el mundo astral, se aprovechan y esclavizan a quienes se dejan llevar por las emociones negativas.

Para entrar al lugar por donde ella deambulaba desesperadamente y pasar desapercibido, Marcos Vinícius se cubrió de una energía neutra, que se fundía con el color del ambiente, y visualizó la figura de Eugênia.

Pronto la vio caminando angustiada por un páramo húmedo y pegajoso. Él se acercó y la llamó:

-Eugênia. Detente. Quiero hablar contigo ahora.

Se detuvo, miró a su alrededor, pero no vio a nadie y siguió caminando.

Marcos Vinícius interceptó sus pasos y dijo:

– ¡Detente! ¡Tenemos que hablar!

Esta vez, Eugênia vio su figura y preguntó:

– ¿Quién eres tú? ¿Qué quieres?

– Ven conmigo. Necesitamos conversar.

– No, no voy.

– Estás en un lugar peligroso. Vamos a salir de aquí. Ven conmigo. Soy tu amigo, quiero ayudarte.

Eugênia quiso huir, pero Marcos Vinícius la tomó del brazo y le dijo con voz firme:

– Estás muy cansada. Necesitas dormir, descansar, olvidarte de todo...

Ella perdió el conocimiento y Marcos Vinícius le pasó el brazo por la cintura, sosteniéndola. Luego, la envolvió en una energía especial y, juntos, abandonaron rápidamente el lugar.

Al regresar llegaron a un lugar luminoso, lleno de árboles, donde el ambiente era de color verde claro. Marcos Vinícius se detuvo ante la puerta de un inmenso parque, rodeado de altos muros. Ante su gesto, la puerta se abrió y entraron. Inmediatamente llegaron dos asistentes que rápidamente colocaron a Eugênia en una camilla y la llevaron al interior de uno de los edificios.

Marcos Vinícius los acompañó a una sala de tratamiento y les dio detalles del caso. Luego, pasó a otra habitación donde se encontraba un hombre de mediana edad, de rostro tranquilo y apariencia agradable, quien al verlo entrar se puso de pie sonriendo:

– ¡Marcos! ¡Qué placer verte!

-¡Solano! ¡Cuánto tiempo!

Se abrazaron felices.

– Traje a una paciente para recibir ayuda. ¡Pero no podía irme sin abrazarte!

– Me alegro que hayas venido. Tenía muchas ganas de hablar contigo. Siéntate.

Marcos se sentó al lado de Solano en el sofá y continuó:

– Sabes que tengo dos amigos que necesitan ir a la Tierra en una misión delicada. Quizás podrías ayudarme.

– A ver... Habla.

– Me gustaría acompañarte, pero estoy comprometido con algunas investigaciones y, de momento, es imposible alejarme. Si pudieras ir con ellos te lo agradecería mucho.

– ¿De qué se trata?

– Llevan aquí más de quince años y esta es la primera vez que les permiten ver a su familia y ayudarles. Están debidamente preparados, pero a pesar de ello estaré más cómodo si van acompañados de alguien con más experiencia como tú.

– ¿Tendré que vigilarlos todo el tiempo?

– No, solo llévalos al lugar, siente el ambiente y, si todo es satisfactorio, puedes dejarlos. Me mantendré en contacto con ellos desde aquí.

– Está bien. Realmente tengo que volver a la Tierra para seguir el caso de Eugênia.

– ¿La mujer que vino contigo?

– Sí. Está decidida a quedarse aquí, pero aun no es su momento. Estás en crisis y no puede ver los otros lados del problema. La traje aquí para restaurar su energía y calmarla. Tengo que llevarla de regreso al hospital en unas horas. ¿Pueden acompañarme tus amigos?

– Creo que sí. Les haré saber que ha llegado el momento.

Solano apretó un botón y pidió al asistente que llamara a Meire y Olavo. Poco después, una pareja de mediana edad entró en la habitación. Era de mediana estatura, cabello gris, ojos claros y alegres; ella, cara redonda, sonrisa fácil, cuerpo bien formado, ojos oscuros y ágiles.

– Adelante. Este es Marcos Vinícius, mi viejo amigo, que está dispuesto a acompañarlos hasta la corteza terrestre.

Meire se adelantó, fijó sus ojos en Marcos Vinícius, le tendió la mano y sonrió:

-¡Qué bien!

Olavo también lo abrazó diciéndole:

– ¡Creo que te conozco! ¡Una vez realizamos una atención a un joven recién llegado que trajiste! ¿Lo recuerdas?

– Lo recuerdo. Lo apoyaste y lo llevaste a la sala de recuperación.

– Eso mismo. Gracias por seguirnos.
¿Cuándo nos iremos?

– Creo que dentro de unas horas. Debo esperar a que una persona se fortalezca para llevarla de regreso al cuerpo.

– Estaremos esperando. Aprovechemos este tiempo para despedirnos de algunos amigos. No sabemos cuánto tiempo estaremos fuera. Haznos saber cuándo es el momento de partir.

Después que se fueron, Solano informó:

– Pretenden ayudar a su hijo que se metió en problemas y está a punto de perder su encarnación. Pretenden inspirarlo con buenos pensamientos, tocar su espíritu para que reaccione y nunca más pierda esta oportunidad.

– Siento que esta no es la primera oportunidad que tienen.

– Eso mismo. Es la cuarta oportunidad. El chico se prepara mucho, parece haber superado sus debilidades, pero, ya sabes, el magnetismo terrestre revela la verdad.

– ¿Lo logrará esta vez?

Solano pensó un rato, con los ojos entrecerrados, y luego dijo:

– Solo Dios lo sabe. Esperemos.

– Vamos. Sé como es. Pero a pesar de ello, aunque pase lo peor, en cada vida siempre aprendemos algo.

– Eso es. Nada reemplaza la experiencia. La Tierra es el lugar ideal para experimentar con ideas, aprender sobre sentimientos verdaderos y desarrollar conocimientos.

– Bueno, me voy a caminar a ver a unos amigos hasta que sea hora de irme.

– Cuando estés listo, avísale al encargado del sector, quien llamará a mis amigos. ¡Espero que este viaje sea un éxito!

Se abrazaron y Marcos Vinícius se fue. Dos horas después, fue a la habitación donde estaba Eugênia. Llamó suavemente y entró. Ella todavía dormía, vigilada por un asistente. Marcos Vinícius se acercó y notó que el rostro de la paciente estaba distendido y sus mejillas enrojecidas.

– Ella mejoró – comentó.

– Activamos su memoria y le hicimos recordar los momentos en los que se sentía feliz.

– ¿Crees que podemos volver ahora?

– Sí. Pero es mejor preguntar.

Los dos se concentraron por unos segundos y vieron formarse una luz clara en lo alto de la habitación, mientras una voz profunda decía:

— Sí. Pero primero necesitan despertarla.

Marcos puso su mano sobre la frente de Eugênia y dijo con voz firme:

— ¡Despierta, Eugênia!

Abrió los ojos, miró a su alrededor, los fijó, se sentó en la cama y preguntó:

— ¿Quiénes son ustedes?

— Somos amigos – dijo el encargado.

— Mi nombre es Marcos Vinícius. ¿Cómo te sientes?

Ella respiró hondo y respondió:

— Salí del infierno, estoy en el paraíso. Creo que morí...

— No. Aun no has abandonado la Tierra.

Eugênia lo miró seriamente, su rostro se contrajo y dijo nerviosamente:

— Ya no quiero vivir en ese infierno. Quiero quedarme aquí.

Marcos Vinícius no respondió. Con los ojos entrecerrados, la rodeó de vibraciones de calma y alegría. Luego la miró sonriendo y dijo:

— Estás en una dimensión astral. Es un lugar muy hermoso. Vamos, vamos a dar un paseo. Quiero mostrarte todo.

Eugênia se levantó, se pasó las manos por el cabello tratando de arreglarlo y luego preguntó:

— ¿Como estoy? Tengo que vestirme. No quiero parecer descuidada.

— Estás muy bien – dijo el encargado -. Mírate en el espejo.

Había uno frente a él. Ella se miró y comentó:

— ¡Hasta parece que rejuvenecí!

– ¡Estás linda!

Eugênia sonrió e invitó:

– Entonces vamos. ¡Quiero ver todo!

Marcos pasó su brazo por la cintura de Eugênia, que se sentía ligera. Su pecho luego se expandió en una sensación de placer muy agradable.

Juntos se levantaron un poco y caminaron por jardines de flores, barrios residenciales y lugares de diversión, deteniéndose en algunos de ellos para que Eugênia pudiera respirar con placer el aire fresco y ligero. Luego regresaron al edificio de donde salieron y, aun sin entrar, Marcos Vinícius invitó:

– Sentémonos un rato. Tenemos que hablar.

Se sentaron en una banca y Eugênia aspiró con placer el delicioso aroma de las flores.

– Es hora de regresar a la Tierra.

Inmediatamente, Eugênia se levantó:

– No. Quiero quedarme aquí. ¡Nunca voy a volver allí de nuevo!

– Tienes que ir. No puedes escapar a tus compromisos.

– No tengo fuerzas para cumplirlas. Eso es para otro momento. No iré ahora.

Marcos Vinícius se levantó y tomó la mano de Eugênia, invitándola:

– Vamos, entremos.

Le pasó el brazo por la cintura y la llevó a la habitación donde había estado, diciéndole:

– Descansa un poco. Hablaremos más tarde.

Eugênia se acostó y pronto se quedó dormida. Marcos salió del cuarto y buscó a Solano, diciendo:

– Estamos listos. Podemos irnos.

– Eugênia no quiere ir. Quizás necesite ayuda.

Marcos sonrió:

– Gracias, pero no será necesario. Tus amigos, ¿ya están listos?

– Sí. Te están esperando.

Los dos amigos se despidieron y Marcos Vinícius fue a encontrarse con la pareja que lo acompañaría. Luego los tres fueron a la habitación donde aun dormía Eugênia.

Marcos la miró y dijo:

– Llevémosla medio dormida.

Juntos levantaron a Eugênia. Marcos Vinícius le pasó el brazo por la cintura, y Meire hizo lo mismo junto a Olavo. El grupo despegó, elevándose y dirigiéndose hacia la Tierra.

Era de madrugada cuando llegaron al hospital donde el cuerpo físico de Eugênia permanecía dormido.

Rosa, la enfermera, estaba sentada junto a la cama rezando y, de un vistazo, los vio llegar. Emocionada, pensó:

– "Su espíritu está regresando."

Marcos Vinícius sonrió y le dijo al oído a Rosa:

– Así es. Gracias por la ayuda. Ella está más fuerte, pero todavía no quiere volver. Me quedaré un poco más para ayudarte. Sigue rezando.

Rosa asintió y continuó orando con emoción. Marcos Vinícius colocó el espíritu de Eugênia sobre el cuerpo dormido, colocó su mano derecha sobre la cabeza de la mujer y se concentró, mientras los otros dos, uno a cada lado, derramaban sobre ella armoniosas energías de alegría y paz.

El espíritu de Eugênia se estremeció y, aun medio dormida, se acomodó sobre el cuerpo dormido, que empezó a respirar con mayor dificultad.

Rosa tomó el pulso a la paciente y notó que los latidos eran más rápidos y que la palidez del rostro iba desapareciendo poco a poco. La paciente mostró signos de despertar. La enfermera tocó el timbre y, cuando apareció la auxiliar, le pidió:

– Llame al Doctor Osvaldo. La paciente se está despertando.

Antes incluso que llegara el médico, Eugênia abrió los ojos asustada, sin saber todavía dónde estaba.

– Estás en el hospital. Soy enfermera. Esta todo bien.

Eugênia la miró y preguntó:

– ¿Estoy todavía en el paraíso?

– Estás en un hospital en la Tierra.

Eugênia negó negativamente con la cabeza y luego dijo nerviosamente:

– Me estás engañando. Morí y ya no estoy en la Tierra.

– Cálmate. Estoy aquí para ayudarte. No tengas miedo.

Rosa levantó un poco la cabecera de la cama, tomó un vaso de agua y lo acercó a los labios de Eugênia, diciendo:

– Bébelo. Te hará bien.

El médico entró y preguntó:

– ¿Finalmente despertó?

La enfermera asintió con la cabeza. Sujetó la muñeca de Eugênia por unos segundos, le colocó el estetoscopio en el pecho y ella lo miró asustada.

– Estás bien. No tengas miedo. Te examinaré. Quédate tranquila.

Eugênia lo miró enfadada:

– No quiero nada. Déjame en paz.

– Estás en el hospital y tengo que cuidar de tu bienestar.

– Pero no quiero estar bien. Quiero morir.

El médico meneó la cabeza y dijo:

– Está bien. Entonces te mueres. Pero ahora necesito examinarte. Según tus registros, te encontraron inconsciente en el parque, quedaste atrapada en toda esa lluvia y debemos cuidar tu salud. ¿Cómo te llamas Eugênia de…?

Ella lo miró, vaciló un poco y luego dijo:

– De Queiroz. Pero no quiero que nadie sepa que estoy aquí.

– ¿Por qué? Tu familia debe estar preocupada.

– No tengo a nadie.

– ¿Dónde vives?

– Estoy un poco mareada... No lo recuerdo.

– Estuviste inconsciente mucho tiempo. Estarás bien pronto. Más tarde enviaré un asistente para registrarte.

– No lo recordaré.

El médico la miró con recelo y respondió:

– Intenta recordar porque no puedes quedarte aquí sin facilitar tus datos personales. Estás bien y estoy seguro que lo recordarás todo pronto.

– Me quiero ir. No necesito quedarme aquí.

– Pronto el policía que te trajo vendrá a hablar contigo y podrá acompañarte a tu domicilio. Pero no te daremos el alta hasta que te recuperes.

Salió y poco después entró otra enfermera y le entregó un vaso a Rosa, que se levantó.

– No quiero tomar nada. No lo necesito – dijo Eugênia.

– Te hará bien. Toma.

– Quiero morir. No aceptaré eso.

Rosa la miró fijamente a los ojos, levantó la cabeza de Eugênia y dijo con voz firme:

– Estamos tratando de ayudarte. Reacciona. No hay nada en la vida que no tenga solución. Vamos, bebe.

Eugênia tragó la medicina, luego se recostó sobre las almohadas y cerró los ojos, fingiendo dormir. Pero, en sus tumultuosos pensamientos, ya estaba gestando la idea de huir antes que llegara el policía.

No quería que nadie de su familia supiera dónde estaba. Recordó el sueño y el maravilloso lugar en el que había estado. Allí era donde quería ir, quería desaparecer del mundo que solo le había traído sufrimiento y dolor.

Pensando en esto, se quedó dormida.

Capítulo 2

Al ver a Eugênia dormida, Rosa le pasó afectuosamente la mano por la frente. ¿Qué habría pasado para que quisiera renunciar a la vida? Sintió los pensamientos de angustia que la atormentaban y el deseo de escapar del hospital y acabar con su propia vida.

El espíritu Marcos Vinícius estaba al lado de Rosa y le dijo:

– No la dejes sola. Ella quiere huir.

– Lo sentí – respondió Rosa –. Pronto llegará el oficial de policía para llevarla de regreso con su familia. Ella no quiere ir.

– No quiere afrontar la verdad. Pero necesita hacerlo y asumir sus responsabilidades. No te preocupes. Yo la acompañaré. Continúa rodeándola de energías de paz.

Rosa volvió a acariciar la frente de Eugênia mientras imaginaba luz y paz.

Una hora más tarde, entró el policía con el médico.

Eugênia abrió los ojos y, al verlos, quiso levantarse.

– No te preocupes – dijo el Doctor –. Esta todo bien. Paulo es el policía que te trajo aquí.

Eugênia lo miró asustada. Era un hombre alto, de piel oscura, atlético, que aparentaba unos cincuenta años.

Rosa había levantado la cabecera de la cama y Paulo se acercó al paciente y le preguntó:

– ¿Cómo está, doña Eugênia?

El rostro de Eugênia se contrajo y no estrechó la mano del policía. Luego respondió:

– ¿Por qué no me dejaste ahí? ¡Quería morir!

Dejó caer la mano y dijo seriamente:

– Trabajo para proteger a las personas, no para permitirles morir. Me alegro de haberla traído aquí.

Eugênia no respondió, solo se llevó la mano a la cara y dejó que las lágrimas corrieran por sus mejillas. Rosa y Paulo permanecieron en silencio por unos segundos, dejándola desahogarse. La enfermera sostuvo la mano de Eugênia para darle valor.

Cuando se calmó, el médico se acercó, le tomó la muñeca y notó que los latidos del corazón de la paciente estaban algo acelerados. Midió su presión arterial y luego dijo:

– Estás muy nerviosa, pero tu salud está bien. Paulo quiere hacerte algunas preguntas. Dejémoslos en paz. Vamos, Rosa.

Eugênia estrechó la mano que sostenía Rosa:

– No quiero que te vayas. Quédate por favor. No me abandones.

Rosa miró al médico, luego al policía, quien asintió:

– Puedes quedarte.

Cuando el médico se fue, Paulo preguntó:

– ¿Te sientes más tranquila?

Ella se encogió de hombros y no respondió.

– Bueno, al traerte aquí, asumí cierta responsabilidad por tu bienestar. Estás angustiada, hablas de morir. Debes estar enfrentando serios problemas. En la medida de lo posible, estoy a tu disposición para ayudarte a encontrar una solución.

Eugênia lo miró seriamente:

— Nadie puede ayudarme. Mi caso no tiene solución.

— Te equivocas. Según hacia qué lado se mire, todo tiene solución. Parece que solo estás viendo el lado malo. Necesitas ver los otros lados.

— No importa hacia dónde mire, no habrá salida. Todo ha terminado para mí.

— Quizás la situación no sea tan difícil como parece. Ten calma. Vamos a hablar.

— No tengo nada que decir.

Paulo sacó una libreta de su bolsillo, sostuvo el bolígrafo y dijo:

— Necesito algunos datos, tu nombre completo, dirección. Tu familia debe estar preocupada.

— ¿Para qué? No les importo. No quiero volver a casa.

— El médico dijo que pronto te darán el alta y no podrás quedarte aquí. ¿Por qué no quieres volver a casa?

— No voy a responder nada más. No quiero ir y ya está. Nadie puede obligarme.

El policía la miró seriamente y respondió:

— Doña Eugênia, no bromeamos. Necesitas afrontar la situación y responder a mis preguntas. No tiene sentido mantener esta postura porque tenemos formas de descubrir tu identidad. ¿Por qué no quieres colaborar conmigo y resolver este problema pronto?

Eugênia cerró los ojos, respiró hondo y no respondió.

— Valor — dijo Rosa suavemente, apretando la mano de Eugênia, que tenía entre las suyas —. No tiene sentido querer huir. No tienes otra opción. ¿De qué estás asustada?

Las lágrimas comenzaron a correr nuevamente por las mejillas de Eugênia y ella no respondió. Rosa continuó:

– Piensa. Es mejor afrontar la situación pronto. Estoy tratando de ayudarte. Confía en mí. Si quieres puedo ir contigo a tu casa.

Eugênia abrió los ojos húmedos, la miró y preguntó:

– ¿Harías eso por mí?

– Sí. Estoy dispuesta a acompañarte a tu casa y ayudarte en todo lo que necesites.

– A pesar de todo, todavía hay gente buena en este mundo. Siento que realmente quieres ayudarme.

– Confía en mí.

Eugênia pensó un poco y luego decidió:

– Está bien. Soy Eugênia de Queiroz. Vivo en la Avenida Angélica, pero allí no hay nadie a quien haya que avisar.

El policía anotó todas las indicaciones.

– ¿No hay nadie en casa?

– Solo empleados.

– Aun así, les avisaré. Es mi deber, señora. Pero mantén la calma, te acompañaré hasta allí.

– No es necesario. Ella va conmigo. No necesitas ir.

Pablo se levantó:

-Vamos a ver. Necesito ir. Gracias por cooperar.

Él se fue, Eugênia apoyó la cabeza en los travesaños y cerró los ojos.

Rosa continuó sosteniendo la mano de la paciente y, sintiendo lo triste y angustiada que estaba, continuó rodeándola de energías de luz y paz.

Eugênia, que hasta entonces había temblado de vez en cuando y suspiraba tristemente, se calmó hasta que, finalmente, se quedó dormida.

El espíritu Marcos Vinícius, que todavía estaba junto a ellas, le dijo a Rosa:

– Ella está mejorando. Sigamos un poco más. Me quedaré contigo todo el tiempo que sea necesario.

Rosa sintió que una energía de amor y paz la rodeaba y conmovida agradeció a Dios por la ayuda que estaban recibiendo.

Eugênia durmió unas horas y Rosa permaneció a su lado. Su turno había terminado, pero ella no se fue. Llegó el médico de la noche y, al verla, se maravilló:

– ¿Sigues ahí? ¿No vino la otra enfermera?

– No, Doctor. Ella vino, pero yo quería quedarme.

– ¿No crees que estás exagerando? Es mejor ir a descansar.

– No estoy cansada. Además, mañana es mi día libre y puedo descansar mucho.

– Tú decides. ¿Cómo pasó el día?

– Muy triste, pero le dio información al policía.

El médico miró las notas del historial y luego

Sujetó la muñeca de Eugênia por unos segundos.

– Ella está bien, respira normal, puede irse a casa. Este hospital está lleno. Necesitamos la cama. Voy a firmar el alta para mañana por la mañana. ¿No es mejor que vayas a descansar?

– Estoy bien. Me quedaré. Ella podría despertarse y necesitarme.

– Si un día estoy enfermo, te quiero a mi lado. Tus oraciones ayudan al paciente. Por la forma en que llegó esta mujer, pensé que nos iba a dar problemas... Pero se mantuvo tranquila, mejoró.

– La fe mueve montañas. ¿Nunca escuchaste eso?

Él se rio de buen humor y respondió:

– No soy tan crédulo como tú. Me gustaría tener esa fe, pero soy muy racional.

Rosa sonrió con picardía y dijo:

– Su día llegará, Doctor, puede esperar. La vida solo actúa cuando llega el momento.

El médico meneó la cabeza y se fue. Rosa fue a la cafetería, pidió un refrigerio y regresó al lado de Eugênia, quien aun dormía.

– "Con la ayuda de amigos espirituales, está recuperando fuerzas para afrontar los problemas que la afligen", pensó Rosa.

Después de tomarle el pulso a Eugênia, colocarle la mano en el pecho y observar su respiración, la enfermera se acomodó en el sillón junto a la cama, dispuesta a pasar la noche velando el sueño de la paciente.

✻ ✻ ✻

El día iba aclarando y los primeros rayos de sol se filtraban a través de la cortina, cuando Eugênia abrió los ojos. Rosa se acercó diciendo:

– Bienvenida, Eugênia. El día está amaneciendo y has recobrado tus fuerzas, dormiste como un ángel.

Eugênia parecía un poco ajena, parecía como si estuviera tratando de recordar dónde estaba.

– Levantaré tu cama y haremos tu higiene ahora. Después tomarás un buen café con leche. Aquí tenemos un pan delicioso.

El asistente entró a la habitación llevando una bandeja con café y la colocó sobre la mesa. Rosa lavó la cara de Eugênia, le dio un cepillo de dientes y un vaso de agua, sosteniendo un envase para que ella misma pudiera cuidar su higiene bucal. Con una esponja y agua tibia, limpió su cuerpo y le cambió la ropa de hospital que llevaba.

Aunque Eugênia dijo que no tenía hambre, Rosa colocó la bandeja sobre la cama, sirvió el café con leche y preguntó cariñosamente:

— Necesitas alimentarte tú misma. Come, todo está caliente, delicioso.

Para no decepcionarla, Eugênia tomó unos sorbos del café con leche y empezó a comer el pan con mantequilla. Estaba tan rico que se lo comió todo con mucho gusto. Cuando terminó, preguntó:

— ¿Y tú no vas a comer?

— Lo haré. Soy una comelona. Puedes creerlo, pero primero tenemos que resolver algunas cosas. Ya te han dado el alta y puedes irte.

El rostro de Eugênia se ensombreció y Rosa se apresuró a decir:

— Voy contigo, ¿recuerdas? Tu ropa está muy sucia. Necesitaré conseguirte ropa decente para que podamos irnos.

Eugênia se puso la mano en la cabeza y dijo asustada:

— Me olvidé de los desmayos, de la lluvia. ¡Mi abrigo y mi vestido deben estar horribles! Y mis zapatos...

— Puedo llamar a tu casa y pedirle a alguien que te envíe ropa y zapatos.

— No eso no.

— No puedes irte así.

— Sí puedo. Ven conmigo y trae este traje de vuelta.

— Necesitamos ir en taxi. No tenemos ambulancia ni coche disponible para llevarte.

– No importa. Tengo algo de dinero en casa y pagaré el taxi.

– Entonces, lo arreglaré todo.

Eugênia se dejó caer sobre las almohadas, desanimada. Rosa le acarició la mano con cariño:

– Relájate. Esta tormenta pasará. Estoy segura. En mi armario tengo un uniforme limpio. Creo que te queda. Yo lo traeré.

Rosa salió de la habitación y Eugênia cerró los ojos pensando en lo doloroso que sería volver a casa, donde había pasado tantos momentos felices. ¿Cómo afrontar la soledad? ¿Cómo olvidar el gran amor de tu vida, el fracaso de sus sueños de felicidad?

Las lágrimas corrieron por su rostro. Ya no tenía nada por qué vivir.

Cuando Rosa regresó, notó lo triste que estaba Eugênia y, pensativa, pidió a sus amigos espirituales que la ayudaran. Luego intentó animarla:

– Mira, este es mi uniforme de gala. La gente en el pasillo pensará que eres parte del hospital. Ponte de pie. Veamos cómo te queda.

Incluso sin ánimos, Eugênia se sentó en la cama y respiró hondo.

– Levántate, tómame del brazo. Caminemos un poco.

Dieron unos pasos y Rosa preguntó:

– ¿Como te sientes?

– Un poco mareado, mi cabeza está confundida.

– Es natural. Pongámonos el uniforme.

Al notar la apatía de Eugênia, Rosa la vistió, luego se alejó un poco y dijo sonriendo:

– ¡Te queda como un guante! Te ves genial...

Eugênia siguió vistiendo sin interés. Rosa enlazó su brazo con el de ella y dijo:

– Caminemos despacio. El taxi ya nos está esperando.

Eugênia se dejó conducir en silencio. Rosa le dio la dirección al conductor y el auto continuó. Durante el viaje, Eugênia no dijo nada. Estaba ajena a todo. Rosa intentó hablar:

– ¿No me vas a contar nada de tu familia?

– Estoy sola. No tengo a nadie más.

Al darse cuenta que no quería hablar, Rosa permaneció en silencio. El taxi se detuvo frente a una hermosa casa, rodeada de un bien cuidado jardín.

– Ya llegamos, Eugênia. Vamos a bajar.

Eugênia recordó:

– Tenemos que entrar a sacar dinero. No tengo la llave.

– No te preocupes. Pagaré y luego llegaremos a un acuerdo.

El taxi salió, se detuvieron frente al portón y Rosa tocó el timbre. Minutos después, la puerta principal fue abierta por una mujer vestida con uniforme de sirvienta, quien las miró asombrada. Se acercó y exclamó:

– ¡Doña Eugênia! ¡Señora! Por Dios, casi me muero de miedo. ¿Qué sucedió? ¿Por qué desapareció? ¿Está todo bien?

Fue Rosa quien respondió:

– Ella estaba enferma. Soy la enfermera del hospital, vine a traerla. Ella necesita descansar.

– Sí, señora. Adelante.

– ¿Cómo te llamas?

– Odete.

– Llévanos a su habitación, Odete. Vamos a tranquilizarla.

— Sí, señora.

Eugênia se dejó llevar en silencio y Rosa preparó el baño, la ayudó a lavarse, le puso ropa cómoda y preguntó:

— ¿Cómo te estás sintiendo?

— Cansada. Muy cansada.

Rosa la ayudó a acostarse, luego cerró las cortinas, dejando la habitación en penumbra. Finalmente, se sentó en el sillón junto a la cama, puso su mano sobre la de Eugênia y consideró:

— Descansa. Me quedaré aquí a tu lado.

Eugênia la miró y dijo emocionada:

— Gracias. A tu lado me siento segura.

Rosa acarició afectuosamente la mano de Eugênia:

— Relájate. Este es tu momento. No pienses en nada más. Todo está en paz.

La enfermera siguió pronunciándole palabras de consuelo y, al poco tiempo, Eugênia se quedó dormida.

El espíritu Marcos Vinícius, que las había acompañado todo el tiempo, dijo al oído de Rosa:

— Un día sabrás por qué este caso te conmovió tanto. Vamos a trabajar juntos.

Rosa sonrió, conmovida. Sintió una energía ligera, agradable, y un deseo muy fuerte, que surgía de dentro, de dedicarse profundamente a la recuperación de Eugênia.

Entonces la enfermera se levantó y puso su mano sobre el pecho de Eugênia. Su respiración era normal y Rosa se alejó intentando no hacer ningún ruido. Nada más bajar, Odete la esperaba con mirada preocupada.

— Ella está durmiendo.

– Después de lo que pasó aquí, ella desapareció. Tenía mucho miedo que hubiera hecho algo estúpido. No sabía cómo actuar, pensé en ir a la policía, pero tenía miedo. ¿Cómo la encontraste?

– Eugênia se desmayó en la calle y fue llevada al hospital. Le tomó un tiempo despertar, pero se está recuperando.

– ¿Ella está enferma?

– El cuerpo está bien... Está enferma del alma.

Odete asintió con la cabeza y comentó:

– No es de extrañar. Después de tantos años de dedicación y amor, ser abandonada... no pudo soportarlo.

– ¿Llevas mucho tiempo trabajando aquí?

– Desde que se casó hace quince años. Mi madre trabajó para su madre durante muchos años y yo crecí viviendo con la familia. Muy buena gente. Lamentablemente, los padres de doña Eugênia fallecieron hace unos años.

– Está muy triste y necesitará ayuda de sus familiares.

Odete meneó la cabeza, pensó un poco y respondió:

– No será fácil. Solo tiene un hermano, que vive en Minas Gerais, pero su esposa nunca se llevó bien con doña Eugênia. No es que quiera decir nada malo, pero las dos no se entienden. De hecho, prácticamente solo podrá contar conmigo. Si hubiera tenido hijos, ahora la mantendrían. Ella siempre quiso hacerlo, pero no funcionó.

– Sabes Me gustaría que le prepararas una comida ligera, pero muy rica para que ella la coma cuando se despierte.

– Sé lo que le gusta y lo prepararé ahora. Quiero que doña Eugênia se recupere pronto. No será fácil para ella volver a encarrilar su vida.

– Pero la ayudaremos y se recuperará.

– No lo sé. Estaba loca por su marido. Vivía para él, lo cuidaba con tanto amor...

– Hagamos todo lo posible para animarla. Es mejor no hablar del pasado, ni lamentar lo sucedido. Debemos aceptar los hechos, ya que no podemos cambiarlos.

– Recuerdo bien cuando llegó a casa y subió directamente a su habitación. Estaba en la cocina y escuché su grito horrible. Incluso pensé que era un ladrón y temblaba de miedo. Escuché la puerta principal cerrarse con fuerza. Me quedé paralizada, tardé un rato en salir de la cocina, sin saber lo que estaba pasando. Pero todo quedó en silencio. Me armé de valor, abrí la puerta con cuidado, miré hacia afuera y no vi a nadie. La cerré y subí, pero doña Eugênia ya no estaba en la habitación. La busqué y no la encontré.

– ¿Discutió con su marido esa noche?

– No escuché nada. Cenaron como de costumbre. Todo tranquilo, normal. Yo estaba perdida. Tenía miedo de llamar a la policía. No sabía qué hacer ni a quién acudir. Revisé y vi que los gabinetes del Doctor Júlio estaban vacíos, pero todo lo de ella seguía en su lugar. Entonces descubrí por qué salió de casa tan nerviosa. Pensé que ella había ido tras él y decidí esperar a que regresara. Me alegro que hayan llegado. Estoy aliviada.

– La pasó mal. Pero ella está en casa y haremos todo lo posible para que reaccione.

–¡Va a ser difícil! Ella nunca aceptará lo que pasó.

– Yo confío en Dios. ¿Tú no? Cuidémosla, hagamos nuestra parte con cariño y estoy segura que Dios nos ayudará.

– Sí. Yo tengo fe. Rezaré por su comida. Mi abuela decía que cuando preparamos la comida con oración, la persona se cura.

Rosa sonrió y dijo:

– Haz eso. Voy a ver cómo está. Cuando Eugênia despierte, te lo haré saber.

Rosa entró en la habitación y se acercó a la cama. Eugênia dormía tranquilamente. Satisfecha, la enfermera se sentó y elevó sus pensamientos, pidiendo a los espíritus de luz que derramaran sus energías y que le devolvieran la serenidad y la paz a su nueva amiga.

Capítulo 3

Rosa abrió los ojos y se levantó asustada. Eugênia no estaba en la cama. Miró a su alrededor y no la vio. La puerta que daba al balcón estaba entreabierta, Rosa la abrió rápidamente y llegó a tiempo de ver a Eugênia, parada en un taburete, con el rostro pálido y la mirada baja. Inmediatamente la agarró y la empujó hacia atrás.

– ¡Por Dios, no hagas eso!

Eugênia intentó liberarse:

– ¡Déjame, quiero morir!

Rosa la abrazó fuerte y le dijo:

– Estás fuera de sí. ¡No te dejaré hacer eso!

– No quiero vivir más. Por favor déjame morir... Necesito olvidar, descansar.

– Al contrario de lo que piensas, si haces esto, sufrirás aun más. Tu espíritu es eterno. Podrás matar el cuerpo, pero tu alma seguirá viviendo en el otro mundo y los problemas que te atormentan continuarán de forma más aguda, sumado a la culpa por haber renunciado inútilmente a la vida. Entremos, hace frío, ven.

Eugênia rompió en sollozos y Rosa aprovechó el momento para llevarla en brazos hasta la cama. Luego cerró la puerta del balcón, la envolvió en una manta y tomó afectuosamente la mano de Eugênia.

Poco a poco, Eugênia dejó de llorar y quedó postrada. Rosa oró en silencio, llevándole luz y pidiendo ayuda espiritual. Sintió que era necesario dejar pasar la tormenta para intentar que ella reflexionara mejor.

Estaba amaneciendo y los primeros rayos de sol empezaban a filtrarse por las rendijas de las ventanas, pero Eugênia permaneció inmersa en su dolor, indiferente a todo.

Rosa la atendió con cariño, Odete se encargó de la comida y lograron que Eugênia comiera un poco. Aunque muy triste, les parecía más tranquila. Aun así, Rosa no quería irse a dormir a la otra habitación. Prefirió quedarse en el sofá.

La enfermera incluso intentó hablar con Eugênia, pero ella no estaba dispuesta a hacerlo. Sin embargo, parecía más satisfecha. ¿Estaba fingiendo engañarla y hacer lo que quería?

Rosa sabía cómo pueden ser las personas astutas cuando quieren engañar a los demás. Dio gracias a Dios por haber logrado evitar que Eugênia se arrojara por el balcón, pero a partir de ahora debía tener más cuidado.

Era sábado y Rosa recién tendría que regresar al hospital el lunes. Pero tendría que ir a trabajar. "Irse y dejar a Eugênia sola con Odete, ¿no sería eso peligroso?", pensó.

Su corazón estaba apretado. Sentía que no podía abandonarla en ese momento. Eugênia seguía sentada en la cama, absorta en sus pensamientos, con la mirada perdida en el tiempo. Rosa se acercó, alisó el cabello de la paciente y le dijo:

– Aun es temprano, estás cansada. Acuéstate, relájate. No pienses en nada. Es momento de descansar, piensa en tu bienestar.

– No quiero pensar. Quiero olvidar. ¡Oh! ¡Si pudiera dormir, y no despertarme, dejar esta vida inútil e infeliz!

– No puedes, porque la vida quiere que sigas viva. Sé fuerte y aprende a ver las cosas como realmente son.

– ¿Qué tiene que pasar? No hay suficientes cosas malas, ¿debería vivir para sufrir más?

– No, Eugênia. Estás mirando la vida desde el peor lado. Crees que el mal es más fuerte que el bien. Eso no es verdad. Las cosas que no queremos suceden para que podamos aprender a vivir mejor. Cuando pasan, dejan la marca de la experiencia, conducen a la sabiduría.

– Eres una persona buena e ingenua. Yo siempre he sido así. Creía que, siendo buena, sin hacer daño a nadie, cosecharía el bien. ¡Eso es mentira! Solo he cosechado sufrimiento. Invertí en mis sueños y nada salió bien. Lo perdí todo. ¿Cuál es el punto de vivir?

– El tiempo es la mejor medicina. Reacciona. Acepta lo que te pasó e intenta hacer algo que te devuelva el placer de vivir.

Eugênia se encogió de hombros y la miró con tristeza:

– No tengo fuerzas para eso. ¿Por qué no me dejas en paz?

– Porque estoy interesada en ti. Tu vida es preciosa. ¡Un día reconocerás esto! Restablécete. Relájate.

Eugênia se tumbó en la cama y cerró los ojos abatida. Rosa dijo en voz baja:

– Creo en la vida. Sé que hay una fuerza superior que dirige todo lo que existe. Y, en este momento, evocaremos las fuerzas superiores de la vida. Te ayudará a encontrar tu camino nuevamente. Cada vez que te quita algo, pone algo mejor en su lugar. Un día sabrás que todo sucedió como se suponía que debía suceder. ¡Que todo está bien en el Universo!

Con los ojos cerrados, Eugênia escuchó estas palabras y, aunque no las creyó, poco a poco sintió una agradable energía calentando su cuerpo. Pronto se quedó dormida.

Rosa siguió hablando y el espíritu de Eugênia abandonó su cuerpo y miró a su alrededor con asombro. Las palabras que dijo Rosa fueron lejanas, no las entendió, pero frente a ella estaba un joven alto, apuesto, de rostro agradable, ojos brillantes, que la miraba.

– ¿Quién eres tú? – Preguntó Eugênia, curiosa.

– Marcos Vinícius.

– Me resulta familiar.

Él sonrió y respondió:

– Estoy aquí para llevarte a un lugar muy lindo.

– Que bien. ¿Morí?

Él negó con la cabeza.

– Dejaste el cuerpo, que sigue durmiendo. Mira.

Eugênia miró y respondió:

– No creo. ¿Cómo puede ser?

– Puedes creer. Esto sucede cada vez que tu cuerpo duerme. Tu espíritu parte y camina hacia donde quiere.

– Es difícil de creer...

La puerta del dormitorio estaba cerrada y Marcos atravesó la pared. Del otro lado preguntó:

– Ven hasta aquí.

– ¿Cómo? La puerta está cerrada.

– Tu cuerpo está dormido, necesita abrir la puerta para salir de la habitación. Pero ahora estás en la dimensión de tu espíritu y el mundo material no es un obstáculo. Ven, cruza, tú puedes.

Marcos Vinícius insistió y Eugênia, un poco asustada, obedeció y cruzó el muro con soltura. Su rostro se suavizó y dijo asombrada:

– Creo que realmente morí y me estás engañando.

Él se rio alegremente y dijo:

– Quería mostrarte lo que pasaría si hubieras saltado desde ese balcón. Tu cuerpo estaría muerto, pero tu espíritu aun estaría vivo y se arrepentiría mucho de haber hecho eso.

Eugênia bajó la cabeza mientras dos lágrimas corrían por sus mejillas. Marcos continuó:

– La muerte no es el fin. Tu espíritu es eterno. Estás haciendo una pasantía en la Tierra para aprender a lidiar con tus emociones, desarrollar tu conciencia y obtener la sabiduría que te dará la felicidad. Vivir en la Tierra es un regalo divino, una maravillosa oportunidad. Es por eso recibiste la colaboración de la vida, que dispuso todo para que tuvieras un cuerpo sano, una mente clara, una buena vida. Quien no valore todo esto se enfrentará a las consecuencias de su elección y tendrá que aprender con mucha más dificultad lo que necesita.

Eugênia levantó sus ojos húmedos hacia Marcos Vinícius y dijo:

– No sabía que sería así. Quería olvidar.

– Viste que ese no era el camino. Es necesario reaccionar, afrontar este desafío, esforzarse por mejorar. Rosa es amiga tuya de otras vidas, deja que te ayude. Prometo hacer todo lo que pueda para cooperar.

Eugênia se acercó, tomó las manos de Marcos Vinícius y se las llevó a los labios. Entonces dijo:

– Gracias por enseñarme. Me gustaría recordar este momento por el resto de mi vida.

La abrazó y la llevó a la cama:

– Descansa, Eugênia. Estamos vigilando tu sueño. Quédate en paz.

Eugênia suspiró, se acomodó sobre su cuerpo, se giró hacia un lado y siguió durmiendo. Rosa puso su mano en la frente de Eugênia y sonrió satisfecha. No sabía exactamente qué había pasado, pero notó que el espíritu Marcos Vinícius estaba ahí y el rostro de Eugênia estaba relajado y sereno. Ella exhaló un suspiro de alivio. Sintieron que la tormenta había pasado y una energía de paz los rodeaba.

Dos horas después, Odete entró en la habitación y Rosa, al notar que Eugênia aun dormía, le hizo señas para que no hiciera ningún ruido.

– Es hora del almuerzo. No has comido nada hasta ahora...

– Esperemos que Eugênia despierte.

Odete miró inquisitivamente a Eugênia y comentó:

– Su rostro está sereno... Gracias a Dios, está mejorando.

– ¡Ese sueño fue reparador!

Odete asintió y dijo:

– Pero necesitas comer.

– No te preocupe. Tan pronto como se despierte, te lo haré saber.

– ¿Por qué no bajas y comes algo?

Disfruta mientras ella duerme.

– No quiero dejarla sola. Es mejor esperar.

– En ese caso, te traeré comida. Debes haber dormido poco y necesitas comer.

Odete se fue y poco después regresó con una bandeja, que colocó en la mesa auxiliar.

– Espero que te guste mi sazón.

Cómelo antes que se enfríe.

El aroma de la comida era atractivo. Rosa miró la bandeja y sonrió satisfecha. Se notaba el mimo con el que Odete la había cuidado. Además de la hermosa vajilla y la servilleta bordada, también había colocado un capullo de rosa.

– Gracias, Odette.

Ella sonrió y preguntó:

– En cuanto doña Eugênia despierte, hágamelo saber. Estaba en duda. ¿Crees que ella también pueda comer esta comida o sería mejor si le hago sopa, algo más ligero?

– ¡No te preocupes! Eugênia puede comer de todo.

Odete salió de la habitación, y Rosa, al observar que su paciente dormía tranquilamente, se sentó frente a la bandeja y comenzó a comer.

Media hora más tarde, Eugênia abrió los ojos, miró a su alrededor como si quisiera orientarse y preguntó:

– ¿Dónde está? ¿Se ha ido?

– Estábamos solas.

-¡Qué pena!

– ¿Con quién estabas soñando?

Eugênia frunció el ceño, pensó un poco y dijo:

– Creo que realmente soñé. Fue un sueño tan bueno que no quería despertar.

– Sé cómo es eso. Fue un sueño diferente.

– Eso mismo. Parecía cierto. Hizo magia conmigo, qué gracioso... Atravesó la pared y me hizo atravesarla a mí también. No sabía que nosotros, mientras dormíamos, podíamos atravesar puertas y paredes cerradas.

Rosa se rio de buena gana:

– Lo que tuviste no fue un sueño. Tu cuerpo se relajó, durmió y tu espíritu salió y se fue a caminar a otra dimensión. Cada noche, cuando dormimos, sucede esto, pero normalmente no somos conscientes de ello.

– Eso es lo que me dijo. Pero ahora tengo la duda: ¿tu cuerpo también estaba dormido, como el mío?

– No. Estás hablando del espíritu Marcos Vinícius. Actualmente ya no tiene cuerpo físico y vive en el mundo astral.

– Es difícil de creer... Hablas como si lo conocieras. ¿Te ha pasado esto también?

– Marcos Vinícius es un espíritu iluminado al que le gusta ayudar a las personas que viven en este mundo. Siempre que ayudo a alguien que necesita asistencia espiritual, oro y pido su ayuda.

Eugênia guardó silencio. Rosa continuó:

– Cada vez que se acerca me invade un sentimiento de alegría y bienestar.

– Eso es lo que sentí. Tanto es así que quería quedarme allí. Hacía mucho tiempo que no sentía tanto bienestar. Terminé olvidándome de todo.

– Tu sueño fue reparador. Ahora necesitas comer. Le diré a Odete que te traiga el almuerzo.

Rosa abrió la puerta del dormitorio y se encontró cara a cara con el rostro angustiado de Odete, quien le decía en voz baja:

– Llegaron algunos familiares de doña Eugênia. No creo que sea bueno que la vean. Lo mejor es bajar y atenderlos antes que suban. Me quedaré aquí mientras tanto.

– ¿Qué está pasando? ¿Por qué estás susurrando? – Preguntó Eugênia.

-No es nada – se apresuró a decir Odete.

– Están entregando unas compras y le pedí a Rosa que revisara que todo esté como me pidió.

– Lo comprobaré y ya vuelvo. Guárdalo, Odete.

Rosa cerró la puerta y bajó las escaleras. En la sala, dos mujeres caminaban de un lado a otro, mientras un hombre de mediana edad esperaba sentado en un sillón.

Parecía tranquilo y ellas parecían agitadas. Al ver llegar a Rosa, ambas se detuvieron, la miraron y la mayor dijo:

– Vinimos tan pronto como nos enteramos de todo. ¿Cómo está Eugênia?

– Descansando. Tenía un problema de salud y los médicos recomendaron reposo y prohibieron visitas.

El hombre se levantó, frunció el ceño y la miró seriamente:

– Soy el Doctor Alberto Queiroz, abogado, hermano de Eugênia – extendió la mano y continuó:

– Ellas son mi esposa Aurélia y mi cuñada Ana. Vinimos de Minas Gerais apenas supimos lo que tramaba Júlio.

– ¡Mi pobre cuñada! – Comentó Aurélia, nerviosa -. ¡Ella no se merecía esto!

– ¡Es increíble! ¡Todavía no puedo creerlo! – Dijo Ana, angustiada.

– ¿Ya has descubierto dónde está? – Preguntó Aurélia.

– No sé de nada. Solo soy la enfermera asignada para cuidar de doña Eugênia.

– Subiré y hablaré con ella. Tenemos varios temas que resolver – dijo Alberto.

– Lo siento Doctor Alberto, pero tendrá que esperar a que mejore. Doña Eugênia estaba muy enferma, está medicada y no está en condiciones de decidir nada.

– No puede ser. Tenemos que evaluar la situación. No sabemos qué está haciendo ese loco. El tiempo pasa y es posible que esté regalando todos los bienes de Eugênia.

– Lamentablemente, por el momento no se encuentra en condiciones. No puedo desobedecer las órdenes que recibí.

Alberto intercambió miradas con las otras dos y decidió:

– Quiero el nombre y teléfono del médico que la atendió. Lo llamaré y hablaré con él inmediatamente.

– No me lo sé de memoria. Puede llamar al hospital y hablar con él.

– En ese caso, esperaremos.

Rosa subió las escaleras y, apenas entró en la habitación, Eugênia dijo nerviosamente:

– Me dijo Odete. No quiero verlos. Por favor, haz que se vayan.

Las lágrimas corrían por su rostro y Eugênia, angustiada, se retorcía las manos.

Rosa puso su mano sobre el brazo de la paciente y dijo, mirándola fijamente a los ojos:

– No tengas miedo. Estamos aquí para defenderte. No los dejaremos entrar aquí.

Eugênia tomó la mano de Rosa y preguntó:

– No los dejes entrar. Haz que se vayan. Hay cuervos alrededor de la carroña. Si vienen aquí, no responderé por mí misma.

– Quédate tranquila. Les dije que tu médico ha prohibido las visitas y tu hermano quiere hablar con él.

– No permitas eso.

– No será fácil. Tu hermano está dispuesto a hacerse cargo de tus negocios.

Eugênia frunció el ceño y respondió:

– ¡De ninguna manera! Quieren encargarse de todo.

– Tienen varias maletas, creo que llegaron para quedarse. ¿No sería mejor hablar con su abogado? – comentó Odete.

Eugênia pensó un poco y dijo:

– No puedo, era un gran amigo de Júlio. Debe haber encubierto su picardía. No sirve. Pero la idea es buena. Necesito que alguien me ayude y entienda de leyes. El problema es que no conozco ningún abogado.

– Mi sobrino es abogado. Si quieres puedo llamarlo – sugirió Rosa.

– Haz eso por mí. ¡Yo confío en ti!

Rosa pensó un poco y decidió:

– Bajaré y trataré de convencerlos que se vayan.

– ¡Hazlo, por el amor de Dios!

– Recuerda que estamos bajo la protección de amigos espirituales. Ora y confía.

– ¿Quieres que te ayude? – Cuestionó Odete.

– No hace falta, Odete. Es mejor mantenerla tranquila.

Rosa bajó las escaleras lentamente, mientras pedía constantemente ayuda al espíritu Marco Vinícius.

De regreso a la sala, Alberto le preguntó:

– Entonces, ¿habló con el médico?

– Sí. Pero él fue inflexible. Doña Eugênia no puede recibir visitas y mucho menos hablar de problemas en este momento. Ella está en recuperación y necesita paz.

– ¡Necesito hablar con él! ¡Llama de nuevo! Necesito saber qué tratamiento le están haciendo y cuál es su condición.

– Ella está mejorando, no debe preocuparse por eso. Debe estar cansado del viaje, ¿por qué no van a descansar y vuelven mañana por la tarde? Creo que entonces estará en condiciones de recibirlos.

– Vinimos para quedarnos aquí, a su lado, para protegerla – respondió Alberto con voz firme.

– Aquí estará mal instalado. Solo confiamos en Odete para todas las tareas del hogar y ella dedica la mayor parte de su tiempo a cuidar a doña Eugênia.

Aurélia se levantó, cogió su bolso y dijo nerviosamente:

– Tiene razón, estaríamos incómodos, e insisto en estar muy cómodos. Busquemos un buen hotel, instalémonos y volvemos mañana por la tarde.

– Estoy cansada y me muero por darme una ducha, comer algo – dijo Ana.

Alberto las miró inseguro durante unos segundos y luego volvió a decir:

– Querías venir y ahora no te puedes quejar.

– Eugênia está postrada en cama, no puede escapar. Y mañana será mejor y podremos saberlo todo – respondió Aurélia.

– Está bien. Vayamos a un hotel – decidió Alberto y, volviéndose hacia Rosa, continuó:

– Mañana por la tarde volveremos.

Se fueron, Rosa suspiró aliviada y luego subió a darle la noticia a Eugênia.

– Ahora llama a tu sobrino y pídele que venga hoy aquí. No quiero en absoluto que mi hermano se establezca aquí.

Rosa llamó, pero solo logró hablar con su sobrino a primera hora de la tarde. Ella le contó brevemente lo que estaba pasando, él anotó la dirección y prometió estar allí en una hora.

La enfermera le dio el mensaje a Eugênia, quien se sintió más tranquila y comentó:

– ¡No sé qué haría sin ti! Creo que ya no estaría en este mundo.

– ¡No digas más eso! Tu vida es preciosa. Todo mejorará, créeme. Aun estarás bien.

Eugênia quedó pensativa por algunos minutos y luego dijo:

– Me haces bien. No quiero que te vayas nunca más.

– Me gustaría, pero necesito trabajar.

– No dejaré que te vayas. A partir de hoy trabajarás aquí, conmigo.

Rosa sonrió y no respondió. Se sentó junto a la cama en silencio.

Poco después entró Odete sonriendo, trayendo la bandeja con la cena y la colocó sobre la mesa. Rosa sirvió a Eugênia, preparó su plato mientras Odete las miraba satisfecha. Cuando terminaron, Odete recogió todo y se fue.

La enfermera se sentó al lado de la cama y notó que el rostro de Eugênia estaba más distendido.

– Relájate, descansa. Cuando llegue mi sobrino te lo haré saber.

Eugênia cerró los ojos y, a los pocos minutos, se quedó dormida.

Capítulo 4

Una hora más tarde, Rosa tocó levemente el brazo de Eugênia:

– Eugênia, despierta, ya llegó mi sobrino.

Abrió los ojos, miró a su alrededor y preguntó:

– ¿Dónde está?

– Nos está esperando en la sala. ¿Puedo hacer que suba?

– Espera un poco. Necesito ir al baño.

Rosa la ayudó a levantarse y notó con satisfacción que la paciente estaba más firme. Ella se quedó afuera, esperando que regresara. Poco después apareció Eugênia. Se había lavado la cara, se había peinado y mejorado su apariencia.

– Es mejor acostarse.

– Voy a quedarme en la cama, pero sentada.

Rosa acomodó las almohadas y Eugênia se sentó.

– Puedes hacerlo subir.

Minutos después, Rosa introdujo al abogado en la sala. Alto, de piel clara, frente ancha, ojos y cabello castaños.

– Este es mi sobrino Rogério – Rosa le presentó a Eugênia.

El muchacho se acercó y estrechó la mano que Eugênia le tendía, sacó una tarjeta del bolsillo y se la entregó diciéndole:

– Estoy a su disposición.

– Rosa ya te habrá contado mi caso. Mi situación es difícil y realmente necesito un buen abogado.

– Mi tía solo me contó cómo la conoció. Necesito que me digas lo que necesitas.

Eugênia pensó un poco y luego dijo:

– Te lo contaré todo... Bueno... Tenía veinte años cuando me casé con Júlio. Estábamos enamorados y yo estaba llena de sueños de felicidad. Mis padres eran acomodados y pude recibir una educación completa. Me gradué de maestra por vocación.

Eugênia hizo una pequeña pausa, con los ojos perdidos en el tiempo, recordando un momento en el que fue feliz. Suspiró tristemente y continuó:

– Soñamos con los hijos que tendríamos, hicimos planes para tener una familia unida y feliz, pero eso no sucedió porque nunca logré quedar embarazada. Empezamos a ir de médico en médico, buscando nuestro sueño, pero no pudimos hacerlo realidad. Por eso mi vida se volvió triste y, poco a poco, noté que todos los días Júlio se quedaba fuera de casa. Perdimos la alegría de vivir, aunque yo nunca perdí la esperanza. Hasta que esa tarde, cuando llegué a casa después de visitar a una amiga, encontré la nota de mi marido.

Eugênia no pudo continuar. Las palabras murieron en su garganta y respiró hondo mientras las lágrimas corrían por sus mejillas.

Rosa tomó un vaso de agua y se lo entregó diciendo:

– Cálmate, Eugênia. Descanse un poco.

– Necesito hablar... Él tiene que saberlo todo.

– Tenemos tiempo. Estoy aquí para ayudarte en lo que necesites.

Eugênia asintió con la cabeza y luego dijo lentamente:

– Lo siento, Doctor. Es solo que todavía duele. No esperaba esta traición. Se escapó. Aprovechó que yo no estaba en casa, tomó todas sus cosas y se fue. Para él, mi dolor no significaba nada.

Los ojos de Rogério estaban húmedos y dijo emocionado:

– No te martirices así. No vale la pena.

– Es verdad.

– ¿Aun no se ha comunicado contigo?

– No nada. Ni siquiera una palabra.

Rogério esperó algunos minutos y luego preguntó:

– ¿Quieres demandar a tu marido?

– No. La pregunta es diferente. Tengo mis propios ingresos, heredados de mis padres. Lo que me preocupa ahora es mi hermano y su familia. Es abogado, ambicioso, pero no ha tenido mucho éxito en la profesión. Escuché que su situación financiera es terrible. Perdió todo el dinero que heredó de nuestros padres apostando. Vive en Minas Gerais, pero ayer se presentó aquí con maletas, queriendo encargarse de todo, incluida mi casa. Trajo a su esposa y a su cuñada. No confío en ellos. Ambas son malas, nunca nos llevamos bien. Dicen que vinieron a ayudarme, pero sé que están aquí para aprovechar la situación. Es para lidiar con ellos que necesito tu ayuda.

-¿Qué quieres que haga? – Preguntó Rogério.

– No quiero verlos. Querían instalarse aquí, pero Rosa logró que se fueran a un hotel.
Me gustaría que fueras a buscarlos y les dijeras que no necesito nada. Que tengo la capacidad de cuidar de mi vida sola. Quiero que vuelvan a Minas y me dejen en paz.

– Puedo hacer lo que me pides, pero no creo que sea suficiente. Es posible que quieran verte y se nieguen a irse sin decírtelo.

– No tengo paciencia para enfrentarlos. Seguramente insistirán en el tema, hablarán mal de Júlio. No soportaré su presencia.

Rogério pensó un momento y luego sugirió:

– Podemos hacer lo siguiente: escribes una carta diciendo que, en estos momentos, no estás en condiciones de recibirlos y que, cuando estés mejor, te pondrás en contacto. Luego, firmas un poder que me autoriza a velar por tus intereses legales, para que pueda presentarme ante tu familia en tu nombre. Luego me reuniría con ellos mañana por la mañana, hablaría con ellos y les entregaría tu carta. Podría funcionar.

– Sería genial. Me sentiría aliviada. Por otro lado, quiero que seas a partir de ahora mi representante legal y te encargues de la administración de mis bienes.

– Gracias por su confianza, doña Eugênia. Haré lo que pueda para ayudarte. Ahora necesita firmar la carta y el poder.

– Rosa, dile a Odete que lleve al Doctor a la oficina. A Júlio le gustaba trabajar en casa. Creo que allí encontrarás todo lo que necesitas.

La enfermera obedeció y regresó poco después diciendo:

– Rogério ya está en la oficina escribiendo.

Creo que todo saldrá bien.

– ¡Eso espero! Además de todo lo que estoy enfrentando, tener que aguantar a esos tres sería muy doloroso. Me gustó tu sobrino. Él me inspira confianza. Noté que mi dolor lo conmovía.

Rosa la miró con tristeza y respondió:

– Él también ha sufrido mucho. Pero no recordemos cosas tristes ahora. El pasado ha pasado.

– ¡Es tan joven!

– Ni tanto. Ya tiene treinta y seis años.

– Esta vida realmente no vale nada. Es solo lucha, desilusión, sufrimiento.

Rosa meneó la cabeza y dijo con voz firme:

– Eso no es verdad. Vivir en este mundo es un privilegio.

– Para mí fue solo frustración y sufrimiento. El amor es una ilusión, se acaba rápidamente.

– Estás herida, herida en tus sentimientos. Amargándote y profundizando la herida. No te hagas esto. Intenta aceptar la situación y comprende que, a pesar de lo que hizo Júlio, cada persona tiene derecho a elegir su propio camino. No te dejes atrapar por la ira. Concéntrate en tu bienestar y trata de reconstruir tu vida. Piensa que cuando alguien se va, Dios pone algo mejor en su camino. Es la ley de la compensación.

– Estoy perdida... ¿Cómo puedo reconstruir mi vida? ¡Es imposible!

– Nuestro espíritu es libre. Tu reacción muestra lo apegada que estabas a tu marido.

– Vivía para él, solo pensaba en su bienestar. ¡Todo lo que hice se basó en lo que Júlio quería y le gustaba! ¡Le di todo mi amor y mi vida!

Rosa miró a Eugênia y dijo con voz firme:

– Te encariñaste con él y cuando eso pasa, el amor se acaba.

– ¿Por qué dudar de mi amor? Lo di todo.

– Estás sufriendo porque esperabas que él hiciera lo mismo por ti.

– Realmente lo esperaba. Pero él me traicionó, se fue a los brazos de otra. No valoró mis sentimientos.

– Fuiste tú quien no valoró tus sentimientos.

Eugênia la miró sorprendida:

– ¿Por qué crees eso?

Rosa permaneció en silencio por unos segundos y luego dijo:

– Dejaste de ocuparte de las cosas que te gustaban, de hacer lo que te daba alegría y trataste de vivir la vida de tu marido. Al hacerlo, apagaste la luz de tu espíritu y también se extinguió su amor.

Rosa se inspiraba en el espíritu Marcos Vinícius y tenía una visión muy clara de la situación.

Eugênia la observó tratando de entender hacia dónde se dirigía:

– ¿Que quieres decir con eso?

– Júlio te eligió entre todos, se enamoró de la mujer que eres. Pero con el tiempo cambiaste, perdiste tu vivacidad natural, te convertiste en una sombra de ti misma.

– Pero hice todo como a él le gustaba...

– La gente no es la misma. La vida es una aventura y la diversidad tiene su belleza. Los cambios, las novedades, los nuevos intereses, los conocimientos, enriquecen el alma. Estamos en este mundo para aprender, desarrollar conciencia, madurar. Te detuviste en el tiempo, mientras todo es movimiento en la vida. Cuando alguien se niega a caminar, la vida se acaba.

– ¿Estás diciendo que yo tuve la culpa de lo que hizo?

– No se trata de culpa. Hiciste lo que pensaste que era mejor, pero actuaste mal. Te olvidó de ti misma, te devaluaste. Júlio hubiera preferido que siguieras siendo la mujer de la que se enamoró, llena de vida, opinión y fuerza.

Eugênia bajó la cabeza pensativa. ¡Recordó las muchas veces que reprimió lo que quería decir, pensando en complacerlo! Aceptaba todo, nunca se quejaba de nada, aunque deseaba todo lo contrario. Solo hizo lo que Júlio quería. En los últimos tiempos incluso le consultó para elegir su ropa y complementos. Su vida giraba en torno a lo que decía y pensaba su marido. Ella notó que él estaba insatisfecho, ya no le gustaba la comida ni el servicio de la casa, ya no la invitaba a salir, estaba distraído, ya no prestaba atención a lo que ella decía. Había cambiado mucho.

Eugênia suspiró y pensó:

– Cuando leí la nota pensé que me había abandonado porque se había enamorado de otra mujer. ¿No habría sido esta la razón?

Rosa la miró seriamente y respondió:

– La tentación de hacer trampa ronda a las parejas de vez en cuando. Es natural, pero cuando todo va bien entre la pareja, puedes reaccionar y controlar sus impulsos. Sin embargo, cuando el encanto termina y hay una fuerte atracción por otra persona, se vuelve muy difícil resistirse.

A Eugênia se le llenaron los ojos de lágrimas y trató de controlar su emoción cuando dijo:

– Estás demostrando que yo también contribuí a que Júlio me dejara por otra persona...

– Eres una mujer joven, bella e inteligente. Estoy segura que algún día encontrarás a alguien interesante, de quien te enamorarás y reconstruirás tu vida. Has sido traicionada, sientes una sensación de fracaso, pero en el fondo lo que te pasó fue una visita de la verdad, que hay que analizar con cuidado y aprovechar para que esto no vuelva a suceder.

– ¡Nunca volveré a amar!

Rosa sonrió con picardía:

– El tiempo es una medicina sagrada. Amarás nuevo. Y esta vez recordarás lo que te digo y actuarás mejor.

– Estás equivocada. Nunca volveré a confiar en nadie. De ahora en adelante viviré sola. Y eso me hace sentir muy infeliz.

– Es demasiado pronto para pensar en este asunto. Lo que necesitas ahora es sanar tu dolor y recuperar la alegría de vivir.

Eugênia negó con la cabeza y no respondió. Rosa continuó:

-La vida es una aventura maravillosa, y la divina providencia nos ayuda a seguir adelante. La evolución es fatal. ¡Mejorarás y serás feliz!

Eugênia puso su mano sobre el brazo de Rosa, sonrió levemente y respondió:

– Eres muy buena persona y lo dices para hacerme feliz. Gracias por tu amabilidad Rosa.

Rogério apareció en la puerta y llamó suavemente. Eugênia invitó al abogado a pasar y él le dio unos papeles para que los firmara.

– Léelo y dime si quieres añadir algo.

Eugênia sostuvo los papeles, leyó su contenido, ella quedó satisfecha, los firmó y luego se los devolvió a Rogério.

– Te pido que vayas a buscarlos lo antes posible. Alberto sabe ser insistente cuando quiere algo, y sé que quiere aprovechar mi situación.

– Haré todo lo que pueda para que comprendan tu posición.

Odete entró trayendo una bandeja con agua, café y unas galletas. Sirvió el café, dejó la bandeja sobre la mesa y se alejó.

Minutos después, Rogério se despidió prometiendo mantenerlos informados.

Rosa bajó con su sobrino hasta la puerta.

– Gracias tía por llamarme. El caso de doña Eugênia me conmovió mucho. Haré todo lo que pueda para ayudarla.

– Estoy segura de ello. También me emocioné mucho cuando la vi en el hospital. Parecía muerta, no quería volver a la vida. Era necesario pedir ayuda a los espíritus.

– Espero que me ayuden a mí también.

– Siento que Marcos Vinícius está muy interesado en este caso. Él personalmente vino a cuidarla.

– No podemos decepcionarlo.

Rogério abrazó a su tía y la besó en la mejilla despidiéndose. Después que él se fue, Rosa fue a ver a Eugênia, quien, recostada sobre las almohadas, con los ojos cerrados, parecía dormir. Pero la enfermera sentía que estaba tensa y luchaba por mantener la calma.

Luego Rosa se sentó junto a la cama, puso su mano en la frente de Eugênia y dijo en voz baja:

– Tranquila, Eugênia. Piensa que estamos bajo protección espiritual y que estarás bien.

Las lágrimas corrieron por las mejillas de Eugênia, que permaneció en silencio mientras Rosa elevaba sus pensamientos, imaginando que energías de paz y de amor descendían sobre ellas.

***

Eran las ocho de la mañana siguiente cuando Rogério llegó al hotel donde se alojaba Alberto, hermano de Eugênia, y lo encontró tomando un café en el restaurante. En cuanto Alberto se enteró de la presencia del abogado, inmediatamente fue a buscarlo.

Después de los saludos, con expresión seria, el hermano de Eugênia dijo con voz firme:

– Tu presencia aquí es innecesaria. Mi hermana no se encuentra bien y quiero cuidarla yo mismo.

– Doña Eugênia me pidió que viniera a verte y te entregara esta carta.

Alberto cogió la carta, la abrió y leyó su contenido. Luego sacudió la cabeza y se la devolvió a Rogério diciendo:

– No creo que Eugênia haya decidido esto sola. Tiene un hermano que la quiere mucho y no permitiré que un extraño se ocupe de sus intereses. No aceptaré esta carta. No te conozco ni a ti ni a esa mujer que dice ser enfermera y me impide ver a mi hermana. Esto me huele mal. No permitiré que nadie interfiera en la familia. Somos sus únicos familiares y tenemos el deber de ayudarla en este momento difícil.

– Haga lo que quiera, señor. Pero tengo un poder exclusivo de doña Eugênia, en el que ella me nombra su abogado, con plenos derechos para cuidar de todos sus bienes.

Alberto palideció y respondió nervioso:

– No acepto eso. ¡Usted falsificó este poder, pero lo voy a prohibir en la Corte! Eugênia no está en condiciones de decidir las cosas. Permaneció inconsciente durante días y las cosas no están claras.

Rogério lo miró seriamente y respondió:

– Está equivocado. Doña Eugênia está completamente lúcida y es capaz de cuidarse sola. Estamos aquí a petición suya y dispuestos a obedecerla en todo.

– ¡Los denunciaré a la policía! ¡Me impidieron verla! Si es necesario, iré allí con un coche de policía. ¡Nadie me impedirá verla!

– ¡Ella no quiere recibirlos! Me pidió que les dijera que no la buscaran.

– ¡Nadie me impedirá verla! ¡Voy a la policía ahora mismo!

– Ya le di el mensaje, señor. Haga lo que quiera. Hasta otro día.

Rogério se fue sin contactar a Alberto y fue directamente a la casa de Eugênia para contarle lo sucedido. Alberto, irritado, fue directo a la habitación donde dormían Aurélia y Ana. Se acercó a su esposa y la sacudió diciéndole:

– ¡Despierta, mujer! No duermas más. Necesitas levantarte. Despierta a tu hermana. Tenemos que actuar.

Aurélia abrió los ojos asustada:

– ¿Que pasó? ¿Por qué me despertaste tan temprano?

– ¿Temprano? Son las ocho y media. Ya tomé desayuno, el mundo se derrumba y tú sigues durmiendo. Si no hacemos nada, seguiremos en la pobreza.

Aurélia se frotó los ojos, miró a su marido y respondió:

– ¿A qué se debe todo ese ruido? Eugênia no huirá. Está enferma en casa.

– Se ve que no entiendes nada. Si no conseguimos algo de dinero, pronto no tendremos nada que comer. ¿Pensaste en eso?

Los ojos de Aurélia se abrieron como platos:

– ¿Cómo así? ¿Y ese dinero de mi pulsera que vendimos antes de viajar?

– Tendremos que pagar el hotel y no quedará mucho.

– Espero que no haya un casino cerca para que gastes lo que queda.

– Si así fuera, sería bueno porque podría ganar mucho más. Desafortunadamente, no es así.

– Después de todo, ¿qué pasó para que estés así?

– Apareció aquí un abogadito con un poder, que debe ser falso, para decir que Eugênia no quiere recibirnos y pedirnos que nos vayamos.

– ¿Nos dijo eso?

-¡Hizo más! Le otorgó un poder con plenos poderes para atender sus asuntos. ¿Crees que es verdad?

Ana, que se había despertado y escuchado toda la conversación, dijo seriamente:

– Yo creo que es verdad. Eugênia nunca nos recibió bien. Puso excusas varias veces para no venir a nuestra casa. Bien pudo haber dicho eso.

Alberto meneó la cabeza con irritación:

– ¡Eres muy estúpida, Ana! Crees todo lo que dicen los demás. Somos la familia de Eugênia, sus únicos parientes. Ahora que ha sido abandonada por su marido, necesita nuestra protección. Y la vamos a ver aunque tenga que llamar a la policía. ¡Quiero ver si este abogaducho conseguirá lo que quiere! Intenta levantarte, arreglarte y tomar este café pronto, porque quiero ir a ver a Eugênia lo antes posible. Esperaré abajo. No te demores.

Las dos se miraron pensativas y luego intentaron obedecerle. Sabían que cuando se enojaba, Alberto se volvía intratable y descargaba su ira con ellas.

Capítulo 5

Cuando Rosa abrió la puerta de la casa de Eugênia y miró el rostro de su sobrino, inmediatamente se dio cuenta que no había logrado nada y dijo:

– ¡Por la expresión de tu cara, no funcionó!

– Realmente no fue así. Doña Eugênia tiene razón al no querer recibirlos. Su hermano es intratable. Nos acusó de falsificar el poder y de impedirles visitar a doña Eugênia para que le quitáramos todo lo que tenía. Incluso me amenazó diciendo que vendría con un policía a visitar a su hermana.

– ¡Qué horror! ¿Crees que sería capaz de hacer eso?

– No sé. Estaba bastante irritado. Creo que es mejor advertirle y ver qué quiere hacer con la situación.

– Vamos a subir.

Llamaron suavemente a la puerta del dormitorio y entraron. Rogério miró asombrado a Eugênia. Ella estaba bien vestida y con el pelo más arreglado. Su rostro había ganado un poco de color y sus ojos estaban más brillantes.

– ¡Estás mejor! – Comentó el abogado satisfecho.

– ¡Decidí levantarme de la cama! No estoy enferma. Hoy quiero bajar a tomar un café al comedor, como siempre.

Rosa sonrió alegremente e invitó:

– Así es, ¡vámonos! Rogério volvió del hotel y quiere hablar.

– Está bien. Hablaremos mientras tomamos café.

Mientras Odete ponía la mesa para el café y el grupo se instalaba en el comedor, Rogério comentó:

– Será mejor que tomemos un café y dejemos la conversación para más tarde.

Eugênia lo miró y respondió:

– Ya sé. Alberto no responderá a mi solicitud.

– Así es... Estaba muy enojado. Incluso habló de ir a la policía...

– Así es como funciona. Hoy me levanté temprano, estuve pensando en mi vida y decidí cambiar algunas actitudes.

Eugênia entrecerró los ojos, permaneció en silencio por algunos segundos y luego continuó con los dientes apretados:

– Nunca más me comprometeré y haré lo que otros quieran. Estoy en primer lugar. Ya nadie pasará por mi lado. Si viene con la policía, será recibido como debe.

Los tres la miraron admirados y Odete no pudo contenerse:

– ¡El Doctor Alberto sabe portarse mal cuando está enojado! ¡Va a dar mucho trabajo!

Eugênia pensó un poco y luego dijo:

– No te preocupes. Le daré la bienvenida a mi manera. Tomemos café tranquilamente y esperemos a que aparezcan.

Mientras se servía y tomaba tranquilamente su café, Eugênia dijo:

– Me he quedado estancada en el tiempo y necesito ponerme al día.
Estoy pensando en volver a la escuela.

– ¿Qué te gustaría estudiar? – Preguntó Rogério.

Eugênia pensó unos segundos y luego respondió:

– Aun no lo he decidido. Tendrá que ser algo que me dé placer. Durante años estuve fuera de mí, queriendo vivir la vida de otras personas. Lo único que hice fue hacer lo que los demás querían. De ahora en adelante solo haré lo que me gusta. Estoy pensando en mi bienestar.

Rogério sonrió levemente y consideró:

– Cada uno es consciente de lo que necesita para estar bien. Prestar atención a nuestros propios sentimientos aporta discernimiento y saber evaluar las situaciones nos ayuda a afrontar los retos cotidianos.

– Y si, además, tienes fe, crees en la vida y conectas con el bien, el universo funcionará a tu favor – dijo Rosa.

Eugênia la miró seriamente y respondió:

– No sé qué es esto. Hasta ahora ninguna religión ha conseguido aportarme la fe que mencionas. ¿Cómo puedo tener fe en la vida si solo espero de ella sufrimiento y dolor? Para mí, la religión es una ilusión a la que muchos se aferran en un intento de escapar del sufrimiento.

Un brillo emotivo pasó por los ojos de Rosa cuando dijo:

– No hablo de religión, Eugênia. Hay quienes pueden encontrar ayuda a través de ellas, pero en realidad me refiero a la fuerza mayor que creó el Universo y nos dio la oportunidad de vivir. ¡Estoy hablando de Dios!

– Está demasiado distante y ocupado para mirar lo que la gente ha hecho en el mundo que creó.

– La gente se distancia de él. Pero si lo evocas, sentirás su presencia en tu alma. Es allí donde Él vive, alimentando tu cuerpo, tu vida e inspirando tu espíritu a ser más consciente de cómo son las cosas. Todavía somos niños espirituales y estamos en este mundo para desarrollar nuestro potencial. Somos espíritus eternos.

Eugênia bajó la cabeza, se pasó la mano por la frente como si intentara despejar algunos pensamientos y volvió a decir:

– Me gustaría entender por qué suceden ciertas cosas. ¿Por qué la gente buena, que no hace daño a nadie, pasa por tanto sufrimiento? ¿Cómo podemos creer en esta protección de la vida?

Rogério dijo en voz baja:

– Todavía no tenemos todas las respuestas. ¿Cómo podemos exigir que un niño, que está en primer ciclo, sepa resolver problemas en un curso de educación superior? Sin embargo, a medida que madura y aprende, crea las condiciones para, algún día, poder resolver estos problemas más fácilmente.

– Veo que son gente de fe.
A mí también me gustaría ser así.

– La fe nos fortalece y nos ayuda a afrontar los desafíos que encontramos en nuestro camino. A lo largo de la vida, se construye a través de evidencias que nos muestran que, a pesar de nuestros problemas, siempre estamos rodeados de espíritus de luz, dispuestos a inspirarnos y protegernos.

– En medio de la tormenta que destruyó mi vida, tuve un sueño y en él vi a un joven alto y apuesto, cuyos ojos me envolvieron y trajeron paz. Me abrazó y me llevó a un lugar maravilloso, donde todo mi sufrimiento desapareció. Se sintió tan bien que pensé haber muerto y estar en el paraíso. Ojalá me hubiera quedado allí para siempre. ¡Qué pena, fue solo un sueño!

Rosa tomó la mano de Eugênia y le dijo emocionada:

– ¡Lo recuerdas! Este tipo se llama Marcos Vinícius. Es un espíritu amigo que alguna vez vivió en este mundo, pero que ahora vive en una dimensión astral. Él fue quien te devolvió a tu cuerpo.

Eugênia abrió la boca y la volvió a cerrar sin saber qué decir. ¿Ah? Al recordar el sueño, tuvo íntimamente la sensación que realmente había sucedido y, durante unos segundos, el mismo bien.

El sentimiento que había experimentado reapareció con fuerza en su pecho.

– ¡Si eso realmente pasó, debería haberme dejado allí!

– Él no tiene ese poder, Eugênia, y tu hora aun no había llegado. La vida en la Tierra es una experiencia preciosa, que te abrirá las puertas del conocimiento. Aquí cada uno de nosotros es libre de tomar sus propias decisiones, pero el resultado de cada una de ellas, a su debido tiempo, vuelve a nosotros para que podamos aprender cómo funciona la vida.

– ¿No sería más práctico si fuéramos creados perfectos y sabiéndolo todo?

– ¿Te gustaría ser un robot?

– ¿Cómo así no entendí?

– La vida nunca nos condenaría a ser muñecos, sin sentimientos ni experiencias. Además, sin el mérito de poder crear nuestro propio destino – afirmó Rogério.

Rosa continuó:

– Fuimos creados sencillos e ignorantes, pero a semejanza de Dios. Somos espíritus eternos y tenemos el poder de elegir y crear nuestro destino. Vivimos en un entorno preparado para ayudarnos a abrir nuestra conciencia, desarrollar nuestro potencial, aprender a alcanzar el equilibrio físico, emocional y espiritual. Para alcanzar este estado de felicidad, tendremos que conocer las leyes de la ética espiritual y practicarlas hasta que se conviertan en manifestaciones espontáneas en nuestras vidas.

– Este es un sueño demasiado bueno para ser verdad. ¿Qué prueba tienes que la vida es realmente así?

Rosa guardó silencio unos segundos y luego respondió:

– Desde muy joven sentí una energía agradable dentro de mí y al mismo tiempo la certeza que todo a mi alrededor existía para cooperar con mi progreso. Era solo un sentimiento, no sabía por qué. Espíritus amigos, de vez en cuando, me visitaban en sueños y hablaban de espiritualidad, inspirándome con buenos pensamientos. Pero fue durante mi adolescencia cuando mi sensibilidad se abrió más y pude verlos.

– ¿Estás segura que no fue una alucinación?

Rosa sonrió y sacudió la cabeza.

– Lo estoy. Fueron muchas pruebas y hoy estoy segura de lo que estoy viviendo. Pero la gente no es la misma. Además, cada uno está en su propio proceso de evolución. Estoy segura que algún día tendrás estas pruebas de tal forma que todas tus dudas desaparecerán.

Eugênia la miró seriamente y preguntó:

– ¿Este Marcos Vinícius es uno de ellos?

– Sí. Estuviste con él en un momento difícil de tu vida. Es un hombre de buen espíritu, que dedica gran parte de su tiempo a ayudar a las personas en dificultades. Si cierras los ojos y recuerdas ese sueño, podrás volver a sentir la energía de Marcos Vinícius.

Eugênia cerró los ojos, por lo que Rogério y Rosa permanecieron en silencio, esperando que ella hablara. Un profundo suspiro escapó del pecho de Eugênia, que abrió los ojos y dijo asombrada:

– Recordé vagamente su rostro, intenté verlo más claramente, pero no pude. Sentí un agradable calor dentro de mi pecho...

– Sentiste su energía.

– ¿Quieres decir que está aquí?

– Fue solo una conexión telepática.

– ¿Puede pasar esto?

Fue Rogério quien respondió:

– Sí es posible. Es común que suceda entre la gente de aquí. Cuando alguien se acuerda de ti o se acerca a ti, se produce un intercambio natural de energías que provocan reacciones dependiendo de las emociones que contiene.

– ¿En serio? Esta es una invasión de la privacidad. No puede ser verdad.

Rosa intervino:

– Es solo una cuestión de sintonización. Las energías que exhalas reflejan el contenido de lo que crees. Cuando te mantienes en el bien, mantienes el equilibrio incluso si se te acerca una persona malvada, cuyo contenido energético puede causar malestar. Entonces, como no encuentra reciprocidad, pronto se aleja. La conexión no se lleva a cabo.

– Si esto es cierto, tendremos que cuidar incluso nuestros pensamientos.

Rogério se rio y comentó:

– Eso es lo que intentamos hacer todo el tiempo. ¿Nunca te ha pasado que hayas ido a una fiesta con mucho gusto y, al poco tiempo, tu ilusión desaparece y tienes un fuerte deseo de irte, de huir? ¡Esto me ha pasado más de una vez!

– He pasado por esto más de una vez. Incluso en lugares donde nadie me conocía.

– Es que cuando estamos cerca de alguien, aunque sea por unos segundos, nuestras energías se mezclan. Y, si no nos sentimos bien, nuestra intuición nos muestra que debemos marcharnos, abandonar el lugar.

Eugênia quedó pensativa por algunos segundos y luego dijo:

– Ahora entiendo por qué nunca me sentí bien con mi hermano y su familia. No tenemos afinidad. Hace cosas que no me gustan y tiene una forma de mirar que me molesta. Siento que va a saltar sobre mí y acabar conmigo.

– Intenta mostrarse mejor de lo que es para conseguir lo que quiere. Pero tienes buena intuición y captas sus verdaderos sentimientos – explicó Rosa.

– De hecho, dice cosas buenas y, por eso, me he cuestionado varias veces esa aversión que siento por ellos. Incluso me sentí culpable. Sin embargo, cada vez que cedía ante lo que Alberto quería, tenía problemas.

Fue el turno de Rogério de intervenir:

– Es simple. Lo que cada persona piensa y quiere crea el contenido de las energías que distribuye a su alrededor. Una persona más sensible lo nota inmediatamente y, aunque trata a todos con educación, instintivamente solo deja entrar en su intimidad a personas que se parecen más a ella.

– Esto funciona cuando la persona es sincera y sus sí o no son confiables – dijo Rosa sonriendo.

Eugênia frunció el ceño:

– ¿Cómo así? Explícame mejor este tema.

Rosa no dudó:

-Aquellos que por vanidad y para ser aceptados pretenden ser mejores de lo que son y abren las puertas a energías negativas, que se alojan allí y terminan desequilibrándose hasta el punto de la salud. Negar tu verdad es una ilusión peligrosa, que la vida, a toda costa, intentará destruir.

Eugênia no quedó convencida y preguntó:

– ¿Cómo sabremos cuál es nuestra verdad?

– No te dejes engañar por las apariencias. Por nuestra cabeza circulan pensamientos que captamos de otras personas y, en su mayor parte, esos pensamientos no reflejan nuestra forma de ser. Además hay influencia cultural, del entorno, de la familia, de los profesores. Lo que cuenta es el nivel de nuestra evolución espiritual. Y esto se almacena en nuestra alma y se revela a través del sentimiento. Prestar atención a cómo nos sentimos nos conecta con nuestro mundo íntimo. Es una experiencia reveladora.

– Hay cosas que siento y sé que son ciertas, sin haberlas analizado nunca. ¿Eso es lo que quieres decir?

– Así es – comentó Rogério -. La intuición es el lenguaje del alma. Cuando se manifiesta y no lo seguimos, siempre nos arrepentimos después.

Eugênia estaba pensativa y se disponía a responder, cuando Odete se acercó y le dijo:

– Llegaron, ¿debería dejarlos entrar?

Eugênia se levantó y respondió:

– Sí. Esperémoslos en la sala.

Cuando estuvieron sentados, entraron los visitantes. Aurélia estaba delante, con cara preocupada, las manos extendidas, y dijo con voz arrepentida:

– Eugênia, estoy muy triste por lo que te pasó. ¿Cómo podía Júlio ser tan desagradecido?

Alberto, serio, añadió con dedicatoria:

– ¡Estoy aquí para defenderte de ese ingrato!

Ana comentó con voz triste:

– ¡No te merecías esto!

Eugênia los miró, sonrió y respondió con voz tranquila:

– No se preocupen, todo está bien. Se lo garantizo. Este es el Doctor Rogério, mi abogado, y esta es mi amiga Rosa. Gracias por venir. Por favor siéntense.

Y volviéndose hacia Odete, que esperaba discretamente, prosiguió:

– Por favor, Odete, proporciona café a los visitantes. Siéntense, pónganse cómodos.

No esperaban ser recibidos así.

Se sentaron y Aurélia comentó:

– Pareces estar mejor.

– Estoy bien – respondió Eugênia.

Alberto, que ya había recuperado la presencia de ánimo, comentó:

– Quieres parecer bien. Pero sé que por dentro debes estar devastada. Después de todo, fuiste traicionada, cambiada por otra, abandonada después de tantos años de matrimonio.

Eugênia negó negativamente con la cabeza, sonrió y respondió:

– Te equivocas, Alberto. Cuando el amor termina ya no hay forma de mantener el matrimonio. Entiendo que Júlio se enamoró de otra persona y siguió su camino. Por otro lado, soy libre de hacer con mi vida lo que quiera. Todavía estoy disfrutando de mi libertad y haciendo algunos planes para el futuro.

– ¡Siempre pensé que amabas mucho a tu marido! ¡Parece que no te importa lo que hizo! ¡Me cuesta creerlo! – Aurélia se escandalizó.

– La situación me parece falsa. Lo estás fingiendo. Pero sabes que, como soy tu hermano, estoy aquí para apoyarte a pesar de nuestras diferencias y hacer lo que sea necesario para que olvides a ese traidor.

Odete se acercó con la bandeja del café, sirvió a todos y colocó un plato con algunos dulces sobre la mesa.

Eugênia lo miró seriamente y dijo con voz firme:

– Gracias por tu interés, Alberto, pero puedo cuidarme sola como siempre lo he hecho. Vuelve a casa tranquilo y seguro que no necesito nada.

Alberto tomó café, devolvió la taza a la bandeja y respondió:

– Cuando se casaron, Júlio no era rico. Sin embargo, era bueno con las finanzas y sabía cuidar los bienes que heredaste de nuestros padres. Ahora que ya no está, necesitarás que alguien lo reemplace y preserve tus bienes.

– Lo sé y ya he tomado mis medidas. Para esto contraté al Doctor Rogério, presente aquí. Es competente y confío en él. No necesitas preocuparte.

Alberto se mordió el labio tratando de ocultar su enojo y respondió:

– No entiendo cómo prefieres confiar en un extraño en lugar de seguir mi consejo. Soy una persona con experiencia y, además, solo pienso en tu bienestar.

– No insistas. Ya le firmé un poder y todo está decidido. Cambiando de tema, ¿cuánto tiempo piensan quedarse en São Paulo?

– De hecho, estamos pensando en mudarnos aquí. Incluso había pensado en vivir contigo, al menos mientras buscábamos una casa para alquilar.

Eugênia colocó la taza en la bandeja, sonrió y dijo:

– Ahora que estoy sola quiero mantener mi privacidad. Rosa me hará compañía. Tengo la intención de cuidarme a mí misma. Tienes una bonita casa en Belo Horizonte, donde la vida es más tranquila. Siempre has vivido allí. No se acostumbrarán a vivir aquí.

Alberto se levantó nervioso:

– ¿Por qué tiene que ser así? Vinimos con el corazón en la mano, queriendo compartir tu vida, ofrecerte apoyo, ayudarte en este momento difícil y tú nos rechazas. No entiendo.

Eugênia se levantó y lo encaró con firmeza:

– No necesito una niñera. Sé cuidarme. Haz con tu vida lo que quieras, no pienses en mí, porque no estaré disponible. Mi abogado me está esperando para iniciar una reunión y discutir los asuntos de mi interés. Creo que ya hemos hablado suficiente, Alberto. Les agradezco que hayan venido a apoyarme, espero que sean muy felices en todos sus emprendimientos, pero ya es hora de decir adiós.

Alberto la miró enojado, intentó controlarse, se volvió hacia sus compañeras y dijo:

– Vamos. No tenemos nada más que hacer aquí.

Las dos mujeres se levantaron, Eugênia les tendió la mano para despedirse, pero Aurélia la abrazó y le dijo con voz triste:

– Aun te arrepentirás de habernos alejado.

– Ve con Dios, Aurélia.

Eugênia le tendió la mano a Ana, quien la estrechó en silencio. Alberto se acercó a ella, esforzándose por controlar su ira, y la abrazó diciéndole con voz punzante:

– Me voy. Pero luego, cuando todo salga mal, recuerda que hice todo lo que pude para ayudarte y tú rechazaste mi ayuda.

– Ve con Dios, Alberto. Sé feliz.

Después que el grupo se fue, Eugênia se dejó caer en una silla y suspiró aliviada:

– ¡Pensé que nunca más se irían! ¡Qué horror!

– Estaban muy enojados, pero, dada tu actitud, simplemente tuvieron que irse. Felicitaciones, lo hiciste brillantemente.

– Gracias, Rogério. Confieso que fue difícil, ya que no siempre puedo controlarme.

– Hiciste lo mejor que pudiste. Los trataste con respeto, supiste posicionarte y manejaste muy bien la situación. Pero las energías aquí son tumultuosas. Están descontentos. Antes de empezar a pensar en las medidas que tendremos que tomar, creo que es prudente incluso decir una oración, rodearlos de energías de calma y amor, para evitar que sus pensamientos nos involucren.

Odete se acercó diciendo:

– Yo también quiero orar con ustedes. Estaba tan nerviosa por su presencia que tengo un terrible dolor de cabeza.

Los cuatro se sentaron, Rosa les pidió que se tomaran de la mano, cerró los ojos y murmuró una sentida oración, enviando luz a los visitantes y bienestar a todos los presentes.

# 6

Los tres salieron descontentos de la casa de Eugênia.

Alberto no pudo contener su enojo:

– ¡No puede quedarse así! Eugênia pagará caro humillarnos así.

Aurélia se encogió de hombros:

– Sabía que ella no nos aceptaría. Eugênia siempre ha dejado claro que nuestra presencia no le agrada.

A lo que Ana añadió:

– ¡Esto no es justo! Al fin y al cabo, Alberto es su único pariente. Pensé que Eugênia finalmente aceptaría nuestra ayuda, pero veo que prefiere confiar en extraños.

– ¡Se va a romper la cara! Ya verás. Ni siquiera nos invitó a almorzar. ¡Soy su único hermano! – Alberto pensó un poco y continuó -. Se nos acaba el dinero. Contaba con la posibilidad que pudiéramos quedarnos aquí con ella, al menos hasta que nuestra situación mejorara.

– Será mejor que nos vayamos a casa, Alberto. Nuestro dinero se acabará más rápido si nos quedamos en el hotel – sugirió Aurélia.

Una vez en el hotel, Alberto no quiso salir, pero, tras calcular la tarifa diaria, decidió:

– ¡Vámonos ahora! Pero no creas que me rendí. Te dejo en casa y vuelvo. Ella tendrá que recibirme.

Subieron sus maletas al auto y se pusieron cómodos. La tarde era calurosa y Aurélia se quejaba:

– ¿Aun no has reparado el aire? Nos cocinaremos mientras viajamos.

– Abre la ventana y reza para que podamos llegar a casa. Las pastillas están gastadas y el mecánico no quiso cambiarlas.

– Claro. ¡Aun no has pagado lo que debes!

– Es mejor que se queden calladas o las dejo en el camino. Estoy cansado, irritado y no estoy dispuesto a aguantar sus quejas. ¡Basta!

Aurélia cerró la cara y la boca mientras sus ojos brillaban con rencor.

Tenían unas pocas horas para viajar y tendrían que arreglárselas. Cuando llegaron a Belo Horizonte ya era entrada la noche. Cuando se detuvieron frente a la puerta del garaje de la casa donde vivían, Alberto comentó:

– Me alegro de haber llegado. Baja, Aurélia, abre la puerta.

Ella obedeció enojada, pero no dijo nada. Sabía que cuando Alberto se enojaba, fácilmente se volvía violento. Al ver la delicada situación, Ana se apresuró a sacar sus maletas del auto antes que los dos pudieran discutir al respecto.

Durante el viaje habían comprado pan y embutidos. Luego Aurélia fue a la cocina a preparar unos sándwiches. Sabía que Alberto se ponía nervioso cuando ya era hora de comer y que a esa hora debía tener hambre.

Mientras preparaba la merienda, Ana puso la mesa y, a los pocos minutos, se sentaron a comer. Después de comer y beber una cerveza, Alberto se relajó. Aurélia aprovechó la oportunidad para aliviar su malestar.

– Debes estar muy cansado. Vayamos a la habitación. Si quieres puedo darte ese masaje para que te sientas mejor.

Él la miró y su rostro se suavizó.

– Después de lo que hemos pasado, todo estará bien. Vamos luego. Ana puede encargarse de los platos.

Ana sonrió y respondió:

– Ve a descansar. Me quedo con todo.

La pareja se dirigió al dormitorio mientras Ana disimulaba su enfado. Nunca se había casado y, cuando sus padres murieron, vivió en casa de su hermano a expensas de ellos, ya que sus padres no le dejaron nada. Aunque intentó disimular su malestar, este hecho la molestó. A veces pensaba en hacer algo, trabajar, pero no sabía en qué. Había dejado pasar el tiempo y, a sus cuarenta y cinco años, pensaba que ya no podía invertir en nada. En su juventud había tenido algunos novios, pero nada había funcionado. El único que realmente le había interesado había muerto, lo que la hacía aun más infeliz y le impedía interesarse por los demás.

Aurélia no había tenido hijos, aunque su marido tenía muchas ganas de tenerlos. Ana sabía que su hermana siempre decía que no quería tener hijos, pero nunca se lo dijo a su marido. Sin embargo, sospechaba que Aurélia había evitado quedar embarazada durante toda su vida. Ana no estuvo de acuerdo con la actitud de su hermano, pero nunca mencionó el asunto. Imaginó que, si se hubiera casado, le hubiera gustado vivir rodeada de niños.

En el dormitorio, mientras masajeaba la espalda de su marido, Aurélia comentó:

– Estás lleno de nódulos. Necesitas controlar tu tensión, relajarte más. ¡Todo lo llevas con hierro y fuego, Alberto! Esto es malo.

– Lo sé... Pero nuestra situación es muy mala. Tenía la intención de hablar con Júlio para ver si tenía algo que decirme; sin embargo, después de lo que hizo, desistí. Después de aquel incidente con las prendas de punto, llegó la mala suerte y los clientes desaparecieron.

– Creo que esa mujer estaba enojada porque lo perdió todo e hizo un trabajo en tu contra.

– Qué absurdo. No creo nada de eso.

– Bueno, he visto muchas cosas... Gira ahora. ¿Te sientes mejor?

– Estoy mejor. Estoy más tranquilo. Pero sabes, he estado pensando mucho. Quiero trabajar en São Paulo. Allí el dinero se vuelve loco. Aquí las cosas están mal. Ya no es posible permanecer en Belo Horizonte.

– A mí también me gustaría vivir en São Paulo. Estoy cansada de la igualdad. Pero para eso necesitas relacionarte con gente importante allí.

– Por eso quiero ir a vivir con Eugênia, conocer gente del sector. Los tiros más importantes y las causas más importantes ocurren allí.

– No quiere recibirnos y parece que sabe cuidarse muy bien. Hace poco que Júlio se fue y ella ya lo arregló todo. De hecho, Eugênia parecía querer mucho a su marido, pero se recuperó demasiado rápido. Creo que es una pérdida de tiempo intentar buscarla de nuevo.

– Humillarme después de su actitud será odioso, pero ¿qué puedo hacer sino irme?

Aurélia pensó un momento y luego dijo:

– ¿Por qué no vas tras Júlio? Siempre le gustaron las cosas caras, el lujo, siempre vivió muy bien. No la abandonaría si durante los años de matrimonio no hubiera ganado lo suficiente para mantener el nivel de vida que tanto disfruta.

– ¿La golpeó?

Aurélia meneó la cabeza:

– No. Él no haría eso. Después, hasta donde yo sé, la herencia de Eugênia está garantizada y no podría ser manipulada por Júlio.

– Yo sé lo que quieres decir. No era rico cuando se casó, pero Eugênia siempre fue una chica de sociedad, muy bien relacionada y querida por las mejores familias. Júlio siempre supo interactuar socialmente. Inteligente, elegante, educado, de sonrisa fácil y con título universitario. ¡Claro! ¿Por qué no lo pensé antes?

– Todos los negocios que hizo tuvieron éxito. Me dijeron que ganó mucho dinero.

– Tienes razón. ¿Dónde está?

– Puede que haya cambiado de ciudad para evitar las malas lenguas. Sabe que, en la sociedad, un paso como ese puede provocar un desastre. ¡Eugênia siempre ha sido considerada una esposa ejemplar, un modelo de mujer correcta!

– Una ingenua, eso es lo que es. No notó nada e hizo lo que hizo. Pero déjala que se cuide sola. Tengo prisa. Las cosas están muy mal. No puedo esperar más. Empezaré a buscarlo mañana.

– Adelante. Esto podría funcionar.

Alberto la abrazó alegremente:

– Me alegro de tenerte a ti, que sabes dar el mejor masaje del mundo y tienes buenas ideas. Ahora vamos a dormir. Mañana es otro día.

A partir de ese día, Alberto se dedicó a descubrir el paradero de su excuñado. Pero no logró nada. Una semana después, volvió a casa desanimado y le dijo a Aurélia:

– ¡No funciona! Caminé por el club al que iba Júlio las pocas veces que venía aquí y donde decía que tenía amigos, pero nadie sabía nada de él. Llegué a la conclusión que necesito encontrar una manera de llegar a São Paulo. Allí, Júlio me habló algunas veces de algunas empresas con las que hacía negocios y, si investigo, tal vez pueda saber dónde está.

– Para eso necesitarías dinero, pero Eugênia no te quiere en su casa. Un hotel es caro y, dentro de unos días, lo poco que nos queda no nos alcanzará ni para la comida.

Alberto se sentó pensativo. Aurélia tenía razón. Podría ir solo e insistir en quedarse en casa de su hermana. Mientras pensaba en esto, sintió que su ira aumentaba. Se merecía lo que su marido le había hecho. Desde la adolescencia ella nunca había aceptado su amistad, ni lo había apoyado en nada. Después que tuvo la desgracia de perder todo el dinero de la herencia de sus padres, Eugênia, aunque era muy rica, nunca quiso ayudarlo.

A pesar de la dificultad, Alberto no se rindió. Sabía que Aurélia tenía algunas joyas que había heredado de su madre y que siempre se había negado a vender. Luego la miró y respondió:

– Si no hago nada, nos vamos a morir de hambre.

Suspiró y, tratando de darle un tono natural a su voz, continuó:

– Todavía tienes las joyas de tu madre... Aurélia alzó las cejas, frunció el ceño, como era su costumbre cuando se enojaba, y dijo:

– ¡No sirve de nada! ¡Nunca los venderé! Incluso porque valen poco. Son tres pequeños recuerdos, insignificantes, cuyo precio no alcanzaría ni para cubrir los pasajes de autobús a São Paulo.

– No es así. Los usaste con motivo de la boda de Eugênia y deben valer mucho dinero.

Aurélia se levantó indignada:

– ¡No sirve de nada! Son recuerdos familiares. ¡No los vendo!

– Claro que lo harás. Porque si no me muevo, pronto no tendremos nada que comer.

Aurélia se puso las manos en las caderas y respondió enfadada:

– Al menos podrías trabajar. Si no puedes actuar como abogado, haz otra cosa, pero trae dinero a casa. Después de todo, ¡esa es tu responsabilidad!

Alberto se levantó, tomó fuertemente el brazo de Aurélia y la miró nervioso:

– Me estás exigiendo, pero nunca has hecho nada, ni siquiera dentro de casa. Siempre tuvimos sirvientas, y cuando ya no pudiste conservarlas, le dejaste todas las tareas del hogar a Ana. Quiero ver cómo vivirás cuando se acabe el dinero. ¡Ve a buscar las joyas, camina! Estoy seguro que Júlio me encontrará cualquier cosa para ganar dinero.

– ¿Qué pasa si no lo encuentras?

Alberto la miró desafiante y comentó:

– Júlio es un hombre inteligente. Puede que esté enamorado de esta mujer, pero le gusta mucho el dinero y las ventajas que tiene y no va a poner en riesgo su negocio. No puede estar muy lejos. Encontraré su paradero.

Ana los miró en silencio, pero no se atrevió a opinar. La situación crítica en la que se encontraban no la preocupaba. Su vida siempre había sido sacrificada, nunca había logrado nada bueno y, si las cosas no mejoraban, pensaba en ir a un convento. Pero nunca le había mencionado esta disposición a su hermano. Mientras Aurélia la necesitara, ella estaría allí.

Al ver que su esposa no estaba dispuesta a obedecer, Alberto dijo con voz alterada:

– ¡Vamos, mujer! Ve a buscar las joyas. Voy a ver cuánto podemos conseguir por ellos ahora mismo. Cuanto más tiempo pase, peor será nuestra situación. Vamos a buscarlas. ¿Dónde están?

– Yo no voy a permitirlo. Puedes rendirte.

Aurélia fue al dormitorio y se paró frente a la cómoda, mirándolo con enojo.

– Están aquí... ¡Ahora, sal de mi camino!

Alberto la empujó y abrió los cajones, sacando la ropa y tirándola al suelo. Mientras tanto, Aurélia lloraba y trataba de detenerlo, tirando de su brazo, sin lograr lo que quería.

Molesto, Alberto le dio un empujón más fuerte y Aurélia cayó en la cama llorando profusamente. Encontró una pequeña bolsa de terciopelo verde, la abrió, se aseguró que era lo que buscaba, la guardó en el bolsillo de su chaqueta y salió corriendo, mientras Ana ayudaba a su hermana que no podía dejar de sollozar.

Alberto conocía a un usurero con quien previamente había negociado unas joyas que Bento robó. Lo recibió, intermedió la venta y compartió los resultados. En los últimos tiempos así fue como Alberto consiguió algo de dinero, pero Bento se había ido de la ciudad porque la policía lo estaba investigando. Y ya ni siquiera tenía ese recurso.

Después de mucha discusión, Alberto logró vender las joyas por dos mil reales. Pasó por la estación de autobuses, compró un billete para esa noche y se fue a casa a preparar la maleta.

Encontró a Aurélia devastada, abatida y con una mirada tan trágica en los ojos que decidió darse prisa y hacer la maleta. Empacó lo mejor de su equipaje, pensando en visitar los lugares de lujo que le gustaban a Júlio. Luego que todo estuvo listo, Alberto se acercó a su esposa, quien sentada en la sala permaneció en silencio, con una mirada triste, expresando todo su dolor.

– Me voy a São Paulo. En cuanto descubra algo les mandaré la noticia. Le dejé el dinero a Ana para el resto del mes.

Aurélia, enfurruñada, no respondió y él continuó:

– Hago esto por nuestro bien. Confía en mí. Volveré pronto para recogerlas. Vamos a vivir en São Paulo y nuestra vida será diferente allí. Ya verás.

Aurélia permaneció apática, él la besó levemente en la frente, tomó la maleta y se fue. Ana lo estaba esperando en la puerta principal. Alberto abrazó a su cuñada y le recomendó:

– Cuida de ella. Sé que puedo confiar en ti. En cuanto tenga algo te lo haré saber.

Ana la miró seriamente:

– Quédate tranquilo. Sé cómo tratar con ella. Ve con Dios.

Alberto salió, respiró el aire de la noche que era agradable y sintió cierto bienestar. Se liberó del peso de la familia y, como no tenía escrúpulos, pensó en hacer todo lo posible para sobrevivir y tener una buena vida.

Ya era tarde en la noche cuando llegó a São Paulo y buscó una modesta pensión cerca de la estación de autobuses. Ese dinero debería durar un tiempo razonable. La casa estaba llena y una pequeña habitación en el pasillo, frente al baño, era la única vacía. Aunque reacio, Alberto aceptó.

Una vez instalado, abrió la ventana que daba a la parte trasera de la casa y la vista no era alentadora. A pesar de ello, decidió quedarse. Al fin y al cabo, solo necesitaba un lugar donde dormir, porque a la mañana siguiente empezaría a investigar los pasos de su excuñado.

Estaba cansado y hambriento, pero en ese momento no encontraba nada abierto. Resignado, se dispuso a dormir.

Alberto se acostó y trató de recordar las personas que conocía Júlio y los lugares que frecuentaba su excuñado, tratando de decidir adónde iría primero. A pesar de su cansancio, solo logró conciliar el sueño cuando el día empezaba a aclarar.

Cuando Alberto despertó, le dolía el cuerpo y el estómago vacío le hizo recordar que no había cenado la noche anterior. Saltó de la cama, miró el reloj de la mesilla de noche y se asustó.

– ¡Medio día! ¡Si no corro me perderé el almuerzo! Corrió al baño, pero estaba ocupado. Esperó irritado y, después de unos minutos que le parecieron horas, una joven se alejó lentamente, dejando tras de sí una oleada de perfume barato que lo enfermó.

Se dio una ducha rápida, se vistió y se dirigió al comedor, que no era grande y ya estaba abarrotado. Alberto buscó al dueño de la pensión, quien le encontró un rincón en una mesa donde ya estaban sentadas cuatro personas.

Alberto se sentó a la mesa de mala gana y una oleada de revuelta lo invadió. Al fin y al cabo, era un hombre refinado, educado y fino, que había vivido en el lujo y, por tanto, le costaba aceptar ese ambiente, gente que hablaba en voz alta y comía todo mezclado en platos llenos. Pero el hambre hablaba más fuerte y, por el olor que salía de la cocina, supo que la comida solo podía ser buena.

Frunció el ceño, bajó la cabeza y empezó a comer en silencio. Terminó la comida con un generoso trozo de pudín y una taza de café. Satisfecho, Alberto regresó a su habitación, se arregló lo mejor que pudo y se fue.

En la calle, suspiró aliviado. La comida había sido buena y el hecho que estuviera bien vestido lo hacía feliz y esperanzado.

Alberto entonces comenzó a buscar a Júlio en un club privado de hombres, donde solía ir su excuñado y donde interactuaba con grandes empresarios y desarrollaba su negocio. Su excuñado lo había llevado allí como invitado y nunca había olvidado el lugar. El club funcionaba por la tarde. Alberto tocó el timbre y, cuando le abrió el portero, se presentó como el cuñado del Doctor Júlio Ferreira Borges. Dijo que había estado fuera de Brasil y que, al regresar al país, se enteró que su excuñado se había ido de la ciudad. Tenía una necesidad urgente de encontrarlo pues tenían negocios en común.

El portero lo escuchó atentamente, dijo que conocía bien a Júlio y que todavía era socio del club, pero que hacía meses que no los visitaba.

Alberto se despidió y visitó dos empresas más con las que Júlio hacía negocios, pero le informaron que ya no hacían negocios con él.

El día ya oscurecía y Alberto, cansado, se sentó en una banca de la Praça da República para descansar un poco y pensar cuál sería su próximo movimiento.

Al parecer, el excuñado había terminado sus negocios con esas dos empresas. ¿Habría cambiado su campo de actividad? Sabía que había ganado mucho dinero. ¿Podría haber encontrado algo mejor?

Lamentó haber estado ausente tanto tiempo. Como estaba planeando una gran estafa para ganar mucho dinero y como era algo ilegal, no quería que Júlio se enterara.

Todos los negocios de Júlio siempre se realizaron dentro de la ley. Era muy exigente con los contratos y le gustaba que todo estuviera muy bien explicado.

Alberto sabía que no podía equivocarse con él. Lamentó; sin embargo, no haberse acercado a su excuñado y haber aprendido a hacer buenos negocios como él.

No se desanimaría. Aun quedaban muchos lugares a los que podía ir y seguramente alguien le diría dónde encontrar a Júlio. le dolían las piernas y el hambre volvió con fuerza. Alberto decidió entonces regresar a la casa de huéspedes y disfrutar de la cena. Luego decidiría qué haría al día siguiente.

Capítulo 7

Alberto entró en una cafetería, se sentó en una mesa y pidió un café y un panecillo con mantequilla. Llevaba tres días buscando a Júlio y no había podido encontrar ninguna pista.

Júlio había desaparecido y nadie sabía su paradero. Alberto todavía tenía hambre, pero no quería pedir nada más. Necesitaba ahorrar el dinero.

Un joven se detuvo frente a él, lo miró y le preguntó:

– ¿No eres Alberto, el cuñado del Doctor Júlio?

Alberto lo miró tratando de averiguar de dónde lo conocía. Percibiendo que no estaba siendo reconocido, el muchacho prosiguió alegremente:

– Soy Jairo. ¿Te acuerdas ahora?

– Tu cara me resulta familiar, pero ¿de dónde te conozco?

– Solo nos vimos dos veces, pero después de lo que nos pasó, nunca lo olvidé.

– ¿Cuándo fue eso?

Jairo se rio de buen humor y respondió:

– Hace tiempo, solo sé que fue cuando el Doctor Júlio ganó esa fortuna en la Bolsa y yo tuve la suerte de haber sido su agente. Me agradeció y me invitó una bebida. Fuimos los tres a celebrar, pero bebiste tanto, dijiste tantas tonterías... ¡Fue muy divertido! Al final aun nos lo tuvimos que llevar a casa casi cargado.

El rostro de Alberto se aclaró, se levantó y abrazó al niño diciéndole:

— ¡Ahora recuerdo! ¡Fue una de esas noches! Al día siguiente tuve un dolor de cabeza tremendo. Pero siéntate, hablemos un poco.

Jairo acercó su silla, se sentó, llamó al camarero y pidió un bocadillo. Alberto aprovechó y pidió también un buen bocadillo. ¡Este fue tu día de suerte! ¿Cómo no había pensado en ese chico?

— ¿Cuánto ganó esa tarde?

— Hace tiempo. No recuerdo la cantidad, solo sé que fue una buena suma. Nunca he visto a un hombre tan afortunado como él. ¡Tiene talento para lidiar con el dinero! A veces creía en sus suposiciones y ganaba algo. Hasta que logré mejorar un poco mi vida.

— A Júlio siempre le gustó trabajar contigo. Dijo que eras el mejor agente que pudo encontrar.

Los ojos de Jairo brillaron de placer. Alberto había tocado su punto débil. Estaba orgulloso de su profesión y de sacar provecho de sus clientes, lo que le hacía admirado por la competencia.

Alberto bajó la cabeza, puso cara triste y comentó:

— ¿Sabes que está casado con mi hermana?

Jairo asintió y continuó:

— Se separaron después de quince años. Vivo en Minas Gerais y no sé por qué. Se veían tan felices...

— Esto puede pasar. La rutina es difícil de afrontar.

— Quizás, pero lo lamenté. A pesar de la distancia éramos como hermanos. Eugênia está inconsolable. Intenté hacerla entender y aceptar, pero ella se peleó conmigo, ni siquiera quiere recibirme. Vine a São Paulo para intentar ayudarla, pero no podré hacer nada. Nosotros, la familia, necesitamos entender cómo sucedieron las cosas. Mi esposa está inconsolable.

– Estos problemas familiares son complicados. No puedes involucrarte. Es mejor dejar que ellos se entiendan.

– También pienso así. Como Eugênia no quería aceptar mi opinión ni aceptar ayuda, pensé en hablar con Júlio, averiguar cómo estaban las cosas, para poder volver a casa y calmar a mi familia. Pero desapareció, no dejó dirección. Debe tener sus razones, ya sabes...

Jairo se rio con picardía y Alberto continuó:

– ¿Sigues trabajando para él?

– Sí. Ahora tiene una correduría y hacemos negocios juntos.

Los ojos de Alberto brillaron cuando dijo:

– ¿Podrías darme la dirección?

– No sé si debería, Alberto. El Doctor Júlio me pidió mantener la confidencialidad. No puedo decepcionarlo. Nuestra relación es de negocios y confianza. Cualquier desliz podría convertirse en un motivo para que no me busque más.

– Sé lo que es eso, pero realmente necesito hablar con él. De hecho, tenemos algunos asuntos en marcha y necesito consultarle. A decir verdad, Eugênia se mostró intratable y no pienso involucrarme en su vida privada. Si me das su dirección diré que la encontré por casualidad. No mencionaré tu nombre.

– No puedo cumplir con tu solicitud. Solo puedo decir que su correduría está en Río de Janeiro.

Alberto insistió un poco más, pero no consiguió más información. Le pidió una tarjeta a Jairo diciendo que lo recomendaría a sus amigos y se despidió.

Al salir de la cafetería, Alberto decidió probar suerte en Río de Janeiro. Ni siquiera se mencionó el nombre de la casa de bolsa del excuñado de Jairo. Tendría que descubrir esta información él mismo.

Pasó por la estación de autobuses, compró un pasaje para Río y fue a la pensión a preparar el viaje. A medianoche en punto, embarcó. Dentro del autobús, Alberto pensaba con admiración en su excuñado. Había dado un golpe exitoso y debería estar ganando mucho dinero, disfrutando de los lujos habituales y enriqueciéndose cada día.

Cuando lo encontrara, haría todo lo posible para ser aceptado en su empresa. No le importaría empezar desde abajo, porque estaba seguro que, con su inteligencia, capacidad y visión para los negocios, podría ser de gran utilidad para su excuñado.

Poder volver a tener dinero, disfrutar de las cosas buenas de la vida, ser respetado, era todo lo que Alberto quería.

Dejó volar su imaginación, viéndose elegante, moviéndose por los altos círculos de Río de Janeiro, pudiendo gastar todo lo que quisiera. Cuando eso sucedía, renovaría la casa familiar en Minas, dejaría a su esposa y a su cuñada viviendo allí y las visitaría de vez en cuando.

Aurélia se quejaría, pero Alberto sabría manejar las cosas y deshacerse de ellas la mayor parte del tiempo. Solo en Río de Janeiro, llevaría una vida maravillosa, libre y tendría todas las mujeres que deseara.

Con suerte, mientras el autobús corría, dio rienda suelta a sus ensoñaciones, imaginando cómo sería su vida en aquella ciudad. Era solo cuestión de tiempo y, con habilidad, lograría todo lo que deseaba.

Arrullado por el balanceo del autobús y por su imaginación, Alberto se sintió más cómodo y, satisfecho, al cabo de un rato se quedó dormido.

✳ ✳ ✳

En los meses siguientes, Eugênia, apoyada por el cariño de Rosa y los cuidados de Odete, poco a poco empezó a sentirse mejor.

Había momentos en los que no tenía ganas de hablar y se preguntaba dónde estaría Júlio, tratando de averiguar cuándo y por qué su matrimonio se había desmoronado. De hecho, aunque a Eugênia le gustaba la vida social y estaba acostumbrada a socializar con personas importantes, prefería los momentos de tranquilidad en casa, en compañía de su marido, pero notaba que él creaba vida cuando podía estar con personajes famosos que brillaban en los altos círculos.

Guapo, elegante, coloquial, brillante, inteligente y de buen humor, desde el inicio de su relación, Júlio había sido muy bien recibido en los altos círculos sociales, en los que nació y aun vivía Eugênia. Júlio había surgido en la alta sociedad, presentado por la hija de un diplomático que, después de haber servido algunos años en Inglaterra, había regresado a Brasil con su familia. Jéssica había conocido al chico en la universidad y se interesó por él desde el primer día. Finalmente se hicieron amigos. Estaba enamorada, y Júlio, a pesar de no responder al interés de la joven, estimuló su interés, involucrándola de tal manera que, cuando el padre de la chica necesitaba regresar a Brasil, Jéssica lo invitó a regresar al país, prometiendo introducirlo en la sociedad brasileña, a pesar de no saber mucho sobre él.

El muchacho, en ese momento, le había dicho a Jéssica que sus padres habían muerto mientras él aun vivía en Brasil. Solo, reunió todo lo que les quedaba y decidió estudiar finanzas en Londres.

Cuando ella insistió en que Júlio regresara a Brasil, logró que sus padres lo acogieran en su casa hasta que encontrara un lugar donde vivir.

Júlio había llegado a Brasil, se hospedó en la casa del diplomático y se introdujo en la alta sociedad, ganándose pronto su lugar. Su éxito con las mujeres fue inmediato.

Jessica, celosa, hizo todo lo que pudo para conquistarlo, pero él la evitó gentilmente, ansioso por deshacerse de ella.

Al día siguiente de su llegada a Brasil, cantó una canción con algunas financieras, cuyos nombres ya conocía, y se hizo amigo de un corredor de Bolsa, proponiéndole trabajar juntos. Encantado, Jairo aceptó la invitación y juntos triunfaron.

Tiempo después, Júlio conoció a Eugênia en una recepción y pronto se interesó por ella. Bella, rica y altiva, la chica no se interesaba por nadie y, quizás por eso mismo, era a menudo acosada por chicos que luchaban por el privilegio de su atención.

Dispuesto a ganársela, Júlio se esforzó en cortejarla y acabó conquistándola. Cuando se casaron, los padres de Eugênia, el Doctor Humberto Silveira de Queiroz y su esposa Áurea, aun estaban vivos. Un año después, Humberto sufrió un infarto y murió. Áurea, muy enamorada de su marido, perdió las ganas de vivir y desapareció hasta tal punto que ella también se fue.

Sentada en su habitación, Eugênia recordaba todos esos hechos y, en esos momentos, la invadía una gran tristeza, porque esos recuerdos siempre terminaban en los momentos en que ella quería tener un hijo y no podía. A pesar de los tratamientos, cada mes sufría decepciones.

Rosa notó la melancolía de Eugênia y trabajó duro para que ella cambiara ese enfoque y dejara atrás el pasado.

– Necesitas olvidar y seguir adelante. El pasado no vuelve y no tiene sentido lamentarse. La tristeza arruinará tu salud, Eugênia.

Ella sacudió los hombros y respondió:

– Quizás sea mejor para mí morir. ¿Cuál es el punto de vivir y no ser feliz?

– No digas eso. Mira a tu alrededor y date cuenta que la vida es mucho más de lo que imaginas. ¿Por qué quieres permanecer en este sufrimiento?

– ¿Crees que estoy sufriendo porque quiero? Mi vida ya no tiene motivación. Dondequiera que mire veo sufrimiento. La felicidad no existe. ¡Es una ilusión!

– Estás alimentando un dolor que ya podrías haber superado. No te lastimes así. Estás sufriendo y valorando a una persona que no te merece, que traicionó tu confianza y no respetó tus sentimientos. ¿Crees que vale la pena? Sal de esa energía. Siente que mereces una vida mejor. Acepta que tienes todo el tiempo del mundo para recuperar tu paz, haz cosas que te traigan alegría, crear momentos de placer, en los que tu espíritu pueda expresar los sentimientos elevados que tiene tu alma.

– No sabría cómo hacer eso.

– Tu alma sabe cómo. En tu interior se encuentran todos los sentidos que dan valor a tu vida. Descubre la riqueza que se guarda en tu espíritu y pronto tus ojos brillarán de alegría y tu vida se convertirá en una aventura, en la que empezarán a suceder cosas. Todo cambiará para mejor. Empieza ahora. Es en el momento presente donde puedes sembrar tu bienestar y construir un futuro mejor. ¡Créelo! ¡Tú puedes!

Eugênia cerró los ojos y Rosa tomó la mano de su amiga y le dijo suavemente:

– Deja ir el pasado. Siente lo que hay en tu corazón. No pienses, siente. ¿Cómo te gustaría que fuera tu vida? Imagina que acabas de nacer y eres una mujer sin pasado. Pudiendo elegir cómo quieres vivir, ¿qué te gustaría hacer?

– ¡Me gustaría mecer a un niño en mis brazos! Tener una hija. ¡Pero eso ahora es imposible!

– ¡Todo es posible! Aun eres fértil para generar una niña. Por otro lado, hay muchos niños que necesitan una madre. Solo tienes que quererlo y ve a elegir.

Eugênia la miró seriamente y luego respondió:

– Claro. No había pensado en eso.

– Empieza a reflexionar sobre esto mientras intentas mejorar tus pensamientos. Un niño necesita vivir en un hogar feliz donde pueda ser amado. Hay mucho cariño en tu corazón. Dar amor es mejor que ser amado. Piensa en eso.

A partir de ese día, Eugênia empezó a pensar en esa posibilidad. Adoptar una niña era una gran responsabilidad. ¿Tendría la capacidad de educarla y darle una buena vida si ella misma se sintiera incapaz y sin alegría?

Sin embargo, ¿era justo adoptar una niña solo porque era infeliz y no podía darle lo que necesitaba? No. Ella no podía hacer eso. Su caso no tenía remedio. Lo mejor sería quedarse sola, cargando con sus problemas por el resto de su vida.

Sonó el timbre y Odete fue a abrir la puerta.

– Entre, Doctor Rogério.

– ¿Cómo estás, Odete?

– Gracias.

– Necesito hablar con doña Eugênia.

– Ella está en la sala. Vengar.

Al verlo entrar, Eugênia quiso levantarse, pero Rogério le tendió la mano diciendo:

– Por favor, no te molestes.

Se acercó y, después de estrechar la mano de Eugênia y besar a su tía, continuó:

– Vine a contarte lo que descubrí sobre tu marido.

Eugênia frunció el ceño y su expresión cambió.

– ¿Descubriste algo?

– Sí. Está en Río de Janeiro, donde montó una casa de Bolsa.

– Eso es lo que le gusta hacer. ¿Qué más descubriste?

– Bueno... Han pasado más de seis meses desde que alquiló el local y montó la nueva empresa. Pero todo se hizo en el más estricto secreto. Fue difícil descubrir su paradero. Júlio preparó la mudanza hasta el más mínimo detalle y recién se instaló en la ciudad cuando el negocio estaba por iniciarse.

– ¿Tienes su dirección?

Rogério la miró seriamente y dijo:

– La tengo. ¿Qué quieres que haga?

Eugênia pensó un poco y luego dijo:

– Como sabes, no tengo intención de provocarlo. Quiero divorciarme lo antes posible.

– En este caso necesito saber cómo se realizó el contrato nupcial, conocer la situación económica de la pareja durante los quince años de matrimonio, etc.

Eugênia se pasó la mano por la frente como si intentara ahuyentar los pensamientos desagradables que circulaban por su mente. Luego respiró hondo y respondió:

-Todos los documentos deben estar en la oficina. Puedes verificarlos. Lo siento, pero no quisiera lidiar con eso.

– No te preocupes, yo lo haré.

—¡Ah! Pero deben estar en la caja fuerte. Júlio guardaba todo allí. Tendré que ir contigo. Además de la clave, necesitarás la contraseña. Vamos para allá.

En la oficina, Eugênia presionó un botón debajo de un cajón y saltó una pequeña caja. La abrió, tomó una pequeña llave y se la entregó a Rogério. Empezó a salir, pero preguntó:

—Deberías quedarte y descubrir qué contiene esta caja fuerte.

—Está bien. Tienes que girar la llave dos veces e introduce la contraseña.

Tan pronto como Rogério puso la llave en la caja fuerte, se dio cuenta que no necesitaría usarla. La puerta del mueble se abrió y, para sorpresa de ambos, estaba vacía. Allí no había documentos ni dinero.

Eugênia abrió la boca asombrada:

—Se llevó todos mis documentos. No había dinero mío aquí, pero guardaba lo suyo en la caja fuerte. Júlio negociaba acciones y yo nunca realicé esas transacciones. ¿Qué hacemos ahora?

—Podrían estar aquí en alguna parte.

—Desde que nos casamos, Júlio se hizo cargo de la oficina y empezó a encargarse de todos mis documentos. Siempre que necesitaba algo, él tomaba la iniciativa.

Rogério la miró seriamente:

—¿Él también se ocupó de tus asuntos?

—No. Solo algunos documentos personales.

—¿Estás segura?

—Sí. Mi padre hizo un testamento en el que dividió la herencia con mi hermano y nombró a dos síndicos de su confianza para administrar mi parte. Después de su muerte, hice un contrato con ellos para que siguieran encargándose de todo. Al principio,

Júlio insistió en tomar control de mis bienes, pero yo no quise y tenía mis razones. Alberto pronto perdió su parte de la herencia a causa del juego. Después de eso, empezó a rodear a Júlio en la oficina, nunca salió de allí. Esta fue otra razón más para no permitirle interferir en este asunto.

– Pero, que yo sepa, tu marido montó una casa de Bolsa y tiene recursos.

– Que ganó especulando en la Bolsa. Júlio, además de ser guapo, es inteligente y sabe tratar con la gente. Cuando nos casamos, no tenía nada más que eso. Pero salí a la sociedad, recibí amigos y pensé que era justo que él tuviera una asignación para sus gastos. Conoció a un corredor de bolsa y empezó a comprar acciones. Tuvo mucha suerte desde el principio. Tenía muchos amigos y siempre era muy bien recibido allí donde aparecía.

Eugênia suspiró pensativamente y, como hablando para sí misma, continuó:

– ¡Nunca sospeché que podría abandonarme, hacer lo que hizo! Nunca tuvimos el más mínimo desacuerdo.

– ¿Alguna vez mostró desinterés o molestia?

– No. Siempre me trató con cariño y respeto. Pero ahora sé que estaba fingiendo. Pensando en retrospectiva, creo que nunca llegué a conocerlo realmente. ¡Pasé quince años viviendo con un extraño! Quizás fue mejor así.

– Busquemos en los cajones y veamos si encontramos los documentos.

Buscaron todo, pero no encontraron lo que buscaban. Desanimada, Eugênia se sentó y preguntó:

– Y ahora, ¿qué haremos?

— Busquemos la empresa que está cuidando su patrimonio. Deben tener los documentos que necesitamos. Solo necesito la dirección y el nombre de la persona a quien debo contactar.

Eugênia le entregó una tarjeta, que Rogério guardó en su maletín. Luego, mirándola, dijo seriamente:

— ¿Hay algún requisito que quieras poner al pedir el divorcio?

— No. Haremos lo que las leyes determinen.

— Está bien. Yo me encargaré de todo. Tan pronto como los documentos estén listos, regresaré y te pediré que los leas y los firmes.

— Me gustaría que fuera lo más rápido posible. No me siento cómoda lidiando con esta situación indefinida.

— Si consigo lo que necesito, traeré los documentos mañana. Si todo va como deseas, tengo intención de ir a Río de Janeiro y hablar con tu marido.

— Preferiría solicitar el divorcio y que el tribunal le informara al respecto.

— Podría hacerlo así, pero creo que, en la situación actual, sería mejor informarle personalmente.

— ¿Por qué crees eso?

— Me gustaría profundizar en la situación y valorar cómo reaccionará para que no tengamos sorpresas desagradables en el futuro.

— ¿Crees que podría hacerme daño de alguna manera?

— Aun no lo sé... Pero, ¿cómo se puede confiar en una persona que, después de quince años de casado, no afrontó la verdad y se escapó en secreto, sin resolver las cosas de forma civilizada?

– Eso me chocó mucho porque siempre me pareció equilibrado. Hasta ahora sigo sin entender por qué no me habló antes de irse. Aunque sufriría por la separación, nunca le impediría irse.

Rogério vaciló un poco y luego dijo:

– Reveló un lado irresponsable que deja mucho que desear. Siento que los términos de este divorcio deben ser muy claros para evitarle problemas futuros.

– No creo que haga eso. Después de todo, se fue porque quiso y no le exigiré nada.

– ¿Y si luego su suerte cambia y quiere volver a estar juntos?

Sonrojada, Eugênia frunció el ceño y respondió con voz firme:

– No creo que eso suceda.

– Las cosas cambian con el tiempo, la vida te enseña. ¿Y si quisiera volver?

– Nunca lo aceptaría de regreso. Él está fuera de mi vida. No le daría una segunda oportunidad.

– Lo siento, doña Eugênia. Necesitamos pensar en todas las posibilidades.

– Lo que más deseo es ser libre, desconectar de todo lo que me recuerda ese lado de mi vida.

– Está bien. Recopilaré la información. Volveré tan pronto como pueda.

Después que Rogério se fue, Eugênia fue al dormitorio y se tumbó en la cama. Una oleada de tristeza la invadió. ¿Cómo sería tu vida a partir de entonces? No sentía que tuviera el coraje de vivir. Se sentía frustrada porque nunca había podido quedar embarazada.

Si hubiera tenido un hijo, al menos habría tenido una buena razón para vivir. Pero, con el tiempo, llegó a conformarse.

Cuando, preocupada, le mencionó el asunto a Júlio, él le aseguró que si la vida no les daba un heredero; todavía se tendrían el uno al otro y podrían vivir igual de bien. Pero ahora, sin su marido a su lado, ¿qué sentido tenía vivir?

Las lágrimas corrieron por el rostro de Eugênia y volvió a pensar en renunciar a la vida, que solo le había traído decepciones. Rosa entró en la habitación, se acercó a Eugênia y notó que estaba en crisis. Se sentó junto a la cama, tomó la mano de su amiga, pero no dijo nada. Cerró los ojos, pensó en Dios, sintió mucho cariño y la rodeó de energías de amor y luz.

Poco a poco, Eugênia se calmó. Las lágrimas cesaron, su respiración volvió a ser regular y luego se quedó dormida.

Rosa se alejó sin hacer ruido y fue a la cocina a ayudar a Odete a preparar la cena.

Capítulo 8

Júlio despertó y se levantó, intentando no hacer ningún ruido para no despertar a Magali. A pesar de tener prisa, no pudo escapar del placer de mirarla una vez más. ¡Era hermosa! Muy cómodo, estuvo tentado de arrojarse sobre ella y besarla. Resistió este placer y fue directo a darse una ducha. Tenía asuntos importantes que resolver y no podía llegar tarde. Si todo salía según lo planeado, se embolsaría una gran suma.

Se sintió realizado y feliz. Además del amor de Magali, la pasión de su vida, el dinero que se multiplicaba cada día, la maravillosa casa que había comprado en Urca, estaba la reputación, en los círculos financieros, que Júlio era atractivo, que tomaba riesgos y siempre ganaba.

Amaba la belleza. Para Júlio era vital vivir en el lujo, rodeado de todo de la más alta calidad, ser elegante, refinado, educado, llegar a la empresa en su lujoso auto conducido por un conductor uniformado, que abría la puerta trasera con elegancia y atención.

Tan pronto como entró en la oficina, la secretaria se puso de pie atenta:

– Buenos días, Anita. ¿Lista?

– Sí señor. Todo está listo según lo acordado. En quince minutos deberían llegar. ¿Puedo ayudarte con algo más?

– No, gracias.

Júlio entró en su espaciosa oficina, muy bien amueblada, y miró a su alrededor con placer. Se sentó en el bonito sillón de cuero, colocado detrás del escritorio, y abrió la carpeta frente a él, revisando los papeles y comprobando si todo estaba como quería. Anita era muy eficiente y todo se hizo bien, tal como lo había planeado.

Sonó el teléfono y contestó la llamada:

– Doctor Júlio, el Doctor Alberto Queiroz está aquí e insiste en saludarlo.

El rostro de Júlio se contrajo y respondió, tratando de controlar su ira:

– Dile que no puedo ayudarlo. Tengo una reunión de negocios muy importante y ya está llegando gente.

Anita colgó el teléfono y Júlio intentó calmarse. ¿Cómo lo había descubierto? No quería tener nada que ver con el pasado y mucho menos tener a su alrededor a su interesado excuñado, un jugador desequilibrado, que en ocasiones incluso le había chantajeado y del que creía haberse deshecho.

Respiró hondo, se sirvió un poco de agua y bebió unos cuantos sorbos, cuando se abrió la puerta y entró Alberto seguido por la secretaria, que intentó sujetarlo y empujarlo hacia fuera de la habitación.

– ¿Qué es esto? ¿Por qué estás irrumpiendo en mi oficina?

– Quería impedirme la entrada. No creo que te hayas negado a recibirme.

A pesar de estar un poco pálido, Júlio odiaba perder la cara. Tranquilo, luego hizo un gran esfuerzo por controlarse.

– Lo siento, Doctor. Fingió irse y de repente abrió la puerta. No pude detenerlo. ¿Debo llamar a seguridad?

– Déjalo, yo lo arreglo, Anita. Puedes retirarte.

Alberto, satisfecho, miró a su alrededor diciendo:

– ¡Qué progreso! ¿Todo esto es tuyo?

– Alberto, me tomaste por sorpresa. En dos o tres minutos llegarán personas importantes para una reunión en esta sala. Necesitas irte. Hablaremos otro día.

– ¿Cuando? Estoy en una situación difícil. Se me acabó el dinero, tengo hambre. Vine aquí buscando trabajo. Eugênia, como siempre, se negó a ayudarme. Es un caso de vida o muerte.

Júlio tuvo ganas de darle puñetazos y patadas, pero se controló. Necesitaba sacarlo de allí inmediatamente. Sacó unos billetes de su cartera y se los entregó a Alberto diciéndole:

– Sal de aquí ahora. Ya deben estar llegando.

– ¿Cuándo me recibirás para que podamos hablar? Estoy en una situación difícil.

– Deja tu dirección con mi secretaria.

Me pondré en contacto tan pronto como pueda.

Alberto extendió su mano diciendo suavemente:

– Sabía que no me abandonarías...

Gracias. Sé que eres mi amigo.

Júlio estrechó la mano de su excuñado, intentando con todas sus fuerzas contener las ganas de echarlo.

Después que Alberto se fue, Júlio suspiró aliviado. Anita llamó para decir que ya estaba subiendo gente y él se apresuró a mirarse al espejo y recomponerse mejor. Su expresión cambió, sonrió amablemente en el momento en que sonó el intercomunicador y ordenó a los visitantes que entraran.

Con el rostro distendido y una sonrisa amable, Júlio recibió a los cuatro visitantes y, después de saludarlos, los acomodó gentilmente.

Afuera, Alberto, con rostro orgulloso y postura firme, esperaba a Anita, quien, sin decir nada, se sentó a la mesa. Se acercó a ella, la miró seriamente y luego dijo con voz firme:

— A partir de ahora volveré aquí a menudo y tendrás que tratarme muy bien. Soy cuñado de Júlio, somos como hermanos. Si me tratas bien tendrás un amigo que podrá ayudarte a mejorar tu vida. Pero también te garantizo que puedo deshacerme de aquellos que quieren hacerme daño muy fácilmente. Quiero que me traten muy bien cada vez que vengo aquí. ¿Entendiste eso?

Los ojos de Alberto, fijos en los de Anita, tenían un brillo rencoroso. La chica se sintió invadida por una sensación desagradable y se esforzó por parecer natural cuando respondió:

— Aquí solo obedezco las órdenes del Doctor Júlio. Dijo que no podía ayudarle ahora y forzó la entrada. Intenté simplemente cumplir su orden. Entienda, me pagan por hacer lo que él dice.

Alberto la señaló con el dedo:

— Recuerda lo que dije. Si te enfrentas a mí...

Te arrepentirás.

Le dio la espalda y se fue.

Anita respiró hondo, intentando recuperar la calma. Júlio siempre la había tratado con cortesía y respeto. Aunque era exigente con el trabajo, era un hombre delicado que sabía tratar a la gente. Poco a poco se fue calmando. Estaba seguro que Júlio sabría deshacerse de ese hombre desagradable. Solo era cuestión de tiempo.

Alberto salió satisfecho del edificio, a pesar de darse cuenta que su visita no fue bien recibida. Pero nombre falso, continuó:

— Soy su cliente, estoy muy feliz. El Doctor Júlio es mi amigo, me dio una muy buena recomendación y quisiera agradecerle enviándole unas flores a la Sra. Magali. Estoy en la floristería y necesito la dirección de su casa. ¿Puede dármela?

El operador vaciló y respondió:

– No puedo hacer eso. El Doctor Júlio nos lo prohibió.

Alberto endulzó su tono:

– Hazlo por mí... Sé cuánto aprecia a su esposa. Disfrutarás honrándola.

– No puedo, no insista. Si eres cliente, puedes pedirle esa dirección.

Alberto colgó irritado. Era ingenuo creer que sería fácil. Sabía que Júlio era muy sociable, pero muy selectivo con la intimidad de las personas. Pero no estaba convencido. Al final de la tarde se escondería y lo seguiría. El problema era que tendría que quedarse en el barrio porque no conocía el horario de su excuñado ni sus compromisos ese día. Quería ser rápido, actuar antes que se le acabara el dinero.

Poco después de las cuatro, Alberto se detuvo frente al edificio de la correduría y miró a su alrededor. El lugar estaba lleno y había un hotel y una parada de taxis muy cerca. Satisfecho, entró al vestíbulo del edificio, caminó observando todo, luego salió y se dirigió a la parada de taxis. Había dos autos detenidos en la parada, entonces Alberto se acercó y el conductor preguntó:

-¿Taxi?

– Quiero, pero tengo un problema. Es un caso especial.

– ¿Puedo ayudarlo?

– En ese edificio está el dueño de una correduría, un chico simpático, bien vestido, coche de lujo...

– Yo sé quién es...

Alberto miró de un lado y luego del otro y dijo en voz baja:

– Bueno, quién lo hubiera pensado... me debe dinero y no quiere pagarme. Nunca pensé que podría ser más astuto que yo.

– Las apariencias engañan...

Alberto se pasó la mano por el cabello y respondió:

– Mis amigos me aconsejaron que buscara a su esposa, que es muy buena y puede pagarme. Realmente necesito el dinero. ¿Sabea dónde vive?

– No. Nunca hablé con él.

– Cuando se vaya, tengo la intención de seguirlo y averiguar la dirección.

– ¡Cuidado! ¿Qué estás intentando hacer?

– Solo quiero saber dónde vive para poder pedirle que interceda por mí. ¡Necesito que me pague, tengo una familia! Sé que él hace lo que ella quiere.

– ¿Eso es todo?

– Solo ve, anota la dirección y vuelve. Ni siquiera necesito bajarme del auto.

– Si es así, está bien. No quiero meterme en problemas. Pero si tarda un poco y aparece un pasajero, no podré esperarte.

– Está bien.

Minutos después, el auto que iba delante recogió a un pasajero y se fue, y Alberto esperaba que Júlio no tardara mucho. Media hora después, vio con alivio cómo se marchaba el coche de su excuñado. Rápidamente subió al auto diciendo:

– Vámonos.

El auto de Júlio se detuvo frente a una hermosa casa, inmediatamente se abrió el portón y, finalmente, entró.

Alberto anotó la dirección y comentó:

– ¡Mira el lujo! ¡No puedo creer que quiera engañarme!

El conductor sonrió enojado:

– ¡Por eso le fue bien!

– Vámonos, es suficiente.

La carrera casi le costó todo el dinero que tenía, pero sabía lo que quería. De regreso al hotel, contó el dinero restante. Si ahorraba y no pagaba el hotel, la suma que tenía todavía le podía durar un par de días.

Era urgente volver a hablar con Júlio. Al día siguiente iría allí. Si se quedaba allí, el conductor incluso podría avisar a la policía. Necesitaba ser cauteloso.

De regreso al hotel y después de comer, Alberto se dirigió a su habitación para planificar lo que haría al día siguiente.

✳ ✳ ✳

Júlio entró a la casa y encontró a Magali sentada en el porche leyendo. Sus ojos brillaron. Ella se veía hermosa como siempre. Fue un placer llegar, respirar su perfume, sentir la suavidad de su cuerpo, besar sus labios. Había tenido muchas mujeres, pero ninguna había provocado en él tanta pasión. Por primera vez había sentido el sabor de los celos cuando ella brillaba y notaba la admiración de otros hombres.

Controlado, ocultó su molestia, pero cada día sentía menos ganas de socializar con ella. La quería toda solo para él. Pero, por otro lado, le gustaba el dinero, el lujo, la ostentación y sabía que era en ese ambiente donde podía hacer grandes negocios, entre una conversación y otra.

Magali llamaba la atención allá donde iba. Alta, rubia, bien formada, elegante, delgada, educada, cuidaba mucho su belleza y tenía buen gusto. La gente la trataba con deferencia y a Júlio le encantaba verla orgullosa, hermosa, como una diosa. A pesar de sus celos, se sintió valorado por tenerla como compañera.

Júlio se acercó, ella lo miró y le ofreció su rostro, que él besó alegremente.

– Llegaste temprano hoy. Qué bien. Disponemos de la recepción de Mendes Caldeira. Me muero por lucir ese maravilloso collar que me regalaste. Combina muy bien con mi vestido nuevo.

– Lucirás espectacular como siempre.

¡Cualquier cosa sobre ti destaca!

Magali sonrió satisfecha. Júlio prefirió quedarse en casa con su esposa, pero no quería molestarla. Para ella era importante llevar el collar de diamantes y zafiros que él le había regalado y ser admirada. Se alegraba de notar la admiración de los hombres y la envidia de las mujeres.

A Júlio eso no le importó; al contrario, hizo todo lo que pudo para hacerla feliz. Era joven y hermosa, tenía derecho a disfrutar de los regalos que la naturaleza le había brindado. Se sentó satisfecho junto a su esposa en el sofá.

Era un hombre rico, feliz y realizado, y tenía a su lado una hermosa mujer que era su pasión. Tenía de todo. Le encantaba volver a casa, disfrutar de la compañía de Magali, emborracharse de placer, prolongarla lo más posible. Aunque Magali solo hablaba de frivolidades, Júlio consideraba esto una cualidad, ya que era tenso cuando se trataba de las finanzas y los vaivenes de la Bolsa de Valores, siempre lidiando con grandes sumas.

Magali cerró el libro y se levantó diciendo:

– Voy a subir, a darme una ducha, a relajarme.

– ¡Voy contigo!

Puso su mano sobre el brazo de Júlio:

-Ahora no. Quiero estar sola, relajarme, descansar la cara, sentirme realmente bien.

Él se levantó y la abrazó diciéndole:

– Te prometo que no te molestaré. Solo quiero estar cerca de ti.

– No podía relajarme contigo cerca. Disfruto tu compañía, pero esta noche quiero que sea especial. Que te sientas premiado, orgulloso de estar conmigo.

Júlio la abrazó y la besó apasionadamente. Ella le correspondió, pero luego se escapó diciendo:

– ¿Ves lo que me estás haciendo? No puedo resistir a tu proximidad. Yo me voy y tú no me vayas a seguir.

Magali casi se escapa y él, desanimado, cayó sobre el sofá. Estaba acostumbrado a ser cortejado por mujeres hermosas, pero Magali nunca se había entregado tan completamente como ellas. Y eso lo enamoraba cada día más.

El tiempo tardaría en pasar. Desanimado, fue a la habitación de invitados, se quitó los zapatos y se tumbó en la cama, tratando de relajarse. Después de todo, no podía quejarse de la vida. Todo iba muy bien. Pronto desfilaría con Magali frente a sus conocidos, con todas las miradas fijas en ellos, con admiración y envidia. A pesar de intentar convencerse que la noche sería maravillosa, secretamente sentía ganas de quedarse en casa y tenerla solo para él.

Estaba empezando a cansarse de tener que desempeñar el papel de un hombre maravilloso y siempre alegre, dispuesto, educado, teniendo que soportar conversaciones tediosas con personas poco interesantes, haciéndose de la vista gorda ante los indicios a veces velados que algunos subestiman su campo de actividad.

Siempre había hecho esto para ganar dinero, pero, pensándolo bien, su situación económica era excelente y podía permitirse el lujo de hacer lo que le daba placer: disfrutar de la compañía de Magali, dar rienda suelta a la pasión que sentía por ella y que crecía cada día.

Sonrió, imaginando lo que haría cuando estuviera a solas con su esposa. Al tenerla en brazos, con el corazón latiendo incontrolablemente, Júlio no pudo resistirse. Se levantó y fue a buscarla a la habitación. Magali no había metido la llave en la puerta, entró y fue directo al baño.

Acostada en una bañera llena de espuma, con los ojos cerrados, Magali prestó atención a la música relajante del estéreo y no escuchó cuando Júlio entró al baño.

No pudo resistirse, rápidamente se quitó la ropa, se metió en la bañera y la abrazó: Magali se estremeció y gritó:

– ¿Qué está pasando? ¿Quién está aquí?

Asustada, intentó liberarse mientras Júlio la sostenía en sus brazos, intentando besarla. Sintiendo que se le acababa el aire, Magali le dio una violenta bofetada en el rostro a Júlio, quien, sorprendido, le soltó los brazos. Luego aprovechó la oportunidad para escapar. Salió de la bañera, se puso la bata, con el rostro enrojecido de ira, y gritó:

– ¿Qué fue eso? Pensé que eras un hombre civilizado. ¿Cómo pudiste comportarte así?

Júlio respiró hondo, intentó controlarse, salió del agua, se puso la bata, sin encontrar palabras para justificarse. Se imaginó que estaba mostrando amor. Sin embargo, Magali lo miró seriamente:

-¿Qué te pasó? Estaba entrando en alfa en meditación y me atacaste. ¡Estoy desequilibrada y temblando incluso ahora! Te pedí que no vinieras detrás de mí. Quería quedar bien, ahora ni siquiera sé si estoy en condiciones de ir a esa fiesta.

Júlio la miró avergonzado. Fue horrible para él que lo llamaran así. Por eso siempre fue tan equilibrado y eficiente. Cometió una falta inadmisible. Intentó explicarse:

– Yo no sé qué pasó. Fui a descansar a la habitación de invitados, me acosté y comencé a pensar en nosotros, en cuánto te amo. Entonces mi sangre subió y lo siguiente que supe fue que estaba en el baño y al verte no pude controlarme. Eso es todo. Pido disculpas. Te juro que no volverá a suceder.

– No esperaba esa actitud de tu parte.

– Me dejé llevar por el amor. Yo te amo mucho. Ten esto en cuenta.

Magali fue al dormitorio y Júlio la siguió. En el fondo se arrepintió de su mala actitud y sintió que ya no había ánimos para una noche de amor como había imaginado.

Se sentía deprimido, triste, desmotivado.

– Arruiné nuestra noche. Será mejor que ni siquiera vayamos a esa fiesta. Mañana mando unas flores, me disculpo con los anfitriones y listo.

Magali, con los brazos en jarras, lo miró enfadada:

– Además de desequilibrarme, todavía no quieres ir a esta fiesta para la que me preparé, compré ropa y donde pretendía pasar unas horas de placer con nuestros amigos. Brenda estará allí. ¿Has notado cómo me mira desde lo alto de su fortuna? Si no voy, ella lucirá sin competencia. ¡Solo yo puedo enfrentarla! ¿Crees que me quedaré en casa preguntándome qué está haciendo a mis espaldas?

Júlio la miró sorprendido. ¿Qué les estaría pasando? Magali era vanidosa, le gustaba aparentar y podía brillar mucho, pero nunca había llegado a ese punto. Replicó:

– En ese caso, podemos ir. Siento lo que ocurrió. Olvidémonos de esto y disfrutemos de la fiesta como siempre lo hemos hecho.

Ella exhaló un suspiro de alivio:

– Está bien. Voy a tomar un té, calmarme y disfrutar esta noche.

– ¡Así se dice! Yo voy a hacer lo mismo.

Mientras los dos luchaban por volver a su ser natural, en un rincón de la habitación, el espíritu de un hombre, de ojos magnéticos, labios entreabiertos en una sonrisa de satisfacción, pensó:

– "Ha llegado el momento que pagues por todo lo que me has hecho a mí. Ahora que te he encontrado, iré hasta el final."

A pesar de sus esfuerzos, Júlio no pudo sacudirse la opresión en el pecho, una sensación desagradable que lo había invadido. Respiró hondo tratando de calmarse. Si antes no tenía ganas de ir a la fiesta, ahora sentía que sería un sacrificio que tendría que soportar.

Capítulo 9

Alberto, sentado en la habitación del hotel, sintió la necesidad de actuar. El dinero se estaba acabando, dudó al hablar con Júlio. Durante tres días investigó la vida de su excuñado. Había seguido a Magali y se había dado cuenta que ella sabía vivir. Frecuentaba lugares lujosos, gastaba sin control y siempre exigía lo mejor. Era respetada y muy bien cuidada. Dondequiera que iba, la gente era muy amable con ella, lo que ella recompensaba muy bien con pomposas propinas.

Sabía que si lograba ganarse el favor de la chica, estaría hecho por el resto de su vida. Júlio tendría que aceptarlo, pero ¿cómo hacer eso? No tenía mucho tiempo. Tendría que actuar antes que se le acabara el dinero.

Alberto salió y se paró discretamente frente a la casa de su excuñado. Júlio salió en el auto con el conductor y éste siguió esperando. Cuando el joven mayordomo salió para ir al mercado, Alberto lo siguió sin ser visto. Allí se le acercó:

Le dio una tarjeta de presentación y le dijo:

– ¿Te interesa cambiar tu vida, progresar, ganar dinero?

Los ojos del muchacho se iluminaron:

– Claro que sí. ¡Ese es mi sueño!

– Me gustaste. Siento que eres un buen tipo. ¿Como te llamas?

– Juan.

– Tenemos que hablar.

– ¿Qué necesito hacer?

– Termina tus compras, te espero afuera para que podamos hablar.

La conversación fue bastante fructífera. Alberto se encontró en la posición de víctima de su excuñado, que había perdido una enorme cantidad en Bolsa y lo culpaba a él. Cuando abandonó a su hermana, se quedó con todo el dinero, dejándolo en la indigencia. Era inocente. Los dos siempre han sido amigos cercanos, pero necesitaban tiempo para demostrarlo.

– Siento que eres un buen tipo. Ayudándome, además de hacer el bien, sabré recompensarte.

– No sé cómo hacer eso. Solo soy un mayordomo. El Doctor Júlio y doña Magali ni siquiera me miran.

– Tengo un plan y tu parte es fácil.

– ¿Crees que puedo hacerlo?

– Estoy seguro. Júlio está muy enamorado de su nueva esposa. ¡Hace todo lo posible para complacerla! Parece una buena persona. Ella es hermosa, una diosa. Quiero acercarme a ella, pero de forma cuidadosa. No puedo venir y presentarme, decir que soy el hermano de su ex esposa. Ni siquiera me daría la bienvenida.

– Sí, estará celosa. ¿Cómo piensas hacer eso entonces?

– Puedes dejarlo conmigo. Tu parte es mantener el contacto, decirme a dónde va, a qué hora, con quién y sabré cómo acercarme a ella.

Juan pensó un momento y luego dijo:

– ¡Si a mi jefe no le gusta, podría perder mi trabajo!

– Eso no va a pasar. Al principio se molestará conmigo, pero cuando descubra que soy inocente, volverá a ser mi amigo, me devolverá mi parte, todo estará bien y tú recibirás tu justa parte. ¡Tómalo o déjalo!

– Está bien, lo acepto. No quiero ser mayordomo, toda la vida.

Al día siguiente, Alberto se enteró que Magali había concertado una cita en un *spa*. Anotó la dirección y, poco antes de la hora prevista, se dirigió allí y esperó cerca del lugar, por donde tendría que pasar su coche. ¡Su plan tenía que funcionar!

Dos horas más tarde, vio el coche salir del edificio y acercarse. Calculó la distancia y cruzó por delante del coche, que lo atropelló. Magali gritó y el conductor, asustado, frenó y abrió la puerta. Con los ojos cerrados, Alberto siguió acostado, y el conductor, pálido, se agachó y llamó:

– ¡Señor! ¡Señor! ¡No fue mi culpa, cruzaste sin mirar! ¡Dios mío!

Algunas personas se detuvieron y Magali salió del auto.

Alberto abrió los ojos y se frotó la cabeza.

– ¿Cómo te sientes? – Preguntó el conductor.

– Aturdido. No sé lo que pasó. ¡Me quedé en blanco, no vi el auto!

Magali se acercó:

– ¿Sientes algún dolor?

– Un poco en la espalda.

Magali suspiró y dijo:

– Llevémoslo al hospital.

Alberto empezó a levantarse y el conductor lo ayudó.

– No es necesario. No creo que haya pasado nada...

Estoy bien.

Magali abrió la puerta del auto.

– Entre. ¿Tiene un médico personal?

– No. Soy de São Paulo. Llegué aquí hace apenas unos días. No conozco a nadie.

– En ese caso, vayamos a mi médico, insisto.

Alberto estaba feliz, pero fingía estar distante.

Sentado en el asiento trasero, al lado de Magali, puso en práctica la segunda parte del plan y le entregó su tarjeta diciendo:

– Permítame presentarme. Vine a Río para hablar con mi excuñado.

Magali leyó el nombre, meneó la cabeza y preguntó:

– ¿Es usted pariente de Eugênia Queiroz?

– Es mi hermana. ¿La conoces?

– Solo de nombre.

Alberto guardó silencio. Y Magali, pensativa, también permaneció en silencio hasta el consultorio del médico. El médico comprobó que todo era normal y, como dijo que estaba aturdido, solo le recetó tranquilizantes y reposo hasta el día siguiente.

De regreso al auto, Magali quiso saber la dirección del hotel donde se hospedaba Alberto, diciendo:

– Te dejo en el hotel y espero a que Néstor vaya a comprar la medicina.

– No te preocupes, puedes irte. Compraré la medicina.

– Nada de eso. Usted necesita descansar. Volverá pronto. Quiero asegurarme que realmente vas a tomar tu medicamento y descansar.

Néstor fue a la farmacia y Alberto y Magali se sentaron en el pasillo. Alberto dijo emocionado:

– ¡Te preocupas por mí! No sé cómo agradecerte. Últimamente he tenido muchos problemas. Lo perdí todo, mi familia está en dificultades económicas, mi hermana, después que su marido la dejó, se enojó conmigo y no quiere verme, solo porque le dije que tenía razón.

Magali se removió inquieta en su silla. Imaginó que la ex esposa de Júlio debía estar sufriendo. Ella quería que se aclarara su separación de su esposa, pero él no estuvo de acuerdo. Prefirió huir y dejar solo un mensaje. Mientras huían, Júlio reflexionó:

– Así ella sufrirá menos y no tendremos que escuchar recriminaciones. Odio las discusiones.

Alberto notó el rostro preocupado de Magali y continuó con voz triste:

– Las cosas sucedieron de repente, todas al mismo tiempo. Me quedé anonadado. Llegué a Río con la intención de buscar a Júlio. Siempre nos llevamos muy bien, éramos amigos. Vine buscando trabajo. Necesito trabajo urgentemente. Nunca he estado en una situación como ésta. Siempre he vivido bien.

Alberto suspiró tristemente y continuó:

– Ojalá no hubiera venido aquí. Me da vergüenza vivir en este hotel de quinta categoría.

Magali no aguantó y abrió el juego:

– La vida escribe directamente a través de líneas torcidas. Fue Dios quien lo colocó frente a mi auto esta tarde.

Alberto fingió sorprenderse y ella continuó:

– Mi marido es el hombre que buscas. ¡Fue por mi culpa que Júlio dejó a tu hermana!

Alberto le tomó la mano y le dijo emocionado:

– Es verdad. ¡Dios guio mis pasos hacia ti! ¡Estoy muy emocionado! ¡No sé qué decir!

Néstor llegó con la medicina y Magali dijo seriamente:

– Tomé una decisión. Te irás a casa conmigo ahora mismo.

– No sé si será posible... primero necesito pagar el hotel... No sé si...

– No te preocupes, ve a hacer la maleta y vámonos a casa. A Júlio le espera una sorpresa.

Magali, volviéndose hacia Néstor, ordenó:

– Dile que cierre la cuenta, yo pagaré.

Eso era todo lo que Alberto quería oír. Cojeando levemente, para no despertar sospechas, hizo lo que ella le pedía. Cuando terminó, el empleado ingresó a la habitación para recoger la maleta a pedido de Magali.

Alberto tuvo ganas de cantar, sonreír, bajar corriendo las escaleras, pero se controló. Tuvo que seguir representando la escena.

Eran más de las nueve cuando Magali entró a la casa acompañada de Alberto. Júlio había llegado poco antes, ya se había vestido con su bata y disfrutaba de su bebida favorita mientras esperaba el regreso de Magali.

Al verla entrar a la compañía de Alberto, su rostro cambió. ¿Qué estaba haciendo en su casa? ¿Cómo había descubierto la dirección?

Júlio colocó el vaso en el aparador con intención de expulsarlo, pero Magali no le dio tiempo a nada. Con ojos emocionados, dijo:

– ¡Dios puso a este hombre en mi camino!

Todavía estoy emocionada...

Júlio los miró fijamente a los dos sin saber qué decir, mientras Alberto extendía los brazos diciendo emocionado:

– Tu esposa es un ángel. Además de ser hermosa, nunca olvidaré lo que hizo por mí.

A pesar de la desconfianza que sentía, los miró sin saber qué decir.

En pocas palabras, Magali le contó sobre el accidente y concluyó:

– Dijo que siempre fueron amigos. Te defendió frente a Eugênia y ella ya no quiere tener nada que ver con él.

Alberto se justificó:

– Hice lo que sentí, pero ella, ya sabes, no entendió y rompió conmigo. Estoy pasando por un momento difícil, sin trabajo, y vine a Río con la esperanza que tú, que siempre has sido mi amigo, pudieras encontrarme trabajo – Alberto hizo una pequeña pausa, miró a su alrededor y continuó:

– Veo que estás muy bien, ¡qué casa más bonita! Tiene de todo. ¡Una esposa maravillosa, hermosa, de alma noble y delicada!

Sus ojos estaban húmedos de emoción mientras decía estas palabras y terminó:

– ¿No me vas a dar un abrazo de bienvenida?

Júlio no tenía forma de escapar. A pesar de la fuerte impresión, sonrió y abrazó a su excuñado, mientras Magali, con ojos emocionados, observaba la escena con el alma limpia. Todo sentimiento de culpa por haberse fugado con el marido de Eugênia desapareció por completo en ese momento. Ella no era una mala mujer. A pesar de lo que había hecho, había logrado ayudar a ese pobre hombre que había sufrido porque había reconocido el amor irresistible que existía entre ella y Júlio.

Al ver que ambos lo miraban fijamente y queriendo mostrar buena voluntad, Júlio preguntó:

– ¿Qué piensas hacer?

– Necesito un empleo. El dinero se acabó, dejé a mi familia en una situación difícil, quiero trabajar y ganar lo suficiente para sobrevivir y mantenerla. Estoy dispuesto a hacer cualquier cosa.

– No sé si lo lograrás. Aquí las cosas tampoco son fáciles. En São Paulo creo que podrías encontrar algo mejor.

Alberto bajó la cabeza con tristeza y comentó:

– Ya lo intenté. No quería venir a molestarte, pero no tenía otra opción. ¿Qué puedo hacer sin dinero?

Magali puso su mano sobre el brazo de Júlio:

– Necesitabas ver el hotel en el que se alojaba. Era muy malo no le permití seguir viviendo allí y decidí que hasta que gane lo que necesita para tener una vida digna, se quedará aquí, en nuestra casa.

Júlio no pudo contener un gesto de molestia y Magali, frunciendo el ceño, continuó con voz firme:

– Sé que solo será por poco tiempo, porque te esforzarás mucho para conseguirle un buen trabajo. Alberto está capacitado, ¡es abogado!

Júlio no pudo contenerse:

– Y, por lo que sé, es muy inteligente en su trabajo.

Magali sonrió mientras Alberto tomaba la mano de su excuñado, moviéndose:

– Nunca olvidaré lo que estás haciendo por mí. Sabía que no me abandonarías en un momento difícil como éste. Pero no tengo intención de abusar de tu amabilidad. Una vez que esté trabajando, buscaré un lugar donde quedarme.

Magali sonrió satisfecha. Se dio cuenta que Júlio no estaba contento con la presencia de su excuñado. Después de todo, era hermano de Eugênia, de quien quería mantener distancia. Pero, para ella, la presencia de Alberto significó que, a pesar de los acontecimientos, el hermano de Eugênia prefiriera apoyarla. Y esta actitud la valoró. Alojar al hermano del rival ciertamente cerraría la boca a los calumniadores de la sociedad.

A pesar de haber sido bien recibido por la alta sociedad carioca, frecuentando lugares lujosos, ya habían circulado algunos comentarios sobre la separación de Júlio. Eugênia era de una familia de clase alta y muy respetada. Seguramente la presencia de Alberto pondría fin a estos comentarios.

Magali llamó a Juan y le pidió que tomara la maleta de Alberto y lo pusiera en la habitación de invitados.

– Quizás quieras darte una ducha, descansar un poco, recuperarte del accidente.

Alberto le dio las gracias, bajó la cabeza para ocultar su satisfacción y siguió a Juan.

Al verse solo con ella, Júlio comentó:

– No tenías que hacer esto. Alberto no es un niño y sabe cuidarse solo. Si me hubieras llamado en el momento del accidente habría resuelto todo sin tener que traerlo a nuestra casa.

– En ese momento tenía mucho miedo. Noté que te daba vergüenza verlo aquí en casa. ¡Después de todo, él es el hermano de Eugênia!

– Sí, esto me está molestando.

– ¡A mí no! Precisamente porque él es quien es, preferí hospedarlo. La presencia de Alberto aquí en casa demuestra que nuestra relación es respetada y aceptada.

– Siempre fuimos respetados.

– Escuché algunos comentarios y no me gustaron. Ahora todos se callarán.

Júlio permaneció pensativo por unos segundos. De hecho, algunos conocidos se habían referido a su nuevo matrimonio de forma maliciosa. Si lo veían así, la presencia de Alberto podría resultar beneficiosa en su negocio.

Su giro de negocio se basaba en la confianza y el dinero dejaría de llegar si sospechaban de su honestidad.

Júlio sonrió, besó suavemente a su esposa en la mejilla y dijo:

– Te quiero solo para mí.

– Voy a ver cómo va la cena.

Júlio se sentó en el sofá, sosteniendo la copa de vino y, pensativo, tomó unos sorbos.

Sabía que Alberto era astuto y mentiroso, pero lo que Magali había pensado tenía cierta lógica. Podría tenerlo como empleado durante algún tiempo. Pero, para ello, necesitaría tener una conversación muy seria con él, ofreciéndole la posibilidad de ganar un buen dinero, pero llevándolo a una cantata directa, controlándolo con mano de hierro.

A Júlio le gustó ese juego de poder. Nunca cambió, pero siempre actuó controlando lo que le interesaba, sin escrúpulos e incluso con cierto placer.

No vio que el espíritu de un hombre, que los había rodeado la noche anterior, estaba a su lado, sugiriéndole aquellos pensamientos que antes repudiaba, pero que, en ese momento, le parecían viables y hasta rentables. Mientras tanto, Alberto se deleitaba con la amplia bañera de la habitación de invitados, con todo lo que tenía: sales, perfumes, hierbas e hidromasaje.

Tuvo la vida que le pidió a Dios. Se lo merecía. A partir de entonces todo cambiaría. Posteriormente le pediría un adelanto a

Júlio. Necesitaba comprar algo de ropa. Las suyas eran malas y él, viviendo en esa casa, no podía chocar con el medio. Después de todo, ¿qué dirían sus amigos al verlo tan mal vestido?

Juan le había dicho que la cena se serviría a las ocho de la noche y que Alberto solo tenía quince minutos para bajar. Sabía que a Júlio no le gustaban los retrasos a la hora de cenar.

Faltaban unos minutos para las ocho cuando Alberto, ya limpio y perfumado, bajó a cenar. Júlio y Magali ya estaban en la sala y él se acercó a ellos.

– Usted está mejor ahora. Gracias a Dios se ha recuperado del accidente.

– Es verdad. Me siento como nuevo, pero un poco avergonzado.

– ¿Por qué? ¿Sucedió algo? – Continuó Magali.

– Bueno... Es solo que, por el momento mi situación es mala. No estoy vestido apropiadamente para cenar con ustedes. Yo estoy avergonzado...

Magali unió su brazo al de él y respondió sonriendo:

– No digas eso. Tu situación es ocasional y temporal. Mañana Júlio te dará un adelanto para que puedas reconstruir tu guardarropa. ¿No es así Júlio?

Júlio miró a su esposa, se tragó la ira y respondió:

– Claro. Mañana lo solucionaremos.

Juan anunció que estaban sirviendo la cena, fueron al comedor y se acomodaron. El espíritu del hombre que se encontraba en la casa los acompañó desde la distancia, permaneciendo en un discreto rincón del hermoso comedor. Observó a los tres disfrutar de la comida regada con buen vino y de la animada conversación, a pesar de la situación.

– ¡Se merecen el uno al otro! Pero no perderán esperando.

Esta vez pagarán por todo lo que me hicieron.

En ese momento, el espíritu de una mujer de mediana edad entró a la habitación, muy elegante con su vestido rojo, que contrastaba con su piel clara y su cabello rubio cobrizo, recogido en la nuca con un peine de diamantes. En manos delgadas, el brillo de los anillos resaltaba la riqueza. Los ojos verdes cambiaron de tono de color mientras los fijaban en las personas, quienes sin notar nada seguían comiendo.

Se acercó al espíritu, quien eufórico le dijo:

– ¡Por fin llegaste, Márcia! Estoy ansioso por actuar.

– Cálmate, Ramón. Las prisas pueden arruinarlo todo. ¡Me reuní con nuestro superior, quien me dio toda la orientación para este caso!

– Quiero saber, ¿qué dijo?

– Si queremos conseguirlo tendremos que tener paciencia. Esperando el momento adecuado para todo.

– Por mí, me lanzaría sobre él ahora mismo y lo haría a mi manera.

– Tonterías. ¿Has olvidado que él sirve a Nino y tiene su protección? ¿Cómo crees que consiguió la fortuna que tiene? Se alió con él. Solo, no daría un paso.

Ramón no se contuvo:

– Cuando lo veo sonriendo, teniendo una Corte de admiradores que hacen lo que él quiere, recuerdo que me robó a Magali. Cuando lo veo acariciarla, quiero caer sobre él y terminar esta fiesta.

– Las cosas no funcionan así. Lo mejor es revertir su misma fuerza para que se vuelva contra ellos y los destruya.

– ¿Cómo hacer eso?

– Tengo mis recursos. Uno de ellos es no perder la cabeza. Para ganar tendremos que mantener la calma y ser fieles a nuestros objetivos.

– Eso me parece muy lejano. ¿Cuándo empezaremos?

– Ya hemos empezado. Yo fui quien trajo este elemento aquí y Júlio tuvo que aceptarlo en su casa. Nos será de gran utilidad. Es débil, no tiene control sobre sí mismo y se convertirá en nuestro aliado.

Ramón miró fijamente a Alberto, que sonreía y tenía buen aspecto, dispuesto mientras pensaba:

– "Esta vez lo voy a lograr. ¡Todo lo que tiene Júlio algún día será mío! ¡Cuando suceda, quiero ver si me trata como siempre!"

Ramón sonrió satisfecho y consideró:

– Márcia, eres un genio. Piensas en todo. Puedes ordenar y te obedeceré.

Los ojos se volvieron más oscuros y brillaron más cuando se enfocaron en los tres, que estaban terminando de cenar.

Poco después se instalaron en la sala, donde se sirvió café y luego licor. Mientras disfrutaban de la bebida, Júlio miró a Alberto y le dijo:

– Quieres trabajar y estoy pensando en contratarte. Necesito un abogado. Pero necesito saber si harás todo lo que te diga. Puedo pagar bien, pero soy bastante exigente.

Los ojos de Alberto brillaron cuando respondió:

– ¡Estoy aquí para ello! Tengo competencia y ganas de trabajar. ¡Quiero ganar dinero, tener una vida mejor!

Júlio lo miró seriamente y respondió:

– Solo hay una advertencia: eres adicto al juego. Para conseguir el trabajo, tendrás que superar esta debilidad.

– La Bolsa de Valores también es un juego al que también eres adicto.

Júlio alzó una ceja en un tic, lo que expresaba cuando se enojaba, y dijo:

– Pero sé jugar. Y mi juego es inteligente y me ha hecho ganar mucho dinero. Si aprendes este juego, sin perder la cabeza y hacer estupideces, podrás tener éxito.

Los ojos de Alberto brillaron de codicia:

– Si me enseñas a jugar este juego, nunca volveré a jugar otro.

– ¿Crees que puedas hacerlo?

– Lo creo. Haré todo lo que digas.

– En ese caso, podemos intentarlo. Empezaremos mañana. Salgo a las nueve. Estate listo.

Alberto se removió en su silla, vaciló y luego dijo:

– Me gustaría presentarme para trabajar según el nivel de la intermediación.

Magali intervino:

– Él tiene razón. Tienes que darle un anticipo de sueldo para que pueda comprar todo lo que necesita y acudir a la oficina en cuanto pueda.

– Está bien. Tendrás la mañana libre para esto, pero date prisa. Debes estar en la empresa por la tarde para poder darte todas las instrucciones. No me gusta perder el tiempo.

– Allí estaré.

Magali entró en la habitación y Júlio la siguió. Alberto se quedó un rato más, disfrutando del licor y pensando en qué haría con el dinero que ganaría. Finalmente, la vida se estaba abriendo para él y esta vez, ¡todo iba a salir bien!

Capítulo 10

Alberto llevaba una semana trabajando y trató de hacer todo como Júlio quería, esforzándose por mostrarse dedicado al trabajo. Su excuñado le había dado los nombres de varias empresas con las que quería hacer negocios, para que pudiera investigarlas. Le había asignado una oficina contigua a la suya, incluyendo un escritorio a su disposición, lo que hizo que Alberto se sintiera valorado.

Había comprado ropa y todo lo demás para lucir elegante y bien vestido. Se sentía bien y parecía educado, y atento con la gente. En todo copió la postura de su excuñado, esperando causar una buena impresión.

Júlio acertó cuando le asignó ese papel. A Alberto le encantaba saber todo sobre la vida de otras personas y conocer en profundidad el mundo empresarial fue muy ameno. Con mucho gusto investigó, fue mucho más allá de los negocios y profundizó en la vida personal de socios e incluso de directores de empresas.

Ese día, al regresar del almuerzo, fue sorprendido por la presencia de Rogério en la antesala del despacho de Júlio, hablando con la secretaria.

Se acercó y le tendió la mano, diciendo amablemente:

– ¡Doctor Rogério! Que placer verte. ¿Cómo estás?

– Estoy bien gracias.

La secretaria dijo sonriendo:

– Vamos, Doctor. Vamos a entrar.

Al verlo entrar en la habitación de Júlio, Alberto sintió curiosidad. Daría cualquier cosa por saber de qué estaban hablando.

Elegantemente, Júlio se levantó para darle la bienvenida.

– No nos conocemos... ¿A qué debo el honor de tu visita?

Rogério le entregó su tarjeta diciendo:

– Soy Rogério de Oliveira Sobrinho, abogado.

Júlio miró la tarjeta y dijo:

– Siéntese por favor. ¿Cuál es el motivo de su visita?

– Soy representante legal de doña Eugênia de Queiroz.

Júlio frunció el ceño y esperó que continuara:

– Quiere formalizar el divorcio, Doctor Júlio.

– ¿Bajo qué condiciones?

– A pesar de tener derechos como esposa, ella no exige nada, solo quiere romper el vínculo entre ambos. Me tomé la libertad de preparar los papeles y se los traje para que los examine. Todo lo que necesita es su firma y yo me encargaré de la ejecución final del proceso.

Júlio se sentó sorprendido. No había tenido el coraje de afrontar la separación por miedo a que Eugênia le dificultara lo que él quería. Permaneció pensativo y en silencio y, después de algunos segundos, Rogério le preguntó:

– Entonces, ¿está de acuerdo?

Júlio se estremeció, pareció despertar, miró a Rogério y respondió:

– Sí. Es mejor oficializar la separación. Leeré los papeles y, si todo es como dijo, firmaré.

Rogério sacó el documento de la carpeta y lo colocó sobre la mesa:

– Volveré en una hora para recogerlos. Si necesita información adicional o tiene alguna pregunta, firme cuando regrese para poder aclararla.

Rogério se levantó y le tendió la mano a Júlio, quien se la estrechó:

– Está bien. De acuerdo.

Después que Rogério salió de la habitación, Júlio volvió a sentarse pensativo. Sabía que había hecho algo mal al huir como un ladrón después de quince años de matrimonio, ya que Eugênia siempre había sido una esposa fiel y sociable, y lo había ayudado mucho a lograr lo que había logrado. Una sensación desagradable se apoderó de él y Júlio se pasó las manos por el cabello como para ahuyentar esa emoción inesperada. Pero no debería decepcionarse. Reaccionó, pensó en Magali, las cosas que tenía, la buena vida que disfrutaba y reflexionó:

– Ella se acostumbrará y se olvidará de todo, al igual que yo.

Al ver que Rogério había salido de la habitación de Júlio, Alberto lo interceptó. No pudo evitar saber qué estaba haciendo allí. Probablemente Eugênia estaría demandando a su exmarido, exigiéndole cosas o incluso pidiéndole que regresara.

Alberto se acercó al abogado diciéndole con voz triste:

– Esperé que me preguntara cómo está Eugênia...
Estaba muy deprimida cuando estuve allí. ¿Se ha recuperado?

– Doña Eugênia está muy bien.

– Aunque Eugênia no acepta mi ayuda, es mi hermana y la quiero mucho.

Rogério lo miró seriamente:

— Has mejorado mucho desde la última vez que nos vimos. Estás muy bien.

— Sí. Júlio siempre ha sido mi amigo. No estaba bien y vine a Río a buscar trabajo. Me recibió muy bien. No me dejó quedarme en el hotel, me llevó a vivir a su casa y me contrató como su abogado. A pesar de lo sucedido, es un hombre que sabe valorar a las personas.

Rogério contuvo con dificultad las ganas de decirle a Alberto lo que pensaba de él y del exmarido de Eugênia. Pero se controló porque no quería extenderse en el tema.

— Necesito irme. Que esté bien.

— Sé que fue Eugênia quien te envió aquí. ¿Quiere que él regrese a casa? Eso es imposible. Ama apasionadamente a Magali. Nunca haría eso. ¡Es una mujer maravillosa!

— Pregúntale a tu jefe. Hasta luego.

Sin esperar nada, Rogério salió apresuradamente, tratando de contener su indignación, irritado por la forma en que Alberto hablaba de su hermana. Al salir del edificio buscó algún restaurante cercano para almorzar. Tenía intención de regresar a São Paulo a última hora de la tarde con los documentos e informarle de todo a Eugênia.

Sabía que ella estaba ansiosa por que se consumara la separación legal y en consecuencia el divorcio. Era una mujer fuerte y decidida. A pesar de amar a su marido, ella reaccionó y supo actuar con dignidad. La respetaba por eso.

Mientras comía, Rogério pensó en lo malas que eran algunas personas. En su profesión ya había sido testigo de situaciones en las que, por egoísmo y malicia, muchos actuaban en beneficio propio sin tener el más mínimo remordimiento por dañar a los demás. Eugênia era una mujer hermosa, sincera, digna, de alma buena, y merecía ser feliz. Como espírita, sabía que, a pesar de ello, la vida no perdonaba a nadie y siempre mostraba la verdad de las cosas. La ingenuidad es peligrosa porque impide que una persona se dé cuenta de lo que es. Cuando le gusta alguien solo ve las cualidades, sin saber que todos tenemos todavía, además de puntos positivos, algunas debilidades. Este es el patrón de quienes viven en la Tierra. Mirar los puntos negativos, sin juzgarlos, hace que la confianza sea parcial, centrándose solo en lo bueno. Actuar inteligentemente evita el sufrimiento. Pero esta lucidez aun está lejos de la mayoría de las personas, que se dejan engañar fácilmente.

Cuando Rogério regresó a la correduría, la secretaria lo presentó al despacho de Júlio, que ya lo estaba esperando. Al verlo entrar, lo invitó a sentarse y le entregó los documentos diciendo:

– Ya firmé los papeles. Todo está en orden.

Rogério guardó los documentos y antes de irse, Júlio lo interceptó:

– No esperaba otra actitud de Eugênia. Ella siempre fue una mujer inteligente, culta, muy respetada y siempre demostró lo mucho que me quería – hizo una pequeña pausa y continuó:

– Resulta que me enamoré de otra mujer y, precisamente porque era de tan alto nivel y fue tan cariñosa conmigo, que no tuve el valor de decirle la verdad. Reconozco que es una gran mujer.

Rogério no se contuvo:

– Quien haya tenido el coraje de traicionar así a una mujer debería actuar en consecuencia, enfrentar la verdad y salir por la puerta principal. Pero no todo el mundo actúa de la mejor manera.

Júlio se sonrojó y respondió bruscamente:

– Hice lo que pensé que era mejor y no me arrepiento.

– Espero que nunca se arrepienta. Que la pase muy bien, Doctor Júlio.

Rogério se levantó, salió sin ofrecerle la mano a Júlio y se encontró cara a cara con Alberto, que lo esperaba afuera nuevamente.

– Entonces, ¿de qué hablaste? Viniste aquí por una razón. ¿Cuál fue su respuesta?

– Si quieres saber, pregúntale a tu jefe. Que la pases bien.

– ¡Espera! Dile a Eugênia que no lamento que no me haya ayudado. Después de todo, ella es mi única hermana. Cuando pueda tengo intención de visitarla. Espero que me reciba.

Rogério asintió y se fue rápidamente. La actitud de Alberto le disgustó. En la calle, suspiró aliviado y fue directo al aeropuerto a esperar su vuelo que saldría en una hora.

Tan pronto como el abogado salió del despacho, Alberto tocó la puerta de Júlio y entró. Estaba pensativo y ni siquiera lo vio entrar.

– ¿Sucedió algo? – Preguntó Alberto con curiosidad.

Júlio se estremeció:

–¿ Que pasó?

– Después de la visita del abogado de Eugênia, estaba preocupado. ¿Qué quería?

– ¿Qué no lo sabes?

– Sí. Es muy inteligente. Cuando llegué para ayudar a Eugênia, él ya estaba allí y había sido designado su abogado. Por eso mi hermana me despidió.

– ¿Estás preocupado por su visita?

Alberto guardó silencio y Júlio continuó:

– Su visita fue muy positiva. Entérate que estoy prácticamente divorciado y ahora podré casarme legalmente con Magali. Soy libre.

– ¿Ella no exigió nada?

– No. Somos financieramente independientes. Yo gané mi negocio a través de mi trabajo y el dinero de Eugênia provino de la herencia de sus padres. Todo está bien. Estoy muy feliz de poder compartir esta noticia con Magali. Nuestra situación cambiará en la sociedad y eso es genial.

– Realmente eres un hombre afortunado. Todo te sale como quieres.

Alberto salió del despacho de su excuñado pensando en esforzarse por seguir en ese trabajo que había caído del cielo. Después de todo, si perdía mi trabajo, sabía que no podría sobrevivir. Sentía unas ganas locas de ir al casino a apostar, pero se contuvo porque sabía que si empezaba a jugar de nuevo no podría parar y terminaría perdiendo todo lo que había conseguido. Fue difícil. Alberto se resignó a pensar que, cuando estuviera en mejor situación, apartaría parte del dinero para satisfacer ese placer. Cuando se acabara, tomaría algún tiempo agregar otra cantidad.

Dos espíritus, que estaban al lado de Alberto, se miraron y rieron. Uno de ellos dijo:

– Si sigue así tendremos que buscar otro.

– Ya estoy buscando. No soporto estar sin esa emoción de ver girar la ruleta y saber qué número caerá – comentó el otro espíritu.

Alberto regresó a su habitación, se sentó y sintió unas fuertes ganas de jugar. Un empleado le había dicho que conocía un club clandestino, que tenía de todo, incluso ruleta, donde ofrecían cena, champán, todo para el juego. Tenía ganas de ir a hablar con aquel empleado y averiguar la dirección del club, pero en ese momento llegó un cliente para ser atendido.

Eran más de las nueve de la noche cuando Rogério entró en la casa de Eugênia. Rosa lo abrazó cariñosamente y le preguntó:

– Entonces, ¿cómo estuvo?

– Todo bien. Hablemos con Eugênia.

En la habitación escuchó la voz del abogado y se levantó en el momento en que entraron, mirándolo, esperando noticias:

– Todo bien. Firmó los papeles.

Eugênia suspiró aliviada y le tendió la mano a Rogério diciéndole:

-Espero que hayas tenido un buen viaje. Siéntate y cuéntame cómo te fue.

Rogério, en pocas palabras, relató fielmente el encuentro con Júlio y concluyó:

– Ahora solo me falta presentar los documentos y esperar a que se apruebe el divorcio.

Eugênia lo escuchó atentamente y luego dijo:

– Quiero liberarme de esta conexión lo antes posible.

Rogério la miró fijamente y respondió:

– Ya está roto, doña Eugênia. La libertad realmente llegará cuando puedas deshacerte del sentimiento que te molesta.

Eugênia quedó pensativa, no respondió a la observación de Rogério y continuó:

– Estoy seguro que lo lograrás. La vida es tan maravillosa que te brindará otras oportunidades, no solo para olvidar todo esto sino también para tener una vida más verdadera, más productiva y más feliz.

– No sé si podré olvidar. La traición todavía duele.

Había una emoción velada en la voz de Rogério cuando dijo:

– La verdad duele, pero enseña, aclara, aporta lucidez. Hoy el dolor permaneció; sin embargo, más adelante te darás cuenta que él no merecía estar a tu lado y, por eso, la vida se lo alejó de ti para que encontrara algo mejor. Alguien que realmente te ame como te mereces.

Al ver que Eugênia lo miraba asombrada, Rogério continuó:

– La vida toma algo que no es bueno y pone en su lugar algo mejor. Así es como funciona. Ella siempre cambia lo peor por lo mejor. Tienes muchos años de vida por delante y un día te darás cuenta que esto será todo.

Rosa intervino:

– Yo también creo en esto. La vida es sabia y siempre hace lo mejor que puede.

– Ojalá tuviera la fe que ustedes tienen. Pero lamentablemente todavía resulta difícil aceptar lo ocurrido.

Rosa tomó afectuosamente la mano de Eugênia:

– Esto pasará, todo cambiará y mejorará. Puedes estar segura – volviéndose hacia Rogério, continuó:

– ¡No cenaste, vamos al comedor! Guardé un poco de la comida que te encanta.

– Siempre eres tan cariñosa conmigo, tía.
Gracias, tengo mucha hambre.

Los tres fueron juntos al comedor y, mientras Rosa calentaba la comida, Rogério y Eugênia se sentaron. Luego le dijo al abogado:

– Gracias por todo lo que has hecho por mí, Rogério. Después de lo que pasó, no confío en nadie. Me ayudaste en el momento más difícil de mi vida. Me gustaría que supieras que si estoy viva y menos angustiada es porque te encontré. Incluso pienso que fue Dios quien puso a Rosa en mi camino.

– ¿No dije que la vida se encarga de todo? – Respondió Rosa sonriendo.

– Estoy empezando a creer que hay muchas cosas que aun no sé qué pueden hacerme una mejor persona, al igual que ustedes dos.

Rogério quedó pensativo por algunos momentos y luego dijo:

– El sufrimiento, la decepción duele, pero empieza a aliviarse cuando aceptamos lo sucedido. Luego viene la fase en la que empezamos a comprender cuánto contribuimos a estos hechos y el dolor comienza a desvanecerse.

Eugênia lo miró pensativa por unos segundos y luego comentó:

– En mi caso no fue así. He pensado mucho en este tema, analicé mi comportamiento durante los años que vivimos juntos y siento que mi entrega fue completa. Me dediqué enteramente a la felicidad de Júlio. Nunca peleamos ni tuvimos desacuerdos. Siempre hice lo que él quería. Y eso es lo que me repugna y me hace sentir este dolor que me quitó todas las ganas de vivir.

Rogério miró a Eugênia a los ojos, donde una lágrima intentaba caer, y respondió:

– Creo que, incluso en una unión que nace por interés, el hecho que dure años revela que hay un sentimiento mayor entre la pareja, que podría haberse consolidado. Pero, en algún momento, algo pasó, rompió con este sentimiento y se produjo la separación.

– Nuestro matrimonio no pudo continuar. Hoy creo que Júlio se casó conmigo solo porque lo presenté a la alta sociedad. Aunque no dividí mis bienes a través del matrimonio, fue por este medio que logró ganar mucho dinero y, cuando se dio cuenta que ya no me necesitaba, se fue.

– Estás siendo cruel contigo misma. Un hombre como él, de buena presencia, al que le gusta el lujo, sabe valorarse y atrae no solo a mujeres, sino incluso a empresarios que compiten por la oportunidad de participar en su empresa. Júlio debió casarse contigo porque te admiraba como mujer, aunque también lo motivaba el hecho de tu posición social. Debió haberte admirado por tu belleza, postura y dignidad. Debió haberte amado tanto como pudo amar. Siento que algo cambió para desencantarlo.

Eugênia se levantó indignada:

– Lo estás defendiendo. ¿Por qué?

– De ninguna manera. Si fuera un buen hombre, habría tomado posición, habría tenido el coraje de decir la verdad y no habría salido en mitad de la noche como un ladrón. Solo estoy observando las cosas como son.

Rosa intervino:

– Cálmate, Eugênia. Basta ya de este tema. Hablemos de cosas más bonitas. No sirve de nada recordar eso.

Eugênia ignoró las palabras de Rosa e insistió:

– También estás intentando culparme por la separación. Rosa ya me había dicho que yo contribuí a este resultado. Si cometí un error, quiero saber: ¿en qué me equivoqué?

Rogério la miró seriamente y dijo:

– Un hombre como él solo admiraría a una mujer que tuviera una opinión, que se colocara por encima de él y demostrara que era tan inteligente o más inteligente que él, que podía admirar y que le hacía sentirse poderoso al ser amado por una supermujer. Así la vio cuando te conoció, quedó encantado contigo y te pidió que te casaras con él. Pero, con el tiempo, cambiaste y te volviste pasiva. Empezaste a hacer solo lo que él quería, apagaste tu propia luz, dejaste de ser la mujer que admiraba y los sentimientos de Júlio terminaron.

Eugênia se hundió en la silla mientras las lágrimas bañaban su rostro y los sollozos demostraban que la tormenta aun era fuerte.

Rosa quiso abrazarla, pero Rogério le indicó que no interviniera. Se levantó, se colocó detrás de ella, puso su mano sobre la cabeza de Eugênia, mientras, en silencio, conectaba con su guía espiritual.

Poco a poco se fue calmando, los sollozos cesaron y Eugênia empezó a respirar con más tranquilidad. Rogério habló entonces, con otro tono de voz:

— A veces, es necesario dejar que la tormenta lave la tristeza del alma, limpie las heridas del pasado y nos muestre la verdad. Pero luego, cuando pasa, siempre deja un aire renovado y trae una fuerza capaz de mostrar caminos nuevos, más verdaderos y más felices.

En silencio, Rogério volvió a sentarse y continuó comiendo. Eugênia se levantó y fue al dormitorio, y Rosa vio a su amiga subir las escaleras. Al escuchar el sonido de la puerta cerrándose, Rosa regresó al comedor y comentó:

— Fuiste muy fuerte... Podría empeorar.

— Al contrario. Le dije todo lo que necesitaba oír. Eugênia es muy inteligente y, ante lo que dije, entendió la verdad, reconoció que ella provocó la situación y descubrió que no era la víctima que creía haber sido. A partir de ahora, su dolor desaparecerá y podrá volver a ser feliz.

Rosa bajó la cabeza, permaneció pensativa unos segundos y sus labios se abrieron en una dulce sonrisa:

— Tus palabras fueron inspiradas. Sentí la presencia de Marcos Vinícius. Él fue quien dijo esas palabras.

– Confieso que ya había pensado en todo esto, pero no tuve el valor de hablar. Vino a ayudarme y, antes de darme cuenta, ya estaba diciendo todo.

– Veamos cómo reacciona. Rogério suspiró y respondió:

– El caso de Eugênia me afectó mucho. Me trajo de vuelta un pasado que creía haber olvidado.

Rosa pasó su brazo por los hombros de su sobrino diciéndole cariñosamente:

– Estoy segura que tanto ella como tú reharán sus vidas y serán felices. Ambos tienen más experiencia y sabrán elegir mejor su propio camino.

Él sonrió, tomó la mano de Rosa y la besó afectuosamente. Luego dijo en voz baja:

– Has sido la madre que no tuve. Tenerte cerca es un privilegio.

Rogério colocó los cubiertos en el plato y continuó alegremente:

– La cena estuvo deliciosa. ¿Aun tienes ese rico café para rematar?

Mientras buscaba café, Rogério la siguió con la mirada. Se sintió nuevamente en paz, dispuesto a olvidar el pasado y seguir adelante.

Capítulo 11

En el dormitorio, Eugênia se tumbó en la cama, sintiendo todavía su corazón latir salvajemente. Al principio las palabras de Rogério sonaron extrañas. Estaba tan segura de haber sido una esposa ejemplar, dedicada, amorosa y perfecta que nunca había cuestionado sus acciones. En su familia, ésta era una conducta ejemplar en el matrimonio. El marido debe ser lo primero y la esposa debe olvidarse de su propia voluntad y hacer lo que el marido quisiera.

Recordó que había tenido que trabajar duro para asumir ese papel. Con un temperamento fuerte, le resultaba difícil controlar sus impulsos de reaccionar, de querer las cosas a su manera. Pero su madre, una mujer muy fina y educada, adoctrinó a Eugênia desde el inicio de su relación con Júlio, afirmando que una mujer tenía la obligación de anteponer a su marido. Él era el cabeza de familia y su esposa tenía que hacer todo lo posible para satisfacerlo. Ése era el secreto de un matrimonio largo y feliz.

Recordó que estaba enamorada de Júlio y, cuando él le pidió que se casara con él, ella se prometió hacer todo lo posible para hacerlos felices.

También recordó que en los últimos años de su vida en común, Júlio se volvió más distante, pasaba más tiempo fuera de casa, viajaba con frecuencia y espaciaba la intimidad.

Fue en ese sentido que las palabras de Rogério tuvieron mayor fuerza y ella sintió que eran ciertas. Se había olvidado de sí misma, se había convertido en una mujer sin entusiasmo, había apagado su propia luz. ¿Cómo no se dio cuenta de eso antes?

Una oleada de ira contra su madre la invadió. Su padre no se había separado, pero tenía amantes que su madre pretendía ignorar. Había sido infeliz, había soportado una situación humillante y se había tragado los comentarios que ocasionalmente notaba a su alrededor. Al pensar en esto, sintió pena por el sufrimiento de su madre y se transfirió su enojo a sí misma. ¿Por qué accedió a escuchar los consejos de otras personas?

¿Cómo no se había dado cuenta que Júlio se había casado con ella, feliz de haber ganado un trofeo en sociedad? Ella era de la élite, él, a pesar de su simpatía y de saber posicionarse, era un hombre común, del pueblo, que ascendía en la vida porque despertaba la simpatía de personas importantes.

Entonces la verdad salió con fuerza y recordó que cuanto más se acobardaba y trataba de cuidar su felicidad, haciendo todo lo que a él le gustaba, más él se alejaba, reclamando nuevos compromisos. ¡Oh! ¡Si tan solo pudiera retroceder en el tiempo! Apretó los puños con enojo, se sentó en la cama y dijo con firmeza:

– Todavía voy a demostrarle de lo que soy capaz. Voy a cambiar, cuidar mi belleza, conquistar mi lugar en la sociedad, volverme importante, hacer cosas que me den valor como mujer. Se va a arrepentir de haberme dejado por esa idiota.

Se paró frente al espejo, se hizo diferentes peinados, se probó los vestidos más ricos que jamás había usado y decidió que se compraría todo nuevo. Se reinventaría y frecuentaría los lugares más lujosos. Pronto su nombre aparecería en todas las revistas de moda, se la vería activa. Siempre quiso escribir para algunas revistas, ya era hora de hacerlo.

Sus ojos brillaron y empezó a sentir de nuevo la alegría de vivir.

A la mañana siguiente, cuando Eugênia bajó a desayunar, Rosa notó que tenía un aspecto diferente. Había cambiado de peinado, se había maquillado y se había vestido mejor. Satisfecha, comentó:

-¡Como estás bonita! ¡Incluso parece que has empezado una nueva vida!

Eugênia la miró sonriendo:

– ¡Ya me siento muy bien! Ayer subí y no me despedí de Rogério. Después del desayuno llamaré para disculparme.

– No es necesario. Entendió tu momento.

– Sí. Pero pasó. Esta tarde saldremos. Planeo hacer algunas compras y luego podremos tomar el té en la cafetería del club.

Rosa vaciló un poco y luego dijo:

-¿Club? Debe ser un lugar elegante. No estoy preparada.

Eugênia se rio de buen humor.

– No te preocupes. Después de las compras estaremos las dos muy elegantes. Estoy dispuesta a participar en la sociedad como siempre lo he hecho y tú serás mi chaperona.

– ¿Crees que podré asistir al club? Nunca he estado en un lugar elegante.

– Bueno, prepárate para ir. Ambas brillaremos en la sociedad paulista.

Rosa la miró preocupada. Eugênia había salido de la depresión y había pasado al otro extremo. No podía ser algo cierto. A pesar de ello, estuvo de acuerdo.

– Almorcemos temprano. Pídele a Odete que nos sirva el almuerzo una hora antes.

Después del desayuno, Rosa fue a la cocina para darle el mensaje a Odete, mientras Eugênia iba a llamar a Rogério.

Después de los saludos, ella dijo:

– Llamo para disculparme. Ayer me fui y ni siquiera te dije adiós.

– No había necesidad. Después de todo, fui más allá del asunto.

– Ni tanto. La verdad duele, pero cura. Analicé mis acciones y me di cuenta de lo equivocada que estaba. La reacción fue tan fuerte que me sentí culpable por la ruptura.

– No te hagas esto a ti misma. La culpa también duele y no ofrece una explicación convincente. No resuelve completamente el problema.

– No entiendo. Me mostraste una situación que sé que es cierta. Justificaste las acciones de Júlio. Pensé que había resuelto el problema definitivamente.

– Solo parcialmente.

– A veces dices cosas que no entiendo...
Me gustaría que me explicaras mejor.

– Volveremos al tema cuando vaya a tu casa.

– Ahora me tienes confundida. Me gustaría que vinieras esta noche, después de las nueve. Rosa y yo vamos a salir, pero para entonces ya estaremos en casa.

– Está bien. Estaré allí. Puedes esperar.

Eugênia colgó el teléfono y se acercó a Rosa, que estaba arreglando unas flores en el jarrón de la sala. Le encantaba arreglar flores y Eugênia decía que tenía manos de hada, porque estaba encantada con los arreglos que hacía.

– Rogério vendrá aquí esta noche.

– ¿Tiene alguna novedad?

– No, le pedí hablar. Después de ayer pensé que había resuelto el asunto, pero me dejó confundida. Tendrá que explicármelo.

Rosa se rio y respondió:

– A veces no habla solo. Alguien está dictando lo que necesitamos escuchar.

– ¿Cómo así?

– Es médium. El espíritu de Marcos Vinícius es su consejero espiritual.

Eugênia se quedó pensativa unos segundos y luego dijo seriamente:

– También me gustaría escuchar lo que tiene que decir. Le pediré a José que prepare el auto. ¡Hace mucho que no lo uso! Espero que haya mantenido todo en orden.

Las dos subieron al auto y Eugênia preguntó:

– Vayamos al centro comercial de siempre.

El auto partió y Eugênia le dijo a Rosa:

– Este centro comercial deberías utilizarlo para tus primeras compras, las triviales. Para las mejores prendas tendremos que buscar algunos talleres.

Una vez en el centro comercial, en las mejores tiendas, Eugênia se probó varios vestidos y le dijo a Rosa que eligiera algunos también. Mirando los precios, buscó a Eugênia en el camerino y dijo en voz baja:

– No elegiré nada. ¡La ropa aquí es muy cara!

– No te preocupes por eso.

– Ni siquiera sé elegir.

– Yo te ayudo.

Eugênia se vistió y salió del camerino cargando algunos conjuntos y vestidos que había separado, diciéndole a la vendedora que se los llevaría.

Rosa se sentía insegura no solo por los precios, sino también porque no sabía dónde usaría esa ropa. Pero Eugênia la hizo probarse varias prendas, eligió algunos vestidos, dos conjuntos muy elegantes y algunas blusas.

Al salir de la tienda le pidieron a José, que las esperaba afuera, que llevara los paquetes al auto y volviera.

Luego llegó el momento de comprar ropa interior, zapatos y bolsos. Rosa quedó tan atónita que no supo decidir nada. Eugênia fue quien eligió lo que quería para ambas.

Eran más de las seis cuando salieron del centro comercial y Eugênia pensó:

– Será mejor que nos vayamos a casa. Mañana iremos al salón a cuidar nuestro aspecto. No podremos ir al club hoy. Ambas necesitamos prepararnos, lucir mejor y a la moda. Ni siquiera sé qué se está usando ahora.

Eran más de las nueve cuando llegó Rogério y fue recibido calurosamente por Rosa. Luego de abrazarla, comentó:

– Pareces preocupada. ¿Sucedió algo?

– Sí, Eugênia está diferente, dijo que quiere volver a la sociedad, ir al club, y yo tendré que ir con ella. Fuimos al centro comercial. Compró muchas cosas para las dos y quiere llevarme a la peluquería. Dijo que tenemos que prepararnos. No sé si sabré hacer esto, estoy confundida.

– Ella está volviendo a la vida que siempre tuvo. No hay nada más. Es una mujer que siempre ha vivido así. Estoy seguro que te adaptarás.

Rosa sacudió la cabeza pensativamente y respondió:

– No sé si podré soportarlo. Nunca he estado en un club de la alta sociedad.

Rogério rio satisfecho y consideró:

– Mejorar tu apariencia es bueno y sé que, a pesar del cambio, tienes discernimiento para saber tratar con las personas dondequiera que estés.

– ¿De verdad lo crees?

– Estoy seguro. A pesar de querer retomar su vida, Eugênia todavía necesita realmente tu ayuda. No olvides eso.

– Está bien. Ella me gusta mucho. Haré todo lo posible para que ella pueda volver a su vida y volver a ser feliz. ¡Ella es todavía tan joven y hermosa!

– Haz lo que te diga tu corazón. Ella me está esperando.

– Ven, está leyendo en la sala.

Al verlos entrar, Eugênia se levantó de su asiento para darle la bienvenida. Después de los saludos, dijo seriamente:

– Siéntate y hablemos.

– Estoy a tu disposición. ¿Qué quieres saber?

– Me hiciste darme cuenta que contribuí a que mi matrimonio se desmoronara. Acepté mi parte y pensé que había resuelto definitivamente el asunto. No estuviste de acuerdo. ¿Por qué?

– Porque si todo se entendiera, no te sentirías culpable.

– Sigo sin entender. Reconozco mi error.

– Resulta que no cometiste ningún error.

– ¿Cómo no? Me omití, me quedé pasiva, me anulé y, como dijiste, apagué mi propia luz. ¿No fue eso un error?

– No. Hiciste lo mejor que sabías en ese momento. Todavía no te dabas cuenta que, al anularte, estarías destruyendo tu matrimonio. Hiciste lo que pensaste que era mejor.

– Él era todo para mí. Mi madre siempre decía que en el matrimonio el hombre tenía que ser lo primero. Así aprendí.

– Ésta es la ilusión de muchas mujeres. Esta idea fue creada por hombres que querían dominar a las mujeres y mantenerlas bajo su poder. Pero, en verdad, admiran a quienes son audaces, participativas y tienen ideas propias. Mujeres así mantienen una unión estable y siguen siendo amadas. Las grandes pasiones suceden y se mantienen cuando la mujer es fuerte, orgullosa e inteligente, siempre está renovando y nutriendo la relación.

– Al principio del matrimonio, me esforcé mucho en contener las ganas de reaccionar cuando Júlio decía o hacía ciertas cosas. ¡Ahora todo está claro! ¿Y todavía dices que no cometí un error?

– Un error solo ocurre cuando sabes algo y, cuando llega el momento de actuar, no lo haces. Hiciste lo mejor que pudiste, pero el resultado demostró que estabas delirando. Esto no te hace culpable, solo muestra que la verdad es diferente de lo que esperabas. Sin embargo, hoy ya tienes mayor experiencia y, en la próxima relación, actuarás mejor.

Eugênia permaneció en silencio por algunos segundos, luego dijo seriamente y con voz firme:

– Nunca volveré a tener una relación con nadie. Viviré disfrutando de los buenos momentos, viajando, conviviendo con el arte, la belleza, haciendo lo que me haga sentir bien de la vida. Quiero aprender cosas nuevas, tengo sed de descubrir más sobre cómo son las cosas. Creo que ha llegado el momento de encontrarme de una manera más íntima, saber lo que me hace bien, qué me hace feliz y alimenta mi espíritu.

Los ojos de Rogério brillaron cuando respondió:

— Esta es una inspiración de tu espíritu. Estamos en este mundo para aprender a vivir mejor, para desarrollar nuestras capacidades, para descubrir más sobre los misterios que nos alientan a continuar, a experimentar cosas, a equivocarnos, a aprender, pero siempre buscando lo verdadero, lo real, lo que libera y nos eleva a nosotros mismos...

Eugênia le puso la mano en el brazo y le dijo seriamente:

— Hoy me levanté pensando en rehacer mi vida, pero no fue para alcanzar el bienestar. Seguía siendo el deseo de venganza el que guiaba mis ideas. Quería ir al mundo, triunfar en la sociedad para demostrarle a Júlio que soy la mejor, una mujer exitosa, admirada, dispuesta a vivir rodeada de hombres prestigiosos, siempre deseados, y superarlos con pasión, sin pensar nunca en quedarme con nadie. Estaba lista para entrar en una ilusión aun más grande que la que estaba viviendo, ¡pero me hiciste entender que eso tampoco me haría feliz!

Hizo una pequeña pausa y, al ver que él permanecía en silencio, continuó:

— Siento que hay cosas buenas, mucho más importantes, que necesito saber y que pueden proporcionarme un bienestar que nunca tuve. Algo íntimo y fuerte que siento en tus palabras, muchas de las cuales siento que están inspiradas en ese ser maravilloso que me ayudó en el momento más difícil de mi vida. ¡Rogério, necesito tu ayuda! Me gustaría aprender este camino que tú ya conoces y seguir adelante.

La emoción se apoderó de Rogério, que no pudo decir nada. Solo tomó su mano que sostuvo en su brazo y se lo llevó a los labios. Luego respiró hondo y dijo con voz emocionada:

— Marcos Vinícius es un amigo espiritual que también me ayudó en el momento más difícil de mi vida. También estaba dispuesto a dejar este mundo, creyendo que no me quedaba más que desaparecer, acabar con todo, olvidar.

Eugênia lo miró y respondió:

– Siento que tú también has vivido momentos tristes.

Rogério cerró los ojos y no respondió. Su frente se torció levemente y Eugênia se apresuró a decir:

– Perdón. No tenía derecho a decirte eso.

Rogério respiró hondo, luego la miró y su expresión se suavizó cuando respondió:

– Incluso después de diez años de los acontecimientos, todavía no puedo evitar la emoción...

– Si saqué el tema fue porque, para mí, analizar los hechos hizo que mi dolor disminuyera. Quizás si hablaras de lo que te pasó te sentirías más ligero.

– Ya has tenido suficientes problemas y no es justo que te cargue con los míos. Solo puedo decir que fue la ayuda de Marcos Vinícius la que me sacó de la depresión, me devolvió la confianza en la vida y las ganas de vivir.

Eugênia suspiró y comentó:

– ¿Cómo hizo eso?

– Demostrando que somos eternos. La muerte es solo un viaje de regreso al mundo del que venimos. Estamos aquí para aprender cómo funciona la vida, con sus leyes eternas que nos protegen y favorecen nuestra evolución. Las experiencias, los desafíos de la vida cotidiana.

Las cosas que nos hacen sufrir y nos obligan a actuar destruyen las ilusiones, muestran la verdad y nos hacen elegir mejor nuestro camino. Es un proceso largo, cuyo objetivo es adquirir sabiduría. Cuanto más rápido entendamos esto, más rápido alcanzaremos nuestro equilibrio emocional, elevaremos nuestro espíritu y podremos disfrutar de una vida más feliz.

Los ojos de Eugênia brillaron y dijo:

— Teniendo en cuenta lo que vemos a nuestro alrededor todos los días, ¿cómo podemos creer que algún día lo lograremos?

— En otras dimensiones del universo ya hay seres que han logrado esto y viven así. Una noche, Marcos Vinícius me llevó a visitar una de esas comunidades. A medida que nos acercábamos a allí, mi pecho se expandía, mientras sentía una felicidad tan grande que no podía explicarla. No pude contenerme y exclamé: "¡Estamos en el paraíso! ¡Nunca había sentido tanta alegría y felicidad!" Él sonrió, me pidió que respirara y me calmara porque nos estábamos acercando. De ese lugar solo recuerdo haber conocido a algunas personas, pero no sé de qué hablamos. Recuerdo detalles del regreso, sintiendo aun ese bienestar en el pecho. Llegamos, entré a mi cuerpo y desperté, todavía con esta maravillosa sensación. Este viaje fue inolvidable. Después de eso, cada vez que recordaba cosas malas, pensaba en esa increíble experiencia, recuperaba la calma y me esforzaba por ser una mejor persona.

— ¡Realmente me gustaría visitar ese lugar!

— Pero me dijo que ya estuviste allí. Cuando estuviste hospitalizada, dejaste tu cuerpo y no quisiste regresar. Marcos Vinícius te llevó allí a recibir tratamiento. Poco después te despertaste.

— Recuerdo vagamente que me habló como en un sueño, pero no recuerdo el lugar. Me encantaría tener esa experiencia.

— Siento que tu sensibilidad se abrió después de lo sucedido. Sé que nuestro espíritu es eterno y estamos aquí para aprender las leyes que rigen la vida. Uno de ellos fue la Ley del Libre Albedrío, que nos hizo poderosos y capaces de crear nuestro destino. Elegimos libremente, pero después de cierto tiempo cosechamos los resultados. Todos los acontecimientos de nuestra vida son respuestas inteligentes a nuestras actitudes.

– Esto es injusto. Todavía no lo sabemos todo. ¿Cómo asumir tanta responsabilidad?

– Es la practicidad de la vida. Actuamos queriendo hacer lo mejor, pero nos engañamos con situaciones, personas y cosas. Nuestra imaginación es fértil para crear ilusiones, que se esconden en el deseo de acomodarse, de vivir explotando el esfuerzo ajeno, siendo superficiales en las cosas, intentando aprovecharse, mintiendo para no tener que asumir compromisos y tener que cambiar los hábitos que nos gustan. Por eso hay injusticia, maldad, falta de respeto hacia los demás. Aunque todo esto es natural porque aun no sabemos cómo están las cosas, creamos situaciones de conflicto, en las que todos se sienten agraviados, culpando a otros de todo.

– No creo que sea justo responsabilizar a los ignorantes de sus errores.

– Esta es una ilusión que puede resultar muy costosa. Y la vida trabaja para ayudar a las personas a saber la verdad.

– ¿De qué forma?

– Viviste esta experiencia. Cuando tu marido se fue, ella te echó toda la culpa del fracaso de la relación. Más tarde reconociste tu parte en el caso. Pero este hecho te ha ayudado a estar más segura hoy cuando te enfrentas a una nueva situación desagradable.

– Dios no lo quiera. ¡No quiero volver a pasar por esto nunca más!

– Esa es la verdad de la vida. Para que alguien sepa cómo funcionan las cosas es necesario deshacerse de las ilusiones. Cuando una persona se desarrolla un poco más, la vida le lanza un desafío para que pueda descubrir la verdad, aprender lo que debe saber. Y, como tenemos toda la eternidad para convertirnos en seres iluminados, nos estimula de esta manera, obligándonos a progresar. Pero solo envía el desafío cuando la persona ya tiene el conocimiento para superarlo.

Eugênia permaneció en silencio unos segundos y luego dijo:

– Tal como lo dices, parece algo justo y verdadero. Me gustaría estudiar y aprender más.

Rogério sonrió y respondió:

– Tengo algunos libros sobre el tema y estaré encantado de prestártelos.

– Gracias, pero prefiero que me des los nombres para poder comprarlos. Tengo la costumbre de resaltar pasajes que me interesan y volver a leerlos de vez en cuando.

Había un brillo de alegría en los ojos de Rogério y sonrió ampliamente cuando dijo:

– Yo también lo hago. No te iba a prestar el mío por eso. Tenía la intención de ofrecerlos como regalo. Estaré feliz de hacerlo.

Rosa apareció llevando una bandeja con café y pastel y dijo:

– La conversación está animada, pero es hora del recreo. Traigo café y pastel que hice esta tarde – y, mirando a su sobrino, continuó:

– ¡Es tu favorito!

– ¡Qué maravilla! Llegaste en un buen momento.

– Quiero probarlo – añadió Eugênia.

Satisfecha, Rosa sirvió a los dos, quienes continuaron conversando mientras disfrutaban de un café y pastel.

Capítulo 12

Júlio llegó temprano a casa, muy feliz, trayendo flores para Magali. Pero no la encontró en casa. Escuché que había ido de compras con una amiga.

Mientras esperaba, colocó las flores en el aparador, se sirvió una copa y se sentó cómodamente en la sala, anticipando la sorpresa. Tomó unos sorbos, dejó el vaso sobre la mesa y sacó una pequeña caja de terciopelo negro de su bolsillo. La abrió y apreció el precioso anillo, imaginando el placer que sentiría Magali al probárselo. Lo guardó de nuevo, ansioso por su llegada, anticipando la fiesta que ella tendría cuando lo viera. Este regalo significó mucho para hacer realidad su mayor sueño.

Llegar a la boda era su mayor objetivo. No había expresado ese deseo antes porque temía la reacción de Eugênia. Ella era muy sentimental y él imaginaba que ella no aceptaría darle el divorcio. Estaba esperando que pasara el tiempo para que ella pudiera llegar a un acuerdo y poder exigir una separación oficial, sin que ella entrara en una disputa legal. Odiaba involucrarse con la justicia. Todo lo que hacía era encubierto, siempre y cuando las cosas no fueran peligrosas.

En su negocio, la reputación era preciosa, abría la puerta de la confianza a los inversores, sin la cual todo sería inviable.

Impaciente, Júlio miró el reloj: las cinco y media de la tarde. Era temprano. Nunca llegó antes de las ocho de la noche.

Normalmente salía de la oficina poco después de las cuatro de la tarde y se iba al club a hablar con los amigos, y ahí empezaba el negocio. Se había hecho amigo de los inversores y muchos de ellos frecuentaban este club de hombres, algunos solo para hablar, enterarse de las novedades, otros para presentar amigos interesados en conocerlo e invertir en su correduría.

A medida que pasó el tiempo y ella no llegaba, él se irritó más. Los celos lo atormentaban, porque Magali era muy independiente y no siempre hacía lo que quería. Acostumbrado al comportamiento discreto y equilibrado de Eugênia, la postura de Magali, siempre tentadora, con ganas de ser admirada, llamando la atención allá donde iba, lo dejaba inseguro. Además, estaba la culpa de haber traicionado a Eugênia, quien le había sido fiel, lo había tratado con respeto e incluso lo había ayudado a salir adelante en la vida. Siempre jugando con la suerte, supersticioso, temía ser castigado por lo que había hecho.

Faltaban unos minutos para las ocho de la noche cuando llegó alegre, acompañada de Alberto, que llevaba unos paquetes.

Al verlos, Júlio no pudo contenerse:

– ¿A dónde fuiste que tardaste tanto?

Magali lo miró asombrada, ignoró la pregunta y respondió:

– ¿Viniste temprano hoy?

Controlando su ira, suavizó su voz y respondió:

– No fui al club. Tenía muchas ganas de llegar a casa, tengo una sorpresa para ti.

Alberto, parado frente a ellos, esperaba con paquetes en las manos.

– Por favor, Alberto, entrega estos paquetes a Joyce.

Salió de la habitación, a pesar de su curiosidad por saber lo que Júlio iba a decir, pero la mirada con la que su excuñado le dio lo hizo marcharse rápidamente sin hacer preguntas.

Con calma, Magali miró a Júlio y esperó que él respondiera su pregunta. Se acercó a ella, la abrazó y besó suavemente su mejilla:

– Sucedió algo inesperado, me alegré y entré directo para decirte... traje flores para celebrar.

– Vi las flores, pero ¿a qué se debe tanta alegría? ¿Hiciste alguna oferta especial?

– Lo mejor de todo – Júlio sacó la caja de su bolsillo y se la entregó a Magali -. Ábrela.

Ella obedeció y sonrió al ver la magnífica joya, cuyo brillo la eclipsó. Ella gritó:

– ¡Qué linda! ¡Nunca había visto una joya como ésta!

Luego lo abrazó y cubrió su rostro de besos.

Con los ojos brillando de emoción, cuando se calmó un poco, Júlio dijo alegremente:

– Ahora podemos casarnos.

– ¿Cómo así?

– Eugênia pidió el divorcio, ¡somos libres!

Magali lo miró un poco asustada:

– ¿Sí? ¿En serio?

– Sí. Programemos nuestra boda lo antes posible. ¡Quiero hacer una gran fiesta, invitar amigos, sacudir la sociedad carioca! ¿Qué opinas?

Magali lo miró seriamente, se alejó un poco y luego dijo:

– No sé si este es el momento.

Júlio la miró asombrado:

– ¿Por qué? Estoy divorciado, nada nos detiene.

– Le tengo horror al matrimonio. ¡Una vez estuve casada y juré que nunca volvería a hacer eso!

Su rostro se contrajo, la abrazó con fuerza por los hombros y le dijo:

– Cuando nos conocimos, dijiste que nunca habías amado a nadie. ¿Entonces hubo otro antes que yo?

– ¡Suéltame, me estás haciendo daño!

Él obedeció y ella se arrojó en el sofá, sollozando. Júlio se pasó las manos por el cabello sin saber qué decir o hacer. Al ver que ella no dejaba de llorar, se sentó a su lado, le tomó la mano y le preguntó:

– Para de llorar. ¿Por qué nunca me dijiste nada?

– Me obligaron a casarme cuando tenía quince años. Mi madre me obligó por culpa de mi padrastro.

– Cálmate. Debiste decírmelo.

Sacó un pañuelo del bolsillo y se lo dio. Ella comenzó a secarse los ojos mientras los sollozos continuaban.

– Para de llorar. Es posible que tengas la cara marcada.

Era la palabra correcta, se detuvo de inmediato. Él continuó:

– Ahora me contarás todo hasta el más mínimo detalle. No quiero que haya ningún secreto entre nosotros. Vamos, habla...

– No conocí a mi padre. Murió cuando mi madre estaba embarazada de mí. Cuando yo tenía cinco años, mi madre se casó con Ariovaldo, un hombre guapo, agente inmobiliario, pero muy mujeriego. Estaba celosa de él. Cuando me convertí en una niña, él empezó a interesarse por mí. Me miraba de otra manera, trataba de permanecer cerca de mí, abrazarme y mi madre empezó a molestarse conmigo. Dijo que le coqueteaba, lo cual no era cierto.

Entonces empezó a pensar en buscarme un marido. Vivíamos en Jundiaí, en el interior de São Paulo, mi padrastro ganaba muy bien, teníamos una buena casa, vivíamos cómodamente.

Magali hizo una pequeña pausa y, al ver a Júlio con los ojos fijos en ella, respiró hondo y continuó:

— En la ciudad había un señor llamado Josué, muy amigo de mi padrastro, que me ligaba. Estaba aterrorizado de él. Era mucho mayor que yo y estaba acomodado. Una noche mi madre salió con mi padrastro, yo me quedé sola en casa y él apareció. No quería que entrara, pero entró y me agarró con tanta fuerza que me fue difícil quitármelo de encima. Mis padres llegaron en ese momento, mi vestido estaba roto y mi madre me regañó diciendo que no tenía vergüenza. Juré que no había pasado nada, pero ella no quería oírlo. Ahora creo que estaban todos combinados. Josué todavía quería liberarse y dijo: "Dalva, no hice nada. Fue un momento de locura. Pero me arrepiento." A lo que mi madre respondió "¡No lo creo! ¡Tendrás que casarte con ella!"

Magali continuó contando la historia de cómo la golpearon para que aceptara el matrimonio y los días horribles que soportó después viviendo junto a él.

El rostro de Júlio, pálido, reflejaba la ira que sentía ante tanta brutalidad.

Ella guardó silencio y él quiso saber:

— ¿Qué pasó después?

— En cuanto ahorré algo de dinero, hui a la capital, traté de trabajar, aprender, sufrir, temerosa que mi familia me encontrara. Sufrí mucho. ¡Fue horrible!

Al ver que él la miraba atentamente, continuó:

— Mi vida solo empezó a mejorar cuando me convertí en compañera de una joven, dos años menor que yo, de una familia muy rica. Los profesores volvieron a casa para enseñarnos a las dos. Querían que aprendiera a comportarme para poder hacerle compañía en todo. Hicimos varios viajes al extranjero, mejoré mi inglés y mis costumbres. Aprendí mucho.

– Cuando nos conocimos, estabas saliendo con el Doctor Hamilton. ¿Él sabe sobre tu pasado?

– ¡Nadie sabe nada! Estoy muy avergonzada de todo.

– ¿Tu madre y tu padrastro siguen en el país?

– Nunca volví a saber de ellos. Estaba tan enojada que corté todo contacto.

Júlio, pensativo, se pasó la mano por el pelo y luego preguntó:

– ¿Sabes dónde vive tu exmarido?

– ¡No quiero que sepas eso! ¡Le tengo miedo! ¡Es rencoroso, perverso!

– Pero necesito encontrarlo. Insisto en divorciarte porque quiero casarme contigo.

– ¿Por qué eso ahora? Estamos juntos, felices. ¿Por qué insistir en el pasado? No quiero que sepan dónde estoy. No quiero volver a verlos nunca más.

– Quiero casarme contigo y no renunciaré a este sueño. Voy a encontrar a este tipo y resolveré este problema. Lo haré discretamente y ni siquiera hará falta que te presentes.

– No quiero correr el riesgo de encontrarlos. Vas a tener que renunciar a esto.

Él la miró seriamente y dijo con voz firme:

– No voy a renunciar. Estoy dispuesto a hacer cualquier cosa para que nuestra boda se realice.

– ¡Si sigues insistiendo en esto te dejo!
Me voy muy lejos y nunca más me encontrarás.

Júlio la miró sorprendido. ¿Por qué tenía tanto miedo de esa gente? ¿Podría estar ocultando algo más? ¿Se había equivocado acerca de su carácter? Decidió comprometerse:

– No es necesario llegar a ese extremo. Si no lo quieres, tendré que aceptarlo. No haré nada para contradecirte.

Ella lo miró tratando de sonreír, se secó los ojos húmedos y respondió:

– Sabía que lo entenderías. Pongamos piedra sobre el asunto. Somos tan felices, nuestra vida es tan buena... ¿Por qué buscar problemas?

– Está bien. Olvídalo. Ya pasó.

Júlio cambió de tema, habló de las noticias que había escuchado de sus amigos sobre personas de la sociedad y ella sonrió con satisfacción.

Alberto le entregó los paquetes a Joyce y, regresando a la sala, escuchando su discusión, se detuvo en el pasillo tratando de escuchar lo que decían. Pero Juan pasó por el pasillo y lo vio. Entonces entró en la habitación de al lado para disimular. Pero ya había oído suficiente. ¡Así que Magali estaba casada! ¿Por qué nunca había hablado de esto? ¿Qué estaría escondido en su vida?

Necesitaba descubrirlo. Estaba invirtiendo en ella, fingiendo ser un amigo para seguir manteniendo las ventajas de su puesto. Ganaba un buen salario, llevaba una buena vida, era valorado, respetado y aun así podía invertir su dinero de otras maneras.

Se dio cuenta que en lugar de jugar en el club como siempre lo había hecho, era mejor y más seguro invertir en la Bolsa, como hacía Júlio. Fue más emocionante. Siguiendo el consejo del jefe, aprendió y también ganó. Inteligente, observaba todo lo que hacía y lo imitaba. Además, estaba de mejor humor, mejor informado sobre las personas con las que interactuaba Júlio.

¿Por qué no había hecho esto antes? Satisfecho, se esforzó por complacer a su excuñado y mantener a Magali como aliada. Fue una pena que Juan apareciera en el pasillo. Necesitaba obtener más información sobre los antecedentes de Magali. Su instinto le dijo que había algo ahí que podría ser útil.

Poco después, en la mesa de la cena, se sentaron como de costumbre y la conversación fluyó con naturalidad, pero notó que había algo diferente en el aire. Magali se quedaba pensativa de vez en cuando, perdiendo su locuacidad habitual, mientras Júlio la observaba subrepticiamente. Entró en el juego, tratando de hacer el ambiente más impersonal, haciendo bromas sobre las personas de la sociedad.

Esa noche, Magali no respondió como de costumbre a los cariños de Júlio. No quería hacer el amor.

– Recordar el pasado me dolió. Siento que todavía no he olvidado todo lo que pasé.

Júlio la abrazó afectuosamente y le dijo:

– Olvidémonos de este asunto. Lamento haberte recordado hechos tan tristes. Pero a pesar de eso, era mejor para mí saber la verdad. ¿Alguna vez pensaste que algún día tu madre y este Josué podrían aparecer frente a ti exigiendo cosas, tratando de aprovechar tu situación actual?

– ¡No tendrían el valor de hacer eso!

Sus ojos brillaban con ira, tenía los dientes apretados y las manos apretadas en la cara. Tenía rasgos ásperos y parecía una persona diferente. Solo duró un segundo y Júlio la miró sorprendido. Nunca hubiera imaginado que la seductora Magali, siempre sonriendo y hablando en voz baja, pudiera tener otras facetas que él desconocía.

Pero esta impresión pronto pasó, porque, mirándola un poco más, se dio cuenta que ella había vuelto a ser como siempre y pronto olvidó aquel desagradable espectáculo.

– No es lo mismo. No lo mereces. Olvidemos esta historia y pensemos en cosas buenas.

Ella sonrió satisfecha:

– Eso es todo lo que quiero: ser feliz, disfrutar la vida contigo.

Pronto ella se quedó dormida, mientras él fingía dormir, porque todo lo que ella había dicho sobre el pasado seguía molestándolo. Había algo, que no sabía exactamente, que le inquietaba. No sabía si era el hecho que ella había entrado en unión con él lo que ocultaba ese pasado o si la narración le había parecido un poco falsa y tenía la sensación que ella aun no lo había dicho todo.

Después de pensarlo mucho, tomó una decisión: investigar la verdad sin que ella lo supiera. Era posible que ella hubiera sido sincera, que todos esos hechos hubieran sido ciertos. Al día siguiente buscaría un buen detective para ocuparse del asunto. Solo después de imaginar cómo comenzaría esta investigación logró finalmente conciliar el sueño.

El día siguiente amaneció lluvioso y Júlio se despertó cansado. Pero había concertado una cita con un cliente a las diez y eran casi las nueve. Magali no estaba en la cama y se levantó rápidamente. Ella nunca se levantaba antes de las diez. ¿A dónde habría ido? Le preguntó a Joyce y descubrió que Magali estaba en el gimnasio recibiendo un masaje. Se preparó y bajó a tomar desayuno. Alberto lo estaba esperando y, apenas Júlio se sentó, después de un lacónico buenos días, él también se sentó. Todos los días esperaba a que Júlio se sentara primero.

A veces Júlio lograba conversar sobre el trabajo con Alberto, pero otras comía en silencio, pensativo. Ese día no estaba de humor para hablar y, a pesar que era una de sus costumbres, Alberto notó cierta preocupación en él.

En el auto, Alberto se sentó al lado del conductor, como siempre. Estaba pensando en comprarse un auto, pero le gustaba viajar en el auto de Júlio para ir a trabajar. Era un auto lujoso, que llamaba la atención, y se sentía bien imaginando que algún día todavía tendría un auto así.

Alberto estaba dispuesto a saber qué más le había confiado Magali a su marido que él no había podido escuchar. No pasó desapercibido para él que Júlio, apenas entró a su oficina en la empresa, llamó a su asesor para asuntos personales. ¿Podría esto tener algo que ver con la misteriosa boda de Magali?

El Doctor Nelson era un abogado que brindaba servicios extra a Júlio. Alberto sabía que Júlio quería mucho a ese abogado, que siempre resolvía asuntos confidenciales y desagradables. Era muy discreto y no estaba dispuesto a hablar, especialmente con Alberto. Tendría que buscar la verdad de otra manera. Media hora después, Júlio llamó al conductor y se fue.

Alberto le dijo a su secretaria que tenía una cita con un cliente y luego se fue. Una vez en la calle, tomó un taxi y, cuando el auto de Júlio partió, Alberto lo siguió hasta un barrio de clase media y se detuvo frente a un edificio sencillo. Alberto despidió el taxi, entró en un bar cercano y esperó.

El auto de Júlio permaneció estacionado en la puerta del edificio, con el conductor dentro. Media hora después, Júlio salió, subió al auto y se fue. Entonces, Alberto entró al edificio con el pretexto de buscar a alguien, habló con el portero y se enteró que en las distintas habitaciones, además de dos psicólogos, también había un muy buen detective privado y un dentista. Todos trabajaban por cuenta propia.

Alberto dedujo que Júlio debió haber ido a buscar al detective. ¿Había ido a petición de Magali o sin que ella lo supiera? Eso es lo que necesitaba saber.

Júlio tenía celos de su esposa, aunque intentaba ocultar ese sentimiento. ¿Podría estar dudando de su comportamiento? ¿Podría estar en peligro su relación?

Ante ese pensamiento, se estremeció. Ahora que su vida estaba arreglada y todo iba muy bien, eso no podía suceder. Si Júlio se separara de Magali, seguramente lo despediría y todo volvería al punto de partida. Su buena vida terminaría.

La manera sería quedarse con Magali, intentar descubrir qué estaba pasando y ayudarla a mantener el control de la situación. Sería más fácil tratar con ella.

Pensativo, Alberto regresó al edificio y pidió subir a hablar con el detective.

El portero hizo una señal con la barbilla:

– Se fue hace un momento. Esta alrededor de la esquina.

Alberto salió del edificio y tuvo tiempo de grabar la imagen del hombre. Él sonrió y caminó hacia una avenida para coger un taxi.

✳ ✳ ✳

Durante el viaje de regreso a la correduría, Júlio pensó en alguna forma de obtener más detalles sobre las personas que Magali había mencionado. Ella solo había usado su nombre de pila, no había dado otros detalles, y eso era demasiado poco para que el detective comenzara una investigación y tuviera éxito.

El Doctor Nelson le había dicho que el detective Gerson hacía milagros y que, a pesar de la información limitada, estaba seguro de poder descubrirlo todo. A pesar de tener algunas dudas por la falta de datos, Júlio no tuvo otra alternativa que contratarlo, esperando tener más información en los próximos días. Su objetivo era sacar el tema a colación de manera que Magali terminara desahogando todo su enojo y diciéndole lo que necesitaba saber.

Gerson le había parecido listo, observador, inteligente. Estaba terminando un caso que lo mantendría ocupado durante dos días. Luego viajaría a Jundiaí, donde comenzaría a investigar a Magali.

A la espera de noticias del detective, Júlio continuaría observando a la mujer, esperando que ella hubiera dicho la verdad. Quizás, si intentaba ganarse más su confianza, ella se abriría.

El hecho que Magali fuera una mujer independiente, hermosa, llena de vida y hubiera tenido otros hombres antes que él, lo hacía sentir inseguro. Sentía que tendría que actuar muy sutilmente para lograr que ella hablara del pasado. Haría cualquier cosa para tenerla siempre a su lado, y la idea que algún día ella quisiera dejarlo lo hacía sentirse desesperado e indefenso.

Al entrar a su oficina de la casa de Bolsa, Júlio se sintió mal, tenía el cuerpo pesado. Llamó a Anita y le pidió que le sirviera café. Pronto tendría una importante reunión de negocios, había una gran cantidad de dinero en juego y quería lucir bien. Bebió su café, tratando de concentrar su mente en la reunión con el cliente. A su lado estaba la figura de un hombre cuyos ojos tenían un brillo metálico y malvado. Se alejó un poco de Júlio y sus labios se abrieron ligeramente en una sonrisa mientras pensaba:

– "Te voy a dar un tiempo libre para que hagas más de este negocio. ¡Cuanto más alto llegues, mayor será tu caída! Vas a pagar por todo lo que me has hecho. ¡Conmigo es ojo por ojo y diente por diente!"

Quince minutos después, cuando entró el cliente, Júlio había olvidado el malestar de momentos antes y se sentía genial, dispuesto a negociar de la manera como quisiera.

Capítulo 13

Eugênia se miró en el espejo y sonrió con satisfacción. ¡Estaba hermosa! Sus ojos brillaron al pensar que había llegado el momento de cambiar las cosas. El momento era único: la fiesta de un famoso y respetado senador de la República, hijo de una familia ilustre y que había sido amigo íntimo del padre de Eugênia. El Doctor Reginaldo Albuquerque de Lima pertenecía a una familia de políticos, había sido reelegido para su segundo mandato y esa noche recibiría a amigos en su casa.

Nada más recibir la invitación, un mes antes, Eugênia decidió que sería en esta fiesta donde haría su reinserción oficial en la sociedad. Había cuidado su cuerpo, modernizado su ropa, cambiado su cabello. Hizo lo mismo con Rosa, quien al principio se sintió tímida, pero luego, ante los resultados, se sintió más cómoda. Eugênia no descuidó nada. Al iniciar este proyecto, se sentó al lado de Rosa, le tomó la mano y le dijo seriamente:

– Eres mi amiga y quiero que entiendas lo que pretendo hacer. Quiero superar el pasado. Entré al matrimonio confiada y con el alma abierta. lo di todo, a un marido que no valoró mi dedicación y mi amor. Pensé en morir. Tu dedicación me ayudó a superar este trauma. Pero ahora quiero más. Y me ayudarás a recuperar mi autoestima.

– ¿Qué puedo hacer para ayudarte?

– Estoy dispuesta a cambiar mi vida. Quiero probar mi habilidad. Saber cómo soy realmente. Siento que he cambiado. Ya no confío en los demás. Siento que de ahora en adelante solo puedo confiar en mí misma.

– Te vas al otro extremo. Las personas son diferentes. Tu marido te decepcionó, pero estoy segura que hay muchos hombres que, en su lugar, sabrían valorarte.

– Puede ser, pero ¿cómo sabes en quién confiar? Quiero saber cuánto valgo realmente como mujer. Saber si después de lo que he pasado tendré el deseo de ser fiel. De hecho, no estoy pensando en volver a amar ni en buscar otra relación. Lo que quiero es estudiar, situarme en el mundo, poder entender un poco más la vida, sus ilusiones, sus errores, y encontrar la manera de vivir con más calma y paz.

– Para aprender esto, no necesitarás seguir este camino. Todo lo que tenías que hacer era mirar a tu alrededor, observar, analizar tus emociones, equilibrar tus sensaciones.

– No. Eso me convertiría en una persona aislada, diferente, como si fuera un robot. Eso no es lo que quiero. Al contrario. Voy a buscar emociones, dejarme llevar lo suficiente como para sentir cómo soy realmente.

– Me daría miedo hacer eso. No podría enfrentar mi lado oscuro de esa manera.

– ¿Por qué?

– Porque podría descubrir cosas que no me son favorables.

– Bueno, no tengo miedo. Quiero saber eso. Y me ayudarás.

– Nunca frecuenté la alta sociedad. No sabría comportarme en lugares lujosos. Será mejor que busques a alguien más que te haga compañía.

– No. Es a ti a quien quiero. Di que aceptas.

Rosa suspiró pensativa y vaciló un poco:

– No sé...

– Hoy comenzaremos. Te enseñaré todo lo que sé. Estoy segura que aprenderás rápidamente. Si al final no quieres lo entenderé. No me dejarás colgada ahora... Di que aceptas.

– Acepto, con una condición: si te das cuenta que no soy capaz de convertirme en una buena chaperona, como es necesario, buscarás a otra persona. ¿Lo prometes?

– Está bien.

A partir de ese momento comenzaron a entrenar. Al principio Rosa era tímida, pero Eugênia hablaba con naturalidad, arreglando las cosas de manera agradable, y poco a poco Rosa se complacía en mejorar su apariencia y sus actitudes. Al final ella ya estaba innovando cosas, teniendo su propia forma de ser, lo que la hacía encantadora y natural.

Probándose ropa nueva, Rosa demostró un gusto elegante y especial, que encantó a Eugênia y las unió aun más.

Esa noche, cuando Rosa apareció lista en su habitación, Eugênia no pudo contener su exclamación de alegría:

– ¡Rosa! ¡Estás linda!

Caminó y exclamó alegremente:

– Me siento una persona diferente... más feliz. Cuando pienso en esta fiesta siento un escalofrío de miedo. Pero al mismo tiempo estoy segura que no me irá mal.

– ¡Brillaremos! Al entrar al salón de fiestas siente toda su belleza, entra con la cabeza en alto. Tus ojos brillarán. Así es como se hace.

Cuando el coche que las transportaba se detuvo frente a la luminosa mansión del senador, se abrieron las puertas, el coche entró y se detuvo frente a la puerta principal. Las manos de Rosa temblaban cuando salió del auto. Eugênia le puso la mano ligeramente en el brazo. Las dos entraron al pasillo y se dirigieron al salón principal.

A la entrada del salón, el senador y su esposa dieron la bienvenida a los invitados. Cuando las dos se acercaron, Eugênia saludó al anfitrión, quien la tomó de la mano, haciendo una reverencia y diciendo:

– ¡Es bueno verte de nuevo!

La esposa del senador la abrazó afectuosamente:

-¡Te extrañamos entre nosotros! ¡Sé bienvenida!

Eugênia le agradeció y presentó a Rosa como una amiga muy querida. Entraron en la sala y provocaron cierto movimiento, no solo entre las mujeres, sino también entre los hombres, cuyas miradas de admiración, aunque disimuladas, las dejaron satisfechas. Eso era exactamente lo que Eugênia quería provocar.

Las dos se acercaron a la mesa que tenía el nombre de Eugênia y se sentaron. Pronto se acercaron dos mujeres y Eugênia se levantó para saludarlas. Eran esposas de políticos que asistían a la fiesta, y sus maridos, amigos del padre de Eugênia, la conocían desde su juventud.

Después de abrazarlas y presentarles a Rosa, conversaron un rato. Sabían todo sobre la separación de Eugênia, pero no hablaron del tema, solo intercambiaron palabras formales. El Doctor Esteban, hijo de uno de ellos, se acercó a saludarla. Después de saludar a Eugênia, Rosa fue presentada:

– Este es el Doctor Esteban, hijo de doña Aurora. Ella es Rosa, mi amiga.

– ¡Encantado! Este es mi amigo Robson.

Las dos miraron al chico alto, fuerte, de cabello color miel y ojos grandes del mismo color. Se inclinó ante ellas y dijo con cierto acento:

— ¡Una rubia y una morena! ¡Viva Brasil!

Se rieron y Aurora añadió:

— Es correcto. ¡Nuestro país tiene las mujeres más bellas del mundo! Disfruta la fiesta. Saludemos a los Menezes, que acaban de llegar.

Los dos se alejaron y Esteban dijo sonriendo:

— Robson llegó anoche. Pero esta no es la primera vez que viene a nuestro país. Estudiamos juntos en Estados Unidos – fijó los ojos en Eugênia y continuó:

— ¿Bailamos?

— Dejemos este baile para más tarde. Acabamos de llegar y quiero saludar a algunas personas.

— Estaré esperando.

Los dos chicos se alejaron, Eugênia y Rosa caminaron por la habitación, saludaron a algunas personas más y luego se acomodaron.

La sala estaba abarrotada y las dos notaron que, aunque intentaron ocultarlo, varias personas las observaban con interés y comentaban entre ellos. Eugênia dijo suavemente:

— Hablan de mí. La traición de Júlio sigue siendo el tema más comentado en estos momentos.

— Sabías que esto podría pasar.

Eugênia levantó la cabeza con altivez y dijo:

— Eso es exactamente lo que quería. En lugar de llorar por el pasado, estoy desafiando el futuro. De ahora en adelante, haré todo lo que dejé de hacer toda mi vida.

Rosa la miró seriamente:

– Espero que hagas todo lo posible para convertirte en una persona feliz, realizada y ganadora, y que no actúes solo para que los demás crean en tu superación.

– Estoy tratando de encontrar la manera de superarme y convencerme que algún día seguiré siendo feliz. Disfrutemos el momento, al fin y al cabo estamos haciendo una bonita fiesta.

Eugênia notó los ojos de Esteban fijos en ella y sonrió. Le bastó con acercarse y pedirle que bailara. Satisfecha, ella se dejó abrazar por él y se pusieron a bailar.

Rosa siguió sentada, observando el movimiento. y Robson se acercó:

– ¿Puedo hacerte compañía?

Rosa sonrió y estuvo de acuerdo. Se acomodó diciendo simplemente:

– Quizás prefieras bailar. Confieso que no soy muy bueno en esto.

– Yo tampoco.

– Esteban es un maestro. Baila de todo.

– Por lo que veo, Eugênia también – al notar que él parecía sorprendido, continuó:

– Es la primera vez que la acompaño a una fiesta.

– Para mí también es la primera fiesta en Brasil.

– Hablas bien nuestro idioma.

– Siempre me ha fascinado Brasil. Estudié portugués pensando en irme a vivir a Río de Janeiro.

– ¿Vas a vivir allí?

– Por ahora no. Vine por trabajo, solo estaré aquí por poco tiempo.

Robson habló con naturalidad y Rosa se sintió cómoda hablando con él. Media hora más tarde, Eugênia se acercó, con el rostro encendido y los ojos brillantes, diciéndole a Esteban:

– Ahora quiero descansar un poco. Ven, Rosa, vamos al baño.

Rosa la acompañó y Eugênia dijo en voz baja:

– Ya no quiero bailar con Esteban. Está tratando de monopolizarme y eso no me gusta.

– No será fácil, desde que llegamos no te ha quitado los ojos de encima.

Eugênia se encogió de hombros:

– Ahora soy una mujer libre y solo voy a hacer lo que me gusta. No permitiré que nadie me arreste nuevamente.

Rosa sonrió y preguntó:

– ¿Cómo planeas hacer eso? Te garantizo que estará esperando en la puerta del baño cuando nos vayamos.

– Si es así, obtendrá un rotundo no.

Las dos se retocaron el maquillaje y, cuando salieron del baño, efectivamente Esteban estaba esperando cerca de la puerta. Fingiendo no verlo, Eugênia levantó la cabeza y regresaron a la mesa, se sentaron y, apenas empezó la música, Esteban se acercó:

– ¡No nos lo podemos perder! – Dijo sonriendo.

– No quiero bailar contigo ahora – respondió Eugênia seriamente.

Perdió el toque, principalmente porque, durante el descanso, había hablado con Robson, exagerando su conquista, diciendo que Eugênia estaba interesada en él.

Rosa tomó unos sorbos de refresco tratando de fingir que no se había dado cuenta de la situación, mientras Robson se alejaba ignorando el malestar de su amigo.

Esteban no se sorprendió y dijo:

– En ese caso, me sentaré y hablaremos un poco mientras tú descansas.

Eugênia frunció el ceño y dijo seriamente:

-Tú no entiendes. No estoy cansada. Simplemente no quiero que nadie me monopolice. Sé cuidarme.

El rostro de Esteban se sonrojó levemente cuando respondió con cierta ira:

– En ese caso, no deberías haber venido. Vine a la fiesta para divertirme.

– Así es, disfruta, diviértete a tus anchas.

Esteban hizo una reverencia y se alejó, tratando de ocultar su enfado. No estaba acostumbrado a ser rechazado. Las mujeres que lo rodeaban solían valorar su compañía.

Después que él se separó de su lado, Rosa consideró:

– ¿No crees que fuiste demasiado dura con él?

Eugênia la miró, pensó un poco y respondió:

– No habría hecho eso antes. Pero ahora he cambiado. Solo haré lo que me haga sentir bien. No me gustaba su cercanía, me miraba como si quisiera hipnotizarme, solo diciéndome ventajas, como si me impresionaran las apariencias.

– No te gustó su energía.

– No es lo mismo. En un momento sentí dolor de cabeza, náuseas y quise salir corriendo.

– Eres más sensible y sientes los pensamientos de las personas. Tu sensibilidad se abrió. Sería bueno que hablaras con Rogério para que te enseñe a lidiar con las energías que te rodean.

– Con Rogério me siento muy bien. Cuando él está cerca, a veces siento una cierta tristeza que no sé cómo explicar. Él siempre está sonriendo, de buen humor, creo que estoy divagando.

– No. Tienes razón. También ha tenido que enfrentar varios problemas. No es fácil olvidar.

Eugênia la fijó:

– ¡Me parece tan fuerte! Me gustaría estar tranquila como él y ver la vida como tú.

– Estás aprendiendo rápido. Has reaccionado, has estado más tranquila.

– Esta noche quiero olvidar lo que pasó. Bailar, sentirme viva.

Miró a su alrededor y continuó:

– Bailar es una sensación maravillosa. Dejarte llevar por la música, olvidarte de todo. ¡Es maravilloso! Mira, los chicos nos están mirando, solo sonríe y vendrán. Quiero que tú también te diviertas, disfrutes de la belleza de la noche y la fiesta.

– Yo no sé bailar.

– Inténtalo. Cierra los ojos, olvídate de tu pareja y siente el placer de la música, entrégate a ella.

Un chico que no conocía se acercó y la invitó. Eugênia sonrió y se pusieron a bailar. Era un hombre alto, elegante, de cuarenta años, cabello negro y rostro de rasgos marcados, y Eugênia se sentía bien con su proximidad. Se llamaba Reinaldo, era empresario y amigo del hijo del senador.

Robson se acercó a Rosa y la invitó:

– La gente se está divirtiendo. ¿Aprendemos a bailar?

– ¿Tienes el coraje de enseñarme?

Él se rio de buena gana y respondió:

– Quiero aprender de ti. Los brasileños nacen sabiendo bailar. ¡Mira alrededor! ¿No es verdad?

Al ver que ella dudaba, continuó:

– ¿Quieres sentarte y mirar mientras los demás se divierten? Mira lo bien que se divierte la gente.

Rosa se levantó:

– Está bien. Vamos a intentarlo.

Le rodeó la cintura con el brazo y comentó:

– Conozco esta canción, es de mi país.

Él la guio con suavidad, pero con firmeza, y pronto ella se sintió más a gusto. A partir de ese baile, nunca pararon.

Mientras Eugênia ocasionalmente cambiaba de pareja, Rosa continuó bailando con Robson, quien estaba emocionado que incluso le enseñara algunos pasos de samba.

Eugênia se sintió bien bailando con Reinaldo y siguieron bailando. Era un excelente bailarín. Se olvidó de todo, sintiendo el sabor de bailar con ligereza y alegría. Con el rostro enrojecido, los ojos brillantes por el placer de bailar, sintió que recuperaba la alegría de vivir.

Hubo un momento en que Eugênia quiso beber agua y se detuvieron cerca de su mesa. Unos periodistas de una revista famosa se acercaron a ellos y les tomaron varias fotografías. Uno de ellos quiso entrevistarla, pero ella lo evitó. La acribillaron de preguntas. Ella sonrió y no dijo nada, sacudiendo la cabeza negativamente. Eugênia les era bien conocida. Tenían curiosidad porque sabían de su separación. Querían saber si ella estaba saliendo con Reinaldo.

Cuando finalmente los periodistas se marcharon, Reinaldo dijo seriamente:

– Tu bailas muy bien. Además, eres una mujer hermosa, pero no sabía que eras famosa.

– No me importa nada de eso.

Dirigiéndose a Rosa, que, junto a Robson, observaba la escena, dijo:

– Estoy cansada. Es hora que nos vayamos. Besó a Reinaldo en la mejilla agradeciéndole los buenos momentos, se despidió de Robson y fingió no ver a Esteban, que los observaba seriamente.

Al despedirse de Robson, Rosa dijo suavemente:

– Tu amigo no se encuentra muy bien. Mantén la calma y no te dejes impresionar por lo que te va a decir – sonrió y alzó la voz:

– Gracias por tu compañía. Que tengas una buena noche.

Luego de despedirse, las dos se fueron y tanto Robson como Reinaldo las siguieron con la mirada mientras se alejaban.

En el auto, Eugênia se quitó los zapatos y dijo alegremente:

– Estoy cansada, hacía tiempo que no salía a una noche así. ¿Disfrutaste la compañía de ese americano?

– Me gustó. Hablamos mucho. Me contó cosas de su país, de sus costumbres. No somos buenos bailarines, pero logramos divertirnos. Fue mejor de lo que esperaba. Sentí que era una buena persona. Tú también te divertiste. Es lo que vi.

– Sí. Todo estuvo muy bien, tal como a mí me gusta. Me di cuenta de que, a pesar de todo, todavía puedo llamar la atención como lo hacía antes de casarme.

– Te tomaron muchas fotos con Reinaldo.

Obtuviste lo que querías.

– Tenía muchas ganas de provocar a Júlio. Pero ahora que lo hice, perdió su encanto. Lo que realmente quiero es cambiar mi vida, hacer cosas que me hagan sentir bien, que me hagan feliz. Estoy segura que después de hoy conseguiré todo lo que quiero. Y no para demostrárselo a nadie, sino simplemente para hacerme feliz. Quiero ser feliz con la vida, descubrir nuevos caminos, aprender cosas nuevas.

– Me alegra que pienses eso. De hecho, lo que realmente importa es hacerte cargo de tu propia vida, afrontar con valentía los retos de crecer para poder vivir mejor cada día.

– Es verdad. Cuando llegue a casa me daré una buena ducha, me relajaré y dormiré. Mañana es otro día y decidiré qué hacer con mi vida.

El auto entró al garaje, bajaron, entraron a la casa y, abrazadas, subieron al primer piso, donde se separaron. Cada una fue a su habitación. Estaban cansadas, pero en paz.

Capítulo 14

Dos días después, al final de la tarde, Eugênia se instaló en la sala, interesada en seguir leyendo un libro sobre arte. Cuando era joven se interesó por la pintura, aprendió a dibujar y realizó algunos bocetos. Tenía ganas de aprender algo nuevo que le diera placer. Rosa se acercó:

– Llamó Rogério, quiere venir a hablar contigo esta noche. ¿Puedes atenderlo?

– Será un gusto. Invítalo a cenar.

Poco después, Rosa regresó:

– Vendrá a cenar.

– Extraño nuestras conversaciones.

-Yo también.

Eran más de las siete de la tarde cuando Rogério entró en la sala para saludar a Eugênia, quien se levantó para darle la bienvenida. Después de los saludos, dijo:

– Cuando estuve con Júlio para firmar el divorcio, no esperaba encontrar a tu hermano Alberto en la antesala del despacho.

Eugênia se levantó asombrada:

-¿Alberto? ¿Estaba allí en la empresa de Júlio?

– Sí. En una oficina contigua a la suya. Me dijo que trabaja para tu exmarido y vive en su casa. Estaba bien vestido, parecía satisfecho, quería saber cómo estabas.

Eugênia volvió a sentarse, pensó un poco y luego dijo:

– Tenía que ser. Se merecen el uno al otro. A ver cuánto dura...

Rogério abrió la carpeta, sacó algunos documentos y se los entregó diciendo:·

– Todo está bien. La separación está terminada. El proceso de divorcio pronto finalizará. Ahora eres libre.

– Qué alivio. Quiero emprender una nueva vida. Aprender a hacer algo útil. Todavía no sé exactamente qué. Pero siento que necesito hacer que valga la pena vivir mi vida. No dejaré que el tiempo pase en vano.

Rogério pensó un poco e invitó:

– ¿Quieres ir conmigo a visitar a mis amigos en un orfanato el sábado? A Rosa le encanta ir allí. Olvidamos el tiempo y lavamos nuestras almas.

– Me encantaría.

Rogério permaneció en silencio mientras un sentimiento de tristeza aparecía en sus ojos. Pero él reaccionó, sonrió y respondió:

– Te va a gustar. Fue con estos pequeños amigos que redescubrí la alegría de vivir.

Los ojos de Eugênia brillaron cuando dijo:

– ¿Podrías explicarme cómo fue eso?

– Un día que estaba muy deprimido, Rosa me llevó a este lugar, donde había niños, algunos abandonados por sus padres, otros cuyos padres habían muerto. El hogar en el que viven es mantenido por un grupo de espíritas, y algunos miembros del grupo ya han adoptado a algunos huérfanos. Intentan dar niños en adopción y ayudan en todo lo que pueden.

– Quiero ir contigo.

Se quedó en silencio unos segundos y luego dijo emocionado:

– Perdí a una hija cuando tenía cuatro años. Es un dolor que no puedes olvidar.

Eugênia puso su mano sobre la de Rogério y dijo emocionada:

– No sé si es peor verse privada de la maternidad o tener una hija y perderla después.

– Cuando estamos seguros de la inmortalidad, nos ayuda a afrontar la cuestión. Casi un año después que ella se fue, todavía estaba infeliz. Entonces el espíritu Marcos Vinícius me llevó en sueños al lugar donde estaba Milena. Había crecido, estaba hermosa, sonriente, feliz. Nos abrazamos, la besé con mucho amor y ella puso su manita en mi cara y me pidió:

– "¡Papá, no llores! Estoy feliz. Regresé, pero dejé mucho amor en mi tiempo en la Tierra. Me quedé un poco, pero hice mi parte."

Rogério, conmovido por los recuerdos, continuó:

– Y, ante mis ojos atormentados, ella creció y se transformó en una hermosa niña, llena de luz. Luego me abrazó y sentí que intercambiamos tanto amor que ni siquiera puedo expresarlo con palabras.

Incluso me dijo:

– "Somos amigos desde hace muchos años. Siempre estaré a tu lado para inspirarte a vivir bien. Deja de lado la tristeza. La muerte es una ilusión. La vida es eterna y siempre estaremos unidos."

Húmedos, los ojos de Eugênia expresaban tanta emoción que no pudo decir nada.

A pesar de la conmoción del momento, los labios de Rogério se abrieron en una dulce sonrisa cuando dijo:

— Después de ese encuentro, he sentido la presencia de Milena a mi lado, inspirándome con pensamientos elevados, invitándome a olvidar el pasado y cultivar la alegría de vivir. Me he esforzado por ser una persona mejor, más feliz y más segura.

— Cada vez que te acercabas, sentía que había una energía triste en ti. Ahora entiendo por qué.

— Hay cosas que son difíciles de olvidar. Saber que ella sigue viva y que podemos encontrarnos de vez en cuando me hizo mucho bien. Esa es la mejor parte. Pero la traición, la angustia de haber provocado una tragedia, sigue persiguiéndome e impidiéndome hacer lo que dice Milena.

Eugênia puso su mano sobre el brazo de Rogério, apretándolo ligeramente para sostenerlo, y dijo:

— Hablaste de traición y eso ya lo he vivido. Y fuiste tú quien me ayudó a afrontar este desafío. Estoy tratando de reconstruir mi vida y dejar ir la tristeza. Ahora es tu turno. Reacciona. Nadie puede ser feliz sin abandonar las ilusiones y conocer el lado bueno de la vida. Siento que todavía tienes heridas del pasado y, mientras estén presentes, no podrás tener alegría en la vida. Estoy segura que a Milena le encantaría que te liberaras de esta energía y fueras feliz.

Las lágrimas estaban a punto de brotar de los ojos de Rogério:

— ¿Y no crees que desearía poder olvidar todo esto? Es imposible. Yo era muy joven cuando conocí a Rosana y nos enamoramos. Es hermosa, ella era dos años menor que yo cuando decidimos casarnos. Estaba estudiando en São Paulo y no pasó mucho tiempo antes de graduarme. Mis padres vivían en el Sur y los de Rosana en la capital de São Paulo. Ella era hija única y yo también. Mis padres me aconsejaron esperar un poco más, organizar mejor nuestra vida, pero no queríamos esperar. Su padre, un hombre de negocios, era rico y aprobaba nuestra unión, ya que con entusiasmo ya teníamos una relación cercana. Entonces pensaron que lo mejor sería apresurar la boda.

Rogério hizo una pequeña pausa, con la mirada perdida en el pasado, mientras Eugênia seguía sujetándolo del brazo.

– Siempre trabajé duro en mis estudios, me gradué, luego conseguí un trabajo y me tomé el trabajo en serio. Menos de un año después nació Milena y sentí la emoción más grande de mi vida. Es difícil explicar cómo ese ser tan pequeño pudo despertar en mí tanto amor, tanta emoción. Pero Rosana no tenía paciencia con su hija y, muchas veces, era yo quien cuidaba de la niña. Rosana se quejaba cuando la niña lloraba, se enojaba cuando quería salir a bailar o ver una película y no podíamos ir porque no teníamos con quién dejar a nuestra hija. Rosana siempre quiso llevarla a casa de su madre, para poder cuidar a la niña, pero no me pareció justo. Milena era nuestra responsabilidad. Además, su madre tenía sus compromisos sociales y no le gustaba asumir esa responsabilidad.

Nuestra convivencia cada día se hacía más difícil. Siempre estábamos discutiendo, ella siempre estaba de mal humor y llegó al punto que quería salir con unos amigos y dejarme en casa con la niña. Yo no lo acepté. Una vez, llegué a casa un poco más tarde y encontré a Milena con la hija de la vecina, que solo tenía diez años. Rosana había salido con una amiga para ir al cine. Esa noche cuando llegó tuvimos una gran discusión y Rosana fue a casa de sus padres diciendo que no volvería.

A la mañana siguiente, sus padres la trajeron de regreso a nuestra casa. El padre de Rosana se había enojado mucho con ella y me pidió que tuviera paciencia, porque ella había prometido cambiar y asumir sus responsabilidades.

Los primeros días, aunque seguía de mal humor, intentó ayudarme más y me sentí un poco aliviado. Una noche; sin embargo, necesitaba viajar a Minas Gerais por motivos de trabajo, donde me quedaría dos o tres días. La segunda noche, mientras dormía en el hotel, sonó el teléfono. Era el padre de Rosana, que me llamaba desesperado, pidiéndome que volviera a casa, porque algo malo había pasado. Rosana había tenido un accidente automovilístico con Milena. Cada vez que recuerdo esa llamada telefónica, hay cosas que se enredan en mis recuerdos. Estaba amaneciendo, tomé un vuelo y cuando llegué de mi viaje, había policías en mi casa y me informaron que el accidente fue mortal. Ambas estaban muertas.

Eugênia respiró hondo, tratando de calmar sus propios sentimientos, y Rogério la miró desolado y le dijo con la voz entrecortada:

– Después de tantos años, todavía es muy difícil hablar de este tema.

– En ese caso, es suficiente por hoy. Otro día sigues contándome lo que pasó.

– No. Necesito llegar hasta el final... En mi casa había una carta de Rosana. En ella, mi esposa confesaba que estaba enamorada de otro hombre, que tenía intención de mudarse con él y dejaría a nuestra hija en casa de mi suegra, para que yo pudiera recogerla y cuidarla. En la policía me enteré de todo. Entonces llamaron al amante de Rosana. Se veían desde hacía algún tiempo. Sus maletas estaban en el auto y todo estaba listo para que escaparan juntos. Mis padres vinieron a apoyarme, ya que era difícil soportar todo lo que pasó. Entonces, cuando terminaron los trámites legales, cerré la casa, dejé mi trabajo y me fui a pasar un tiempo con mis padres.

Para mí, la vida se había acabado. Estaba muerto por dentro. Ni siquiera podía sentir repugnancia. Durante muchas noches tuve pesadillas. Me despertaba gritando y me costaba calmarme. Vi a mi hija llorando, figuras oscuras tratando de atacarla, y yo me lanzaba sobre ellas tratando de detenerlas, sin éxito. Despertaba llorando, desesperado. Mi madre pidió ayuda a un psiquiatra y al menos me libré de las pesadillas, pero aun así no quería vivir.

Una tarde me visitó Rosa, la hermana de mi madre. En ese momento vivía en la ciudad de Ribeirão Preto, donde se había graduado en enfermería y trabajaba en un hospital. Mis abuelos habían muerto y mi madre había invitado a mi tía a vivir con ella. A Rosa; sin embargo, le gustaba su trabajo, tenía muchos amigos en esa ciudad y prefería quedarse allí. No nos llevábamos bien, ya que solo nos veíamos en celebraciones o cuando teníamos que solucionar problemas familiares.

Rogério hizo una pequeña pausa, con los ojos perdidos en el tiempo, hablando de su vida. Eugênia, conmovida que él se abriera a ella, escuchó atentamente. Rogério respiró hondo y continuó:

– La presencia de mi tía, su cariño, su paciencia y, sobre todo, su fe en la vida y en Dios, me ayudaron a reaccionar, retomar mi vida y tener el coraje de vivir.

– Rosa hizo lo mismo conmigo. Hoy me siento fuerte y dispuesta a afrontar los retos de crecer. Siento que hay muchas cosas que todavía no sé. Quiero saber la verdad de las cosas, aprender lo que es bueno, convertirme en una mejor persona, ser más feliz. Tenerla a mi lado es una bendición. Espero que Rosa siempre se quede conmigo.

– Nunca olvidaré lo que mi tía hizo por mí. Ella tomó una licencia de su trabajo y se quedó en nuestra casa ocupándose de mi recuperación. Ella dormía en mi habitación, hablaba conmigo y me hablaba de la eternidad del espíritu y de las otras dimensiones del universo, de dónde venimos y a dónde regresaremos después de la muerte del cuerpo de carne. Mi tía también leía mensajes positivos, hablaba de mediumnidad y yo la contradecía presentándole dudas que ella explicaba.

Hubo una tarde en la que estaba triste y deprimido y ya no quería escuchar ni aceptar lo que ella decía. Ese día, ella me miró fijamente y dijo seriamente:

– ¡Creo que ya basta! Realmente no quieres dejar de ser el pobrecito, el agraviado, el que sufre. Así que mañana vuelvo a Ribeirão Preto para continuar mi vida; Dios solo ayuda a quien se ayuda a sí mismo, pero si no quieres esforzarte ni ayudarte, mejor no insisto más. No crees en tus propias fuerzas, no ves la grandeza de la vida, ni la oportunidad que se te está dando de aprender a vivir. Me gustas, me encantaría verte feliz, fuerte, lúcido, alegre. Dios invirtió en ti, puso todos los elementos en tu espíritu, podrías desarrollar tu vida, crear tu propio destino, alcanzar la sabiduría, madurar y convertirte en un ser iluminado, pero la vida funciona según el mérito, así que solo tú puedes hacerlo.

Rogério suspiró y continuó:

– En ese momento sentí vergüenza. Ella tenía razón. Después de eso, realmente reaccioné y, en menos de un mes, estaba listo para volver a trabajar. Invité a Rosa a vivir conmigo, regresamos a São Paulo, alquilamos un departamento y comencé a estudiar seriamente la espiritualidad.

– ¿Vivió ella contigo antes de quedarse conmigo?

Rogério, con el rostro distendido y más tranquilo, sonrió levemente:

– Así es. Me la quitaste. Pero fue por una buena causa. A mi tía le gusta ayudar a la gente.

Eugênia guardó silencio unos segundos y luego dijo pensativa:

– También me ayudó el espíritu Marcos Vinícius.

– Lo sé. Rosa me dijo que estabas fuera del cuerpo y fue a buscarte al astral para traerte de regreso.

– Ahora entiendo por qué somos diferentes a la mayoría de las personas. Después de las experiencias que hemos tenido, ya no podemos dudarlo. Las otras dimensiones existen, de una de ellas vinimos y a ella regresaremos después de la muerte física. Todo tiene una buena razón de ser. Quiero aprender más, ser una mejor persona.

Rogério la miró seriamente y había un brillo de emoción en sus ojos cuando dijo:

– Hoy tuve ganas de abrirme a ti. Llegó de repente y no pude evitarlo. Pero ahora me siento empoderado. Parece que el fantasma del pasado se marcha para siempre. A veces pienso en Rosana sin el enfado que albergué durante mucho tiempo. Sé que ella, tanto como yo, también debe estar enfrentando el camino de la verdad y tratando de sanar las heridas que abrió dentro de sí misma en un momento de ilusión. Estoy seguro que vendrán días mejores para todos nosotros. Ahora tenemos más experiencia y estamos preparados para elegir mejor nuestros caminos.

Rosa se acercó:

– ¡Deben estar hambrientos! La cena está en la mesa.

Los dos siguieron a Rosa felices.

– ¡El olor es bueno! – Comentó Eugênia.

– ¡Estoy muy hambriento! No tuve tiempo para almorzar.

Se sentaron, se sirvieron y comentaron las cualidades de Odete en la cocina, anticipando el placer de degustar la comida.

Entonces, Eugênia miró a Rosa y comentó:

– Rogério me invitó a visitar el orfanato. Dijo que te encantaba ir allí. Quiero conocerlo y darles un poco de alegría a los niños. Debe ser un lugar muy triste.

– Necesitan amor y la mayoría de ellos realmente quieren que alguien los adopte. Ser aceptados, poder ser parte de una familia es lo que más desean. Desafortunadamente, la mayoría de las parejas solo quieren adoptar bebés, creyendo que los mayores son difíciles de educar.

Rogério intervino:

– Me he esforzado mucho para que los niños mayores sean aceptados y demostrar que lo más importante es estudiar el carácter del niño y convivir más con ellos, antes de decidir adoptarlos. Conocer el temperamento, porque el temperamento define el conocimiento del espíritu, no cambia y mejora según el nivel de evolución. Es la base para alcanzar la sabiduría. La personalidad es el resultado de la cultura, de cómo la mayoría de la gente ve las cosas. Es necesario saber diferenciar la verdad de la ilusión. La gente actúa según sus creencias. Cada uno solo hace lo que cree.

Eugênia no se contuvo:

– ¿Cree que es posible educar a un niño adulto, que está descarriado, y hacerle encontrar un camino mejor?

– Lo creo. Pero es necesario prestar atención a algunos factores para que este cambio se produzca. El abandono, la pérdida del apoyo familiar, la inseguridad, la soledad provocan mucho sufrimiento. Mientras algunos se deprimen y se vuelven apáticos, otros reaccionan, intentan defenderse y sobrevivir como pueden y como pueden. Son solo niños que necesitan ayuda, orientación y amor. La personalidad cambia cuando alguien, con perseverancia, paciencia y buena voluntad, sin criticar, pero siendo firme, enseña a ese niño los valores éticos que rigen la vida, mostrándole cómo funcionan las cosas y permitiendo que ese individuo desarrolle sus capacidades, experimente hacer más las cosas más diversas, descubre sus dones naturales y se da cuenta de lo que es bueno y lo que no funciona. Después de eso, el niño podrá cuidar de sí mismo por el resto de su vida. Se necesita dedicación, mucho amor y sabiduría. El proceso es laborioso y desafiante, pero el resultado vale la pena.

– Es mucha responsabilidad. No sé si sería capaz de eso – dijo Eugênia.

Fue el turno de Rosa de decir:

– Bueno, vi esto cuando vivía en Ribeirão Preto y aun era una adolescente. Hubo un caso en el que un niño de diez años, que había sido abandonado un año antes, se enojó mucho hasta el punto de no aceptar órdenes de nadie. Vivía en las calles de la ciudad y cometía pequeños robos para sobrevivir. Un día, el niño fue llevado a un orfanato y, allí, una de las profesoras se interesó por él. Ella era viuda, sin familia, y acabó encariñándose con el niño y adoptándolo.

No hace mucho supe que este niño se graduó en Derecho, trabaja exitosamente y es el apoyo de su madre adoptiva. Hoy él es quien la apoya y protege.

Rogério se interesó por la historia:

– ¡Nunca me dijiste eso! ¡Esta maestra debe ser maravillosa!

– Algunas personas quieren adoptar un niño, pero no quieren tener trabajo. Una relación solo funciona cuando las personas intercambian cosas buenas entre sí. He sentido el deseo de adoptar un niño, pero no sé si podría asumir esta responsabilidad. No por el trabajo que tendría que hacer, sino por mi falta de experiencia – dijo Eugênia.

Rogério la miró y dijo seriamente:

– Estoy seguro que tienes la capacidad de hacer esto. Si alguna vez conoces a alguien que te motiva y te toca el alma, no te resistirás.

La conversación continuó incluso después que se sentaron en la sala a tomar un café. Eugênia se interesó mucho por el tema de la adopción e hizo algunas preguntas, a las que Rogério respondió objetivamente.

Profundizaron en el tema y se olvidaron del tiempo. Mientras tanto, Rosa ayudó a Odete a preparar algunas cosas para llevar al orfanato al día siguiente.

Cuando Rogério se despidió, Eugênia lo acompañó hasta la puerta. Él la miró seriamente:

– Hoy abusé de tu paciencia. Es que me escuchaste compartir lo que siento y terminé olvidándome de la hora.

Eugênia tomó la mano que Rogério le tendió:

– ¡Esta noche renové ideas, descubrí un amigo y estoy seguro que todavía tendremos muchas cosas en común!

Un destello de emoción pasó por los ojos de Rogério, quien, sin decir nada, besó levemente la mejilla de Eugênia y dijo:

– Buenas noches. ¡Dios te bendiga por el bien que me hiciste! Después que Rogério se fue, Eugênia fue donde Rosa y Odete, quienes estaban terminando felices los paquetes que estaban preparando para el orfanato, y dijo sonriendo:

– ¡Que maravilla! Mañana les daremos alegría a los chicos. ¡Me alegro que estemos juntas en esto!

Los dos la abrazaron riendo:

– ¡No puedo esperar a llegar mañana! – Dijo Odete con los ojos brillando de emoción.

– ¡Yo también! – Asintió Rosa.

Media hora después, cada una se dirigió a su habitación y, cansadas, pronto se quedaron dormidas.

Estaban en paz.

Capítulo 15

Una semana después de ir a la oficina del detective, Júlio respondió con entusiasmo al llamado del investigador:

– Entonces, ¿descubriste algo?

– Es mejor si hablamos en persona. ¿Quieres que vaya allí?

– Prefiero ir a tu oficina. Estaré allí en media hora.

Júlio tenía una cita con un cliente, entonces llamó a Anita, trasladó la reunión para el día siguiente, y se fue a toda prisa.

Al salir, Alberto se acercó a la secretaria:

– ¿Está fuera el Doctor Júlio? ¿El cliente se retiró de la reunión? – Ella lo miró seriamente:

– No sé.

– ¿Cómo no sabes? ¿Qué pasa si llega el cliente?

– Será mejor que le preguntes. De mi parte, no te diré nada.

Alberto la miró irritado. Desde que llegó intentó ganarse el favor de Anita, pero fracasó. Había notado que ella era discreta y no le gustaba hablar con él sobre asuntos de la empresa. A pesar de la curiosidad, no quedó otra opción que esperar.

Ansiosamente, Júlio entró en la habitación del detective e inmediatamente preguntó:

– Entonces, ¿obtuviste alguna pista?

– Estuve en Jundiaí, revisé el registro civil y encontré el certificado de matrimonio de una tal Dalva dos Santos con Ariovaldo Nunes en 1982. No encontré nada sobre Josué y Magali.

Júlio, decepcionado, permaneció en silencio por unos segundos y pensó:

– "¿Habría mentido Magali? ¿Cómo puedo saber la verdad?."

– Y ahora, ¿qué podemos hacer? – Preguntó preocupado.

– Bueno, investigué y hablé con algunos antiguos vecinos de la ciudad, diciendo que buscaba a un primo que hacía muchos años que no veía y que habría vivido allí. Pero nadie pudo darme ninguna información sobre esta pareja. Si pudiera obtener más detalles, podría rastrearlos.

Júlio lo miró seriamente:

– El Doctor Nelson recomendó su trabajo diciendo que puedo confiar en usted. Entonces te diré lo que me preocupa. Tengo la intención de casarme con Magali, pero ella dice que está casada y se niega a darme detalles sobre su exmarido. Afirma que es peligroso y no quiere que se acerque a nosotros.

Júlio pensó un poco y, al ver que el detective prestaba atención a lo que decía, continuó:

– Me temo que está mintiendo, encubriendo algo peor. Necesito descubrir la verdad, sea cual sea. Sé que no será fácil, pero quiero que sigas investigando. Si trabajas para mí, tengo la intención de recompensarte muy bien. ¿Qué me dices?

– Para ello tendré que dedicarme exclusivamente a su caso.

– Eso es exactamente lo que quiero.

– En ese caso te propongo lo siguiente: para lograr algo tendré que acercarme a ti, sin que ella se entere de mi profesión.

Necesito saber las relaciones que mantiene, saber en qué emplea su tiempo, etc. Debo monitorearla discretamente, pero eficientemente.

– No sé si esto resolverá la situación. No mantiene relaciones con otras personas. Se dedica solo a mí y siempre va conmigo a la sociedad.

Gerson tomó una libreta y preguntó:

– Creo que a través de ella podré encontrar el hilo. Si está mintiendo, lo descubriré.

– Está bien. ¿Cómo lo hacemos?

– Necesito que me cuentes todo lo que sabes sobre tu esposa. Cómo se conocieron, qué te contó ella sobre su vida, quiénes fueron las personas con las que tuvo relaciones, incluso aquellas que ahora están alejadas de ella. A veces un pequeño detalle que pensamos sin importancia puede traernos la verdad. ¿Puedo grabar?

Júlio vaciló un poco y luego preguntó:

– ¿Para qué?

– Escuchar tu historia varias veces, familiarizarme con la situación y profundizar en el tema. Necesito leer entre líneas.

– Prométeme que destruirás esta grabación delante de mí cuando ya no la necesites.

– Doctor Júlio, si voy a trabajar en tu caso, tendrás que confiar en mí. Puedes estar seguro que respeto mi profesión y nunca he hecho nada de lo que me arrepienta. Hago amigos de mis clientes para toda la vida, como el Doctor Nelson.

– Perdóname. Es que soy inseguro y vivo una situación inesperada. Pensé que estaba con una mujer libre, pero de repente descubrí que está casada. Cuando insistí en que se divorciara, Magali incluso amenazó con irse y dejarme para siempre. Pero yo confió en ti. Puedes grabar lo que digo.

– Prometo destruir la grabación delante de ti, cuando ya no la necesite.

Gerson encendió la grabadora y preguntó:

– Empieza contándonos cómo se conocieron.

Durante más de una hora, Júlio contó todo lo que recordaba de su historia con Magali y concluyó:

– Cuando ella dijo que no era libre, me quedé sin piso. Hasta entonces, la sentía como un libro abierto, y yo imaginé que no había secretos entre nosotros. Cuando Magali me exigió que renunciara a nuestro matrimonio y traté de insistir, ella me amenazó con separarse.

– ¿No estaría jugando un juego para conseguir lo que quería?

– No. Sentí que hablaba muy en serio. Se puso pálida, frunció el ceño y su voz se volvió firme. Cuando recuerdo esa escena, me siento inseguro. ¡Estoy loco por esta mujer! No puedo ver mi vida sin ella. Si me deja, ¿qué será de mí?

– No te dejes dominar por el pesimismo. Ella puede que esté diciendo la verdad, que tenga mucho miedo de su exmarido y quiera verlo lejos. Todavía no sabemos cómo sucedieron realmente las cosas.

Gerson guardó silencio, pensativo. Entonces Júlio suspiró y consideró:

– Sí... Puede que tengas razón. Mejor no pensar en lo peor.

– A tu lado, ella goza de una posición social elevada y tiene vida de reina. Y, por lo que sé, es muy bien considerada entre ustedes. A muchas mujeres les gustaría estar en el lugar de su mujer. No creo que ella desperdicie todo eso.

– Sí... estoy empezando a pensar que tienes razón. La verdad puede ser mejor de lo que parece. ¿Qué piensas hacer ahora?

– Escucharé la grabación muchas veces, imaginaré todas las posibilidades y las escribiré para finalmente empezar a actuar. Quiero una lista de los lugares a los que va la Sra. Magali y las personas con las que entra en contacto a diario.

– No tiene amigos personales. Sus contactos son pocos: salones de belleza, masajes, tiendas y talleres de costura. Cosas de género. Eso no es relevante.

Gerson sonrió:

– No tienes idea de los problemas que suceden en estos lugares. A veces, de lo que no se habla en sociedad, lo hablan con el masajista, el personal del gimnasio, la persona que la peina o le diseña los vestidos. ¿No has notado el tiempo que pasan en estos lugares y el placer que sienten al visitarlos?

Júlio meneó la cabeza y sonrió levemente cuando dijo:

– Nunca pensé en eso. Pero, en realidad, Magali siempre va a estos lugares donde regresa alegre, hermosa, feliz con la vida.

– Bueno, ya tengo material para unos días. Tan pronto como tenga algún resultado, te lo haré saber.

– Espero que no pase mucho tiempo.

Después de hacerse cargo de los gastos del servicio y firmar un cheque para el detective, Júlio se fue. A pesar de las dificultades, la conversación con Gerson tuvo el poder de calmarlo un poco. Lo más probable es que Magali estuviera siendo sincera y simplemente tuviera miedo de su exmarido. Después de todo, el amor y el afecto que disfrutó, la buena vida que gozaba con Júlio y su esfuerzo por hacerla sentirse protegida y querida, colmándola siempre de joyas, fiestas y belleza, estaba dando buenos resultados. Ella parecía feliz.

Cuando regresó a la oficina, Júlio estaba menos preocupado y más dispuesto a ocuparse de los negocios con alegría y entusiasmo.

Apenas entró, Alberto se acercó:

– El Doctor Nelson vino a buscarte.

– ¿Dejó algún mensaje?

– No. Dijo que estaba cerca y decidió pasar a saludar. Pero al no encontrarte, se fue rápidamente.

Júlio entró en su oficina y Anita pronto fue donde el jefe para darle mensajes.

Alberto se preguntó dónde había ido Júlio para ausentarse por más de dos horas. Si quería saber qué estaba pasando, tendría que rodear a Magali. A veces se ponía locuaz y Alberto aprovechaba esas ocasiones para sacarle alguna información. Para él era importante todo lo que se refería a Júlio.

La vida de Alberto había tomado un rumbo mejor, e incluso estaba logrando invertir en la bolsa y ganar algo de dinero. Más mesurado, valorando la nueva situación, se quedó con parte de las ganancias y se permitió el lujo de apartar algo de dinero para jugar, aunque sabía que podía perder. Cuando la suerte le favoreció, se emocionó y, al final, acabó perdiéndolo todo.

Cuando su esposa llamaba quejándose que se habían quedado sin dinero y en necesidad, Alberto enviaba algo, siempre diciendo que tenía poco. Pero, cuando amenazaron con presentarse en la casa de Júlio, les dio un poco más de dinero para que se calmaran.

Media hora después, Júlio le indicó a Alberto que llevara un contrato a un empresario para que lo firmara. El abogado tomó entonces un taxi y, durante el trayecto, se enteró del asunto y sonrió satisfecho. Júlio sabía lo que estaba haciendo. Alberto pensó entonces en anotar algunos detalles, que consideraba importantes, para utilizarlos y aprovecharlos también. Posteriormente dejó el contrato con el empresario y se preparó para recogerlo la tarde siguiente.

Como no tenía nada más que hacer, decidió ir al *spa* para encontrarse con Magali. Visitaba el lugar a menudo y le encantaba. Ella siempre salía de allí feliz, perfumada, amable y conversadora. Era un buen momento para descubrir algo más. Además Alberto fue muy bien recibido en el lugar, donde el servicio fue muy elegante. Y como Magali gastó allí una buena cantidad de dinero como reina, todos lo trataron como a un rey.

Esa tarde, mientras esperaba a Magali, le sirvieron café, acompañado de botanas, dulces y una deliciosa mantequilla, que Alberto disfrutó con satisfacción. Poco después, Magali apareció feliz, hermosa como siempre, y lo abrazó feliz:

– ¡Que bien! ¡Volvamos juntos y podremos hablar! Hoy me enteré de una historia que necesito contarles.

Alberto sonrió feliz. Le encantaría conocer las últimas novedades sobre personajes famosos de Río de Janeiro. Durante el viaje, Magali contaba emocionada lo que había oído, mientras Alberto bebía con placer de sus palabras.

El coche se detuvo en un semáforo y la atención de Alberto se centró en un hombre que, en un coche aparcado al lado, los miraba insistentemente.

– Ese hombre busca mucho aquí. ¿Lo conoces?

Magali lo miró y su rostro cambió. Él miró hacia otro lado y respondió:

– No. Debe habernos confundido.

– Sigue mirándonos.

El semáforo cambió y le dijo al conductor:

– Vámonos rápido.

Alberto notó que Magali estaba pálida e intentaba controlarse y pensó:

– "¡Miente! ¡Hay algo!"

Sin embargo, prefirió no comentar nada. Disimuladamente, se limitó a mirarla. El coche iba justo detrás y Magali le dijo al conductor:

– ¡Néstor, ese auto nos sigue! Necesitas perderlo. ¡Podría ser un ladrón!

Néstor miró por el espejo retrovisor.

– ¡Si quiere podemos parar en una comisaría! – Dijo él.

– Debe estar confundiéndonos con alguien más. No hace falta tanto. Lo único que tienes que hacer es maniobrar y esquivar para que nos pierda de vista.

Néstor lo siguió y dio una señal que iba a girar a la derecha para entrar en un carril, pero cuando llegó el momento de girar, siguió adelante, rodeó una plaza, hizo varias maniobras hasta que el auto quedó atrás, perdido en medio del tráfico y no podía alcanzarlos.

Magali suspiró aliviada y Alberto comentó:

– Felicitaciones, Néstor. ¡Eres un maestro! En medio de este tránsito tienes que ser muy bueno para hacer lo que hiciste.

Magali se recostó en el banco y se encogió un poco. Sin duda conocía a ese hombre y no quería hablar con él. ¿Podría ser un viejo amante?

Ciertamente era alguien a quien no quería ver. Alberto la observó subrepticiamente y Magali, a su vez, intentó ocultar su preocupación. Alberto entonces decidió cambiar de tema y hablar de cosas agradables, como un programa que era popular y le gustaría ver.

Llegaron a casa y Magali inmediatamente fue a su habitación. Alberto, por su parte, permaneció sentado en la habitación y recordó la escena intentando registrar la fisonomía del hombre. Estaba oscureciendo y no había visto claramente el rostro del chico. Era un hombre de mediana edad, que conducía un coche normal y había hecho todo lo posible para seguirlos.

También pensó que, si pasaba algo entre la pareja, él sería el más afectado. Júlio estaba muy enamorado de su esposa, pero si se separaban, seguramente lo despediría y todo volvería a ser como antes. Y eso nunca podría suceder.

Alberto pensó y pensó y llegó a la conclusión que debía sincerarse con Magali y tratar de descubrir la verdad sobre ese hombre. Estaba dispuesto a ayudarla con todo lo que necesitara para preservar su relación. De esta manera todo seguiría como siempre y él estaría bien.

Esa noche Alberto no pudo hablar con Magali como pretendía. Recién cuando Júlio llegó del trabajo fue a buscarla y bajaron juntos a cenar. Magali parecía estar bien, pero eso no lo convenció. Era una mujer inteligente, que sabía fingir para conseguir lo que quería. Manejó a Júlio con facilidad y logró mantenerlo aun más interesado en ella cada día.

A la mañana siguiente, Magali no bajó a desayunar y Alberto se fue con Júlio a trabajar como siempre. Júlio estaba de buen humor, lo que significaba que aunque estaba preocupada por el acoso del hombre, lo habría disimulado muy bien. Alberto sabía que esa tarde Magali había concertado una cita en un salón de belleza y tenía intención de reunirse con ella para regresar juntos. Como Júlio tenía la costumbre de, antes de regresar a casa, pasar un rato en el club hablando con sus amigos, tendría tiempo para hablar con ella. Pero, al llegar al salón, se enteró que Magali había cancelado la visita, lo que lo dejó aun más intrigado. Le encantaba ir a ese salón, no solo para cuidar su belleza, sino también para estar al día de las últimas novedades de los famosos que frecuentaban allí. Inmediatamente Alberto tomó un taxi y se fue a su casa.

Tan pronto como entró a la casa, se dirigió a la habitación donde solía quedarse Magali, pero no la encontró. Juan estaba en la despensa y Alberto aprovechó su presencia para preguntar por ella, pero descubrió que Magali no se había ido y que, después del almuerzo, se había ido a su habitación. Alberto se justificó:

– Había quedado en verme en el salón de belleza, pero no fue. ¿Ella está bien?

– Sí.

Alberto subió, fue al cuarto de la pareja y llamó suavemente a la puerta. Cuando nadie respondió, golpeó más fuerte hasta que se abrió la puerta.

– ¿Tú? ¿Sucedió algo?

Él la miró seriamente:

– No te encontré en el salón como habíamos acordado y me preocupé. ¿Esta todo bien?

– ¿Por qué no lo estaría?

Alberto dudó un poco y luego dijo:

– Estaba muy preocupado por lo que pasó ayer. Ese hombre nos estaba siguiendo y vi lo nerviosa que te pusiste. Solo pensar que alguien podría estar planeando algo malo contra ti me hizo incapaz de dormir, me sentí nervioso.

– No debías. Si pretendía robarnos, Néstor logró evitarlo. Eso fue todo.

Alberto puso su mano en el brazo de Magali y la miró fijamente:

– He sufrido mucho en mi vida. Pasé por problemas difíciles, mi familia solo me hace daño y mi hermana a pesar de ser rica no quiere tener nada que ver conmigo. Cuando te conocí mi vida cambió. Tu generosidad me recibió. Me trajiste a esta casa e hiciste que Júlio me diera trabajo y me dejara vivir aquí. Fuiste la primera persona que me tomó de la mano y eso me hizo un amigo tuyo para todas las horas. Siento un amor fraternal por ti y admiro tu belleza, tu alegría y tu amistad. Pero conozco la vida y sé que el mal anda suelto. Hay personas a las que no les gusta ver la felicidad de los demás. Me gustaría saber un poco más de lo que pasó ayer para poder defenderte de cualquier peligro. Por eso te pido que me digas la verdad, sea cual sea, para poder protegerte. Estoy a tu lado pase lo que pase.

Un destello de emoción apareció en los ojos de Magali cuando ella respondió:

– Gracias Alberto. Sé que estás siendo sincero. Hay pasajes en mi vida que quiero olvidar. Momentos de sufrimiento, de infelicidad. Ven, sentémonos en la oficina y continuemos nuestra conversación.

Alberto bajó la vista y la siguió hasta el despacho de Júlio, donde su cuñado guardaba una caja fuerte, incrustada detrás de un hermoso cuadro de Monet, en la que guardaba documentos confidenciales.

Sentados uno al lado del otro en el sofá, Magali empezó a hablar:

– Mi padre murió antes que yo naciera y, cuando yo tenía cinco años, mi madre se volvió a casar con Ariovaldo.

Con el rostro demacrado, Magali comenzó a hablar con tono triste y a contarle a Alberto la misma historia que le había contado a Júlio. Le contó los celos que su madre sentía hacia su padrastro, quien la miraba con cierta admiración, cómo la habían golpeado a los catorce años para casarse con el vendedor Josué, mayor que ella, y cómo había sufrido junto a ese hombre hasta que logró escapar y ponerse a trabajar. Hizo una pequeña pausa y continuó:

– Fue horrible. Sufrí mucho. Solo logré mejorar mi vida cuando me convertí en dama de honor de una chica muy rica, dos años menor que yo. Entonces estudié, viajé, aprendí inglés. Ahora que estoy bien, al vivir con Júlio, que me ama, pensé que sería feliz para siempre. No había podido ver muy bien a ese hombre en el auto, pero noté que se parecía mucho a mi exmarido. Pero me asusté mucho cuando me reconoció y empezó a seguirnos. Afortunadamente Néstor estuvo brillante y logramos despistarlo.

– Me temo que, en algún momento, él podrá saber dónde estamos y querrá aprovechar la situación. Debe ser un sinvergüenza.

– Es horrible. Malvado, sin moral. No sé qué haré si nos encuentra de nuevo.

– ¿Júlio conoce esta historia?

– Sí. No tuve más remedio que contarle todo. Quería hablar con Josué y eso no puede suceder. Sería un caos. Júlio es una buena persona y cree que el dinero puede solucionarlo todo. Pero sé que si Júlio intentara eso, tendría que soportar su chantaje por el resto de su vida. No quiero eso en absoluto. Además, es malvado y peligroso.

– ¡Estoy aquí para defenderte! Puedes contar conmigo para lo que pase. Estaré atento. Mientras esté a tu lado, él nunca se acercará a ti.

– Gracias. Podré recompensarte por eso.

Alberto hizo un amplio gesto cuando afirmó:

– No quiero nada. Tu amistad me basta. Si no quieres que Júlio se entere de lo que pasó, es mejor hacer vida normal. No te quedes en casa, ya que puede sospechar.

– Es correcto. Tu apoyo me tranquilizó. Ni siquiera almorcé como es debido hoy. Bajemos y tomemos un poco de té. Joyce hizo un pastel maravilloso y ahora tengo hambre.

Durante el té hablaron de frivolidades y, más tarde, cuando Júlio llegó a cenar, Magali estaba más bella que nunca, feliz y de mejor humor.

Capítulo 16

Sonó el teléfono y Rosa contestó:

– Residencia de doña Eugênia.

– ¿Cómo estás, Rosa? Soy Robson.

– ¡Robson! ¿Aun estás en Brasil?

– Sí. Se suponía que debía irme mañana, pero mi jefe decidió invertir en Brasil, nuestro negocio iba bien y me quedaré aquí más tiempo.

– Felicidades. Esto significa que sabes cómo hacer tu trabajo.

– Gracias. Durante estas dos semanas, Esteban y yo fuimos a visitar a algunos amigos de tu relación, pero no las vimos. ¿Dónde se escondieron?

– Preferimos quedarnos en casa.

– Sinceramente, yo también preferiría quedarme en casa, pero a Esteban le encanta la vida social. Tiene otros amigos, pero quiere ser gentil cargándome en su hombro para salvarme de la soledad.

– Debes extrañar tu hogar, tu familia. Dijiste que tienes mucha afinidad con tu hermana.

– Ella es dos años menor que yo y al principio la extrañé mucho. Viven en otro Estado. Salí muy temprano de casa para estudiar, me gradué y comencé a trabajar, solo los veo durante las vacaciones de fin de año.

– Esteban debe haberte presentado a muchas personas, debes estar siempre rodeado de amigos.

– Efectivamente, esto ha pasado, pero para hacer amigos necesitas más. En esa fiesta yo estaba un poco fuera de lugar, nos conocimos y eso hizo que la fiesta fuera mucho mejor. Realmente me gustaría acercarme más a ti, ser tu amigo. Tu compañía me hizo bien. Me hizo más natural, feliz, incluso bailamos, ¡algo que nunca supe hacer bien! Esta tarde estoy libre. ¿Quieres tomar un café conmigo?

Rosa pensó un poco y respondió:

– Acepto. ¿A qué hora?

– Pasaré por tu casa a las cuatro. ¿Está bien?

– Estaré esperando.

Con el rostro sonrojado, colgó el teléfono y, al darse la vuelta, vio a Eugênia sonriendo.

– ¿Estabas ahí?

– Acabo de enterarme que aceptaste una invitación. ¿Quién era?

– Robson. ¿Lo recuerdas?

– Sí. Vi que te llevaste muy bien en la fiesta del senador.

– Realmente lo fue. Hablamos, me gustó. Vino por trabajo, tuvo éxito y se quedará aquí más tiempo. Debe sentirse muy solo, fuera del país, lejos de su familia. Me invitó a un café y acepté porque hoy no tenemos ningún compromiso.

Eugênia la abrazó sonriendo:

– Tu eres mi mejor amiga. El hecho que vivamos juntas no significa que me debas explicaciones sobre cómo pasas el tiempo. Eres libre, querida.

Lo que más deseo es que seas feliz y disfrutes de las cosas buenas de la vida. Me diste mucho más que eso.

Los ojos de Rosa brillaron de emoción, y ella le devolvió el abrazo diciendo:

– Cada día que pasa te admiro más. Eres la hermana que nunca tuve. Mañana es el día para ir al orfanato. Antes de partir, empaquetaré los paquetes que llevaremos.

– Yo te ayudaré, no puedes llegar tarde. ¿A qué hora vendrá?

-A las cuatro. Tomará tiempo.

– Tienes que esforzarte lo mejor que puedas, lucir muy bonita.

– Robson es solo un amigo que busca compañía.

Eugênia negó con la cabeza, con los labios entreabiertos con una leve sonrisa cuando dijo:

– Lo sé. Así empiezan las cosas. En cualquier caso, se sentirá muy bien al lado de una mujer fina, elegante y bella como tú.

Rosa se quedó pensativa y luego dijo seriamente:

– Nunca ningún hombre se ha interesado por mí como mujer. Desde mi época de estudiante, he tenido muchos amigos porque soy servicial y me gusta ayudar. Este es el objetivo de mi profesión. A veces me siento un poco arrepentida de estar aquí, de tener una buena vida, cuando debería estar trabajando en el hospital.

– La vida tiene muchos caminos. Te puso a mi lado en un momento muy difícil. Contigo y con Rogério tuve la prueba que la vida continúa, descubrí la fuerza de la fe. Este es el trabajo más importante, porque tocas el alma, enseñas la grandeza de la vida, animas, me haces avanzar. Hay mucha gente cualificada que se ocupa de las heridas del cuerpo, aliviando el sufrimiento, lo cual es bueno. Pero pocos son capaces de despertarnos para la eternidad.

Esto es fundamental y ustedes dos me abrieron a la grandeza de la vida y de nuestro espíritu. Esto es lo que quiero aprender a hacer por el resto de mi vida.

Rosa, conmovida, no respondió enseguida. La besó suavemente en la mejilla y luego dijo:

— Nuestro encuentro fue planeado por amigos espirituales. Tanto Rogério como yo estamos seguros que hemos estado juntos en otras vidas. Cuando te llevamos al orfanato por primera vez, estaba seguro que ya habíamos tenido esa experiencia en alguna parte. Tu emoción, tu forma de actuar y de tratar con los niños, todo me resultaba muy familiar. Tenía la sensación que estabas en el lugar correcto. Fue natural, te trajo bienestar.

— Yo también sentí eso. A pesar de estar entristecida por su situación, sentí una gran alegría, como si regresara a casa después de mucho tiempo. Fue algo especial, diferente. Pero preparemos todo porque mañana es el día para ir a verlos. Mientras trabajamos, quiero intercambiar contigo algunas ideas sobre los planes que pasan por mi cabeza.

Charlando emocionadas, las dos se dirigieron a la habitación donde estaba lo que habían comprado para llevar al orfanato. Habían elaborado un expediente para cada niño y anotaron la información y el progreso de cada caso. Habían organizado sus registros para trabajar con el objetivo de conseguir que los niños fueran adoptados.

Mientras hablaban con los interesados en adoptarlos, entretenían a los niños contándoles cuentos, cantándoles y enseñándoles todo lo que podían. Se acostumbraron a estar allí dos veces por semana y, aunque Rogério no siempre podía acompañarlas, hablaban con él y él se sentía apoyado e involucrado. Mientras organizaban todo, planearon lo que harían para entretener a los niños y hacerlos felices. Una vez terminado, Rosa fue a prepararse para su reunión con Robson.

Cuando bajó, poco antes de las cuatro, Eugênia estaba sentada en la sala leyendo. Rosa se acercó y Eugênia la miró fijamente:

– Te ves hermosa, elegante. ¡Este paseo será un éxito!

Rosa sacudió la cabeza y comentó:

– No lo sé... Me gustó que Robson me llamara y me invitara a salir, pero me da vergüenza. Es la primera vez que organizo una reunión. No debería haberlo aceptado.

– ¡Esto pasará en el momento en que parezca feliz de verte! Es hora que te des el placer de vivir, de ser mujer, de sentirte estimada. Este es el deseo natural de toda mujer.

Sonó el timbre y pronto Odete entró en la habitación con Robson. Eugênia se levantó para darle la bienvenida:

– ¿Cómo estás, Robson?

La saludó con cierta formalidad:

– Bien. Gracias por recibirme en tu casa.

Luego saludó a Rosa con un beso en la mejilla.

Ella, con el rostro sonrojado, dijo:

– Fuiste puntual.

– Me alegra que hayas aceptado mi invitación.

– Podemos ir cuando quieras. Le arregló a Eugênia:

– ¿Quieres venir con nosotros? Nos gustaría contar con tu compañía.

– Agradezco tu amabilidad, pero eso será para otra ocasión.

Los dos se fueron y Eugênia volvió a sentarse y siguió leyendo, pero su cabeza estaba lejos. Había notado cómo los ojos de Robson brillaban cuando los fijaba en Rosa. Ella sintió que él la admiraba y ese fue un paso para iniciar un romance. ¿Y si los dos se enamoraran? Tenía todo el derecho a ser feliz. Pero, ¿eso sería realmente felicidad?

Recordó su matrimonio, la pasión de los primeros días y cómo todo fue cambiando hasta convertirse en lo que era. Robson era de otro país y, si eso sucediera, se llevaría a Rosa. Ella era su apoyo, su seguridad, la persona con la que quería estar cerca durante toda su vida. Pero eso no sería justo. Ella no podría ser tan egoísta.

Ese pensamiento la deprimió. Abrió el libro de nuevo, pero el placer de leer había desaparecido. Lo cerró y lo colocó sobre la mesa. En ese momento escuchó sonar el timbre de la puerta. ¿Habrían regresado?

Se levantó para ver quién era y encontró a Rogério entrando. Lo miró y dijo:

– ¡Bien, llegaste en el momento indicado!

Él sonrió y la abrazó diciendo:

– ¿Sucedió algo?

– Nada. Acabo de tener una recaída tonta. Al verte, volví a la normalidad. Pero, ¿qué milagro te ha traído hasta aquí ahora?

– Terminé temprano y decidí venir a ayudarlas con las cosas. Mañana puedo ir con ustedes a ver a los niños.

– Rosa y yo ya hemos hecho todo. Tenía un compromiso, necesitaba irse.

– ¿Es eso lo que provocó tu recaída?

– En cierto modo lo fue.

En pocas palabras, Eugênia habló de la invitación a tomar un café con Robson, de su temor que Rosa terminara teniendo una aventura, se fuera al extranjero y concluyó:

– Estaba pensando en los problemas de un matrimonio infeliz y en cómo la extrañaría. Me gustaría tenerla cerca de mí por el resto de mis días. Sé que estoy siendo egoísta.

– ¡Tu cabeza es muy rápida! Si una simple invitación a tomar un café hizo todo esto, ¡es mejor que prestes atención a la facilidad con la que alimentas ilusiones de cosas que probablemente nunca sucederán!

– Es verdad. ¿Por qué tendemos a mirar siempre el lado malo?

– Este es el resultado de la educación, la cultura, la ambición de muchos que predican la falsa humildad, enseñan que no somos nada. Nacimos en pecado, como si el sexo fuera malo, la vida fuera cruel. Actúan así para mantener a la gente en la ignorancia y dominarla para su propio beneficio. Estas falsas creencias han obstaculizado el progreso y han creado más sufrimiento.

– ¿Por qué Dios permite tal cosa?

– La voluntad del espíritu es absoluta. Cada persona crea su propio destino a través de sus elecciones y experimenta los resultados. Dios no interfiere. Creó leyes cósmicas que actúan y ayudan a la evolución según sea necesario.

– ¿Cómo logran dominar así?

– Estos son niveles de evolución. Tenían actitudes que desarrollaron más su inteligencia y todavía no sienten amor. No tienen sentido de la realidad, no conocen el verdadero valor de las cosas y los sentimientos. El deseo de crecer es visto como ambición y, al dominar a las personas y las cosas materiales, se sienten poderosos y seguros. Alcanzan altos cargos, donde todos les obedecen. Esta es una ilusión que la vida destruirá cuando evolucionen un poco más. Sea cual sea el camino que elija cada uno, al final nadie se perderá. Todos somos eternos y estamos destinados al progreso.

Eugênia se quedó pensativa por unos momentos y luego comentó:

— Me hiciste entender muchas cosas, renovar mis ideas. Mi visión se hizo más clara, la forma en que analizaba el comportamiento de las personas cambió. Cada uno es libre de elegir, experimentar y aprender para conseguir lo mejor.

Rogério sonrió y sus ojos brillaron de alegría cuando dijo:

— Un pequeño fragmento de verdad que podemos ver abre nuestra comprensión y cambia nuestras actitudes para mejor.

Eugênia puso su mano sobre su brazo:

— Cuando Júlio me dejó, mi vida se perdió. Quería morir, pero apareciste, compartiste cariño y conocimiento conmigo, despertaste mi alma y sucedió lo que no esperaba: me siento mucho más feliz que antes. Una felicidad diferente, más dulce, que me aporta paz y renueva mi placer de vivir. Estoy muy agradecida contigo. En mi egoísmo quiero tenerlos a ambos siempre a mi lado. Solo imaginar que Rosa podría irse me entristecía.

Rogério le tomó la mano y, fijándola, dijo:

— Pienso como tú. Cuando estamos juntos tengo ganas de hablar, contarle mis ideas, decirte cosas íntimas que nunca le he dicho a nadie. Estoy seguro que nuestra amistad viene desde hace mucho tiempo. La vida nos unió porque tenemos algo bueno que hacer juntos. En el orfanato te adaptaste desde el primer día y los niños te adoran.

— Tengo algunas ideas que me gustaría compartir contigo. Pensé en adoptar a esas gemelas que cuando ven a Rosa quieren irse con ella. Pero pienso muy poco. Somos tres solteros y los niños necesitan una madre y un padre. ¿Qué pasaría si adoptáramos a todos los niños, les construyéramos un lugar hermoso y cómodo, los preparáramos para la vida, educándolos, guiándolos hasta que sean adultos y capaces de valerse por sí mismos? Rosa y yo podríamos vivir con ellos, tener un equipo de asistentes. ¡Sería maravilloso!

Rogério llevó su mano a sus labios y la besó con entusiasmo:

— Esto es lo que me gustaría lograr y nunca pude. ¡Sería fantástico! Yo sería el padre y ellos tendrían dos madres. Actualmente hay quince niños allí. Dos de ellos tienen la adopción en curso.

— Para hacer realidad este sueño, tendríamos que buscar un espacio más grande, crear un proyecto para construir una familia feliz, con todo lo bueno que podemos ofrecer.

Rogério dijo emocionado:

— ¡Sería perfecto!

— ¡Tendría los hijos que nunca tuve!

— Les devolvería a estos niños todo el bien que me hicieron cuando Milena se fue.

— Y Rosa, que ama a los niños, sería madre incluso sin tener marido. Así, los tres juntos, cuidando a nuestros hijos, educándolos, enseñándoles a vivir mejor, seríamos felices y en paz.

— Hablemos con Rosa en cuanto llegue. Siento que le va a encantar. Pero está la parte financiera. Necesitamos hacer el proyecto, investigar y saber cuánto nos costará.

Eugênia se levantó:

— Vamos, vamos a la oficina a hacer un boceto de nuestro proyecto y una lista de todo lo que necesitaremos para llevarlo a cabo.

Rogério la siguió alegremente. Eugênia colocó sobre la mesa un bloc de dibujo, bolígrafos, todo lo que pensó que sería útil para empezar. Se sentaron y ella propuso:

– Yo haré una lista de cómo me gustaría que fuera y tú haces la tuya. Luego analizaremos ambos y discutiremos nuestras ideas.

Rogério puso su mano sobre la de ella y preguntó:

– Es una decisión muy seria. Primero pidamos inspiración divina. Cierra los ojos y conectemos con amigos espirituales.

Ella obedeció. Rogério se concentró y empezó a hablar:

– Sentir el deseo de dar amor, educar a los espíritus que necesitan apoyo, enseñarles los valores eternos del espíritu y ayudarlos a desarrollar sus capacidades y ser mejores es un trabajo bendito que enriquecerá sus vidas. Es un trabajo duro y constante, ya que cada uno aporta sus propias experiencias y necesidades, y tendrás que dedicarte por completo a esta tarea para conseguir lo que deseas.

Rogério habló con calma y su voz era más profunda de lo habitual. Se quedó en silencio unos segundos y continuó:

– Estamos juntos apoyando esta iniciativa, esperando que tenga éxito. Hagan todo dentro de las leyes del país, dentro de los fundamentos espirituales, y nada faltará para el éxito del proyecto. Mucha alegría, luz y paz.

Rogério abrió los ojos húmedos de emoción y Eugênia puso su mano sobre la de él:

– Era Marcos Vinícius. ¡Él vino!

Rogério no respondió de inmediato, tal era su emoción. Respiró hondo y luego dijo:

– Sí. ¡Y Milena estaba con él! ¡Estuvo a mi lado todo el tiempo! ¡Todavía es una niña, hermosa, sonriendo felizmente!

-Proyecto Milena. Este será el nombre de nuestra casa.

Eugênia ignoró la emoción de Rogério, tomó la pluma y dijo alegremente:

– Vamos a trabajar. ¡Hagamos nuestra lista!

Él sonrió, todavía con los ojos brillantes, intentando contener las lágrimas, y respondió:

– Eso mismo. ¡Vamos a trabajar!

Eugênia le mostró el papel donde había escrito en el centro de la primera línea: Proyecto Milena.

Dos horas más tarde, cuando Rosa llegó a casa acompañada de Robson, le preguntó a Odete:

– ¿Eugênia está descansando?

– No. El Doctor Rogério llegó apenas usted se fue. Llevan un tiempo en la oficina.

– ¿En la oficina? ¿Sucedió algo?

– Lo único que sé es que hablaron un poco en la sala y luego se fueron para allá.

– Robson, siéntate y ponte cómodo. Les haré saber que estamos aquí.

Mientras se acercaba a la puerta de la oficina, Rosa los escuchó hablar animadamente. Llamó suavemente y abrió lentamente la puerta:

– ¿Puedo entrar?

Los dos la miraron y Eugênia dijo alegremente:

– Llegaste en buen momento. Necesitamos conversar.

– Tía, te estábamos esperando.

– Robson está en la habitación. Él se propuso saludarte antes de irse. Te ves diferente, ¿pasó algo?

– Todavía no. Eugênia tuvo una idea maravillosa y queremos escuchar tu opinión.

– Así es – confirmó Eugênia.

– Puedo ver que están emocionados.

Eugênia sonrió y pensó:

– Tú también volviste muy emocionada. ¡Este café duró mucho tiempo y siento que estaba realmente bueno!

– De hecho, fue muy agradable. Hablaremos de eso más tarde. Digamos adiós a Robson y luego me cuentas qué está pasando aquí. Estoy ansiosa por saberlo.

Los tres fueron a la sala, Robson se levantó para saludarlos. Saludó a Eugênia de manera más relajada y Rosa le presentó a Rogério.

– No voy a quitarte el tiempo. Gracias por recibirme en tu casa. Espero verte pronto. Hasta otro día.

Rosa lo siguió hasta la puerta, esperó a que se fuera y luego regresó.

– Entonces, ¿te gustó el café? – Preguntó Rogério, sonriendo.

– Por el brillo de tus ojos y el sonrojo de su cara, ¡debe haber sido genial! – Dijo Eugênia.

– No imagines cosas. Solo somos buenos amigos. Solo conoce socialmente a algunas personas y no le gusta mucho andar en círculos altos. Es más discreto, aprecia el Arte, tiene sus propias ideas, es buena persona. Es extranjero, está lejos de su familia, se siente solo. Me gusta hablar con él. ¡Solo somos buenos amigos! Ahora quiero saber qué estuvieron haciendo ustedes mientras estuve fuera.

– ¡Estamos creando un proyecto que cambiará nuestras vidas! Y tú eres parte de ello – dijo Eugênia.

– Hablemos en la oficina. Queremos saber tu opinión.

Curiosa, Rosa los siguió. Una vez allí, sentados alrededor de la mesa, recogieron las hojas que estaban esparcidas y Rogério dijo:

– Fue idea tuya, Eugênia. Muestra nuestro proyecto.

Empezó a hablar y, mientras le explicaba el proyecto, Rosa se interesó. Cuando terminó la explicación, preguntó:

– Entonces, ¿qué piensas?

– Al ver los rostros de esos niños, el deseo que sienten de tener un verdadero hogar, muchas veces deseé tener un marido bueno y rico que los adoptara a todos.

– No necesitaremos casarnos para hacer esto. Siento que podremos crear una familia perfecta y feliz – Eugênia luego le entregó a Rosa las dos listas sobre el proyecto diciéndole:

– Lee lo que hicimos y agrega lo que quieras para que podamos seguir hablando. Mientras esperamos, Rogério y yo tomaremos un café en el comedor y refrescaremos nuestras ideas. Cuando termines, avísame.

Durante el café, el entusiasmo fue tal que continuaron hablando alegremente sobre el proyecto, imaginando detalles que les gustaría incluir en él.

Capítulo 17

Luego de la conversación con Alberto, Magali retomó su vida normal y cuando salió del trabajo fue a su encuentro. Una semana después, al salir del dermatólogo con Magali, notó que el detective que Júlio había visitado estaba cerca. Imaginó que Júlio lo había contratado para proteger a Magali, pero no le convenía tenerlo allí.

Además de hablar de la cercanía que Alberto tenía con ella, pudo ir más allá, descubrir cosas que ignoraba en relación a su amistad.

Esa historia de víctima que le había contado Magali no parecía del todo cierta. Sospechaba que había muchas cosas de las que no quería hablar.

Acostumbrado a observar a las personas para sacar provecho, había notado lo inteligente, fuerte y capaz de cualquier cosa que era ella para conseguir lo que quería. La admiraba por eso. Para él era estimulante poder dominarla, tenerla bajo control. Usándolo como le convenía, se sentía fuerte, capaz.

Al darse cuenta que el detective Gerson siempre estaba cerca mirándolos, decidió abrir el juego. Una tarde, al salir del salón de belleza donde había ido a encontrarse con ella, le dijo en voz baja:

– Disimula, pero observa a ese hombre parado en la puerta de esa tienda. Te lo explicaré más tarde.

Ella obedeció, el conductor trajo el auto, se acomodaron y Alberto continuó:

— Es un detective privado y ha estado vigilándonos.

Ella preguntó asustada:

— ¿Nos está investigando? ¿Tiene que ver con mi exmarido?

— No. Una tarde, por casualidad, pasé por su oficina y estaba el auto de Júlio. Debe haberlo contratado para protegerte. Pero no confío en él. Un detective no siempre es digno de confianza, casi siempre trabaja para ambas partes y acaba sirviendo a quien más paga.

— ¡Qué horror! ¿Por qué Júlio habría hecho esto?

— Júlio es una persona seria y te ama de verdad.

Hizo lo que pensó que era mejor para protegerla.

— Puede que lo estén engañando. A pesar de la buena intención, podría estar haciéndome daño.

Alberto meneó la cabeza, dudó un poco y luego dijo:

— De hecho. Es difícil saber si este Gerson es digno de confianza.

Magali frunció el ceño y dijo enojada:

— No me importa si es digno de confianza o no. Júlio tiene que detener esto. Soy una persona correcta y no acepto que le pague a alguien para que me vigile.

— Fue lo que pensé. Pero si le hablas de eso, sabrá que lo dije y tal vez quiera discutir conmigo.

— Eres mi amigo y confío en tu sinceridad. Me ocuparé de este detective sin mencionarte.

— Eres tú quien me lleva a casa todas las tardes.

Él desconfiará de mí.

— Sé cómo hacer las cosas. Confía en mí.

Esa noche, cuando Júlio llegó a casa, encontró a Magali en el dormitorio. Ella estaba sentada en el sillón y al verlo se levantó, se acercó a él y le dijo asustada:

— ¡Estoy aterrorizada! Creo que Josué me descubrió y envió a alguien para que me siguiera.

Júlio palideció:

— Intentó acercarse, ¿cómo fue eso?

— No. Noté que, varios días, cuando salía de lugares, había un chico mirándome. Gracias a Dios llevé a Alberto, porque así me siento protegida.

Júlio pensó un momento y luego preguntó:

— ¿Cómo es este hombre?

— Es de piel oscura, ojos grandes, pelo rizado muy corto, estatura media. Hoy lo miré y casi le pregunté qué hacía allí. Pero Alberto me aconsejó que no hiciera eso. Prometió que investigaría para descubrir quién es.

Júlio permaneció en silencio por algunos segundos y luego dijo:

— En ese caso, será mejor que contrate a un guardia de seguridad para que te acompañe.

— ¡De ninguna manera! No podía soportar ver a un extraño a mi lado, mirándome.

— Pero esto te está asustando y tenemos que hacer algo.

— Quiero llevar mi vida en paz. Lo que más valoro en este mundo es mi libertad. Llevar a Alberto a casa fue lo mejor que hice. Él está muy agradecido por esto, me respeta, me cuida como si fuera su hermana. Estoy seguro que si Josué aparece, me defenderá.

Júlio no tenía buena opinión de Alberto. Pensó que Magali había sido muy buena con él. Si ella no lo hubiera traído se hubiera mantenido como lo hizo, no habría tenido una casa ni un trabajo. Le había dejado vivir en su casa solo para complacerla.

– Está bien. Haz lo que quieras – la abrazó cariñosamente y continuó:

– No tienes por qué tener miedo. Todo está en paz. Bajemos a cenar y hablemos de cosas buenas.

Magali había descrito a Gerson y Júlio quedó satisfecho. El detective estaba haciendo un buen trabajo y si Josué se acercaba más, lo sabría. Al día siguiente le pediría que siguiera trabajando más discretamente.

En los días siguientes, Alberto notó que Gerson se había disfrazado de tal manera que Magali no lo reconoció y se sintió aliviado. Estaba claro que Júlio le había ordenado que hiciera esto para que nadie lo notara.

Magali se sintió más segura y volvió a la normalidad. Estaba tranquila, feliz, de buen humor y se esforzaba por estar más presente en los círculos sociales, donde quería brillar. Sin embargo, Alberto se mantuvo atento y, aunque no participó de las recepciones y fiestas a las que asistía la pareja, intentó leer las noticias en las columnas sociales, para ver, entre líneas, si había sucedido algo diferente.

Es que a pesar de todo sentía que Magali no había dicho la verdad. Había contado una historia en la que la pobre muchacha había sido engañada, abusada y obligada a hacer cosas. Sin embargo, su personalidad no encajaba con este personaje. Magali era fuerte, sabía lo que quería, era egoísta, solo pensaba en sí misma y en lo que le convenía. Manejaba a Júlio como quería y lo tenía a sus pies, haciendo todo lo posible para complacerla.

Alberto la entendía porque era exactamente igual a ella. Su preocupación era el miedo a perder la posición fácil que había ganado con Júlio. Si algo malo le sucediera a Magali, volvería a ser como siempre. Quedaría en la pobreza y tendría que volver a su antigua vida.

Estaba dispuesto a hacer cualquier cosa para defenderla, fuera lo que fuese lo que ella hubiera hecho.

Una semana después, cuando salieron del estudio, estaba oscureciendo. La tarde era fría y caminaron apresuradamente hasta el coche. Mientras el conductor abría la puerta para que Magali entrara, apareció un muchacho, se acercó con un sobre en la mano y se lo entregó diciéndole:

– Doña Magali, carta para usted.

Huyó antes que los dos hombres pudieran atraparlo. Magali miró el sobre y palideció, lo guardó en el bolsillo de su abrigo y se sentó. Néstor dijo preocupado:

– Perdón señora Magali, vino de repente, no pude detenerlo.

Alberto, que había subido al auto, se sentó a su lado y comentó:

– Yo tampoco sé de dónde vino. ¡Te llamó por tu nombre! ¿Sabes quién es?

Magali sonrió levemente:

– No. Vámonos pronto. Hace frío y quiero volver pronto a casa.

– ¿No vas a abrirlo y descubrir de qué se trata? – Preguntó Alberto.

– No. Debe ser un anuncio de algún producto. No estoy interesada.

Durante el trayecto, Magali se acurrucó en el banco y permaneció en silencio. Había salido del estudio entusiasmada con los vestidos que había elegido, pero parecía haberse olvidado de ellos. Tan pronto como llegaron a casa, ella fue a su habitación.

Júlio no había llegado y Alberto dio una vuelta por la cocina para saber qué había para cenar, como siempre le gustó saber, luego se dirigió al dormitorio.

La actitud de Magali había sido extraña. Cuando vio el sobre en su mano, se asustó. Intentó ocultarlo, pero la palidez de su rostro revelaba preocupación. Para él estaba claro que, como había sospechado, ella no le había dicho toda la verdad. Necesitaba encontrar una manera de hacer que ella realmente se abriera. Solo así podría protegerla y preservar su posición. Pensó, pensó y decidió apretarla un poco más, insistir, incluso asustarla, si era necesario.

Pero para eso tendría que esperar un momento favorable. Júlio ya debería estar llegando y eso sería un asunto que llevaría tiempo. Pero estaba dispuesto a todo para mantener su posición ante Júlio.

Esa noche, durante la cena, Magali estaba feliz, exuberante, de tal manera que Júlio demostró lo enamorado que estaba de ella. Tanto es así que quiso irse a su habitación de inmediato, sin beber el vaso de licor en la sala y hablando de cosas agradables como siempre lo hacían. Alberto se fue temprano a su habitación y no pudo dormir. Se sentó en el sillón pensando en lo inteligente que Magali era y sabía disimular sus emociones. Esa carta la había dejado nerviosa y preocupada, de eso estaba seguro. Pero, independientemente de lo que allí estaba escrito, ella había logrado ocultar su preocupación de tal manera que si él no hubiera visto la emoción que le había provocado el misterioso sobre, el caso habría pasado desapercibido.

Una vez más pensó en lo que haría para descubrir los secretos de Magali en cuanto tuviera la oportunidad. Solo entonces se sentiría seguro de seguir viviendo como quisiera.

Solo dos días después Alberto logró sacar el tema a Magali. Había cancelado lo que tenía programado para la tarde y se quedó en casa. Alberto, nada más salir del trabajo, se fue a casa. Magali estaba en la habitación y fue a buscarla.

Le tomó unos minutos abrir la puerta, pero él insistió. Un poco irritada, apareció:

– Estaba meditando y me molestaste. ¿No pudiste esperar a que baje?

– No. El asunto que tengo es urgente y de tu interés.

Ella lo miró seriamente:

– Hablemos en la oficina. ¿De qué se trata?

– De nuestra supervivencia. No hay tiempo que perder.

En silencio fueron a la oficina, se sentaron y ella dijo:

– ¿Qué es tan importante que me digas?

Alberto, cara a cara, dijo seriamente:

– Siento que estás en peligro, alguien está intentando destruir tu vida, tu posición y todo lo que has logrado. Quiere dejarte en la miseria.

Magali le apretó el brazo con fuerza y dijo:

– ¿Qué sabes sobre esto? ¿Cómo lo descubriste?

– Me contaste tu historia, pero no dijiste toda la verdad. Ocultaste lo peor. Necesito saberlo todo, los nombres de las personas, lo que te quieren acusar, para poder defenderte.

– Estás equivocado. No hay nada más que contar.

— No me mientas. No tengas miedo de decir la verdad. Hagas lo que hagas, no quiero juzgarte. También he hecho muchas cosas de las que me arrepiento. Si no me ayudas, dime lo que sabes, ambos vamos a perder todo lo que hemos logrado. Conozco a Júlio. Él te ama mucho, pero se ama mucho más a sí mismo. Si sabe algo que podría hacerle perder la confianza de los inversores de su empresa, fácilmente nos anulará a ambos. Le horroriza la pobreza, le encanta que lo reciban en la sociedad como un hombre que sabe todo sobre el dinero, es visto como una persona influyente que sabe cosas.

Alberto permaneció en silencio por unos segundos y luego dijo:

— Vamos, cuéntame ¿Qué contenía ese sobre que casi te hace desmayarte del miedo hace dos días?

Magali estaba pálida, asustada. Se pasó la mano por la frente como si quisiera quitar los pensamientos que la molestaban. Él notó que ella quería hablar, pero tenía miedo.

— Vamos, habla... Estoy aquí para defenderte de todo y de todos.

— ¿Incluso de un crimen?

Dijo sin apartar la mirada:

— Sí. ¡Lo que sea! Habla sin miedo.

Magali se retorció las manos angustiada. Alberto le sirvió un vaso de agua:

— Vamos, bebe. Cálmate. Lo arreglaremos todo. Le temblaban las manos mientras sostenía el vaso y tomaba unos sorbos. Luego lo miró, respiró hondo y decidió:

— Está bien. Te lo contaré todo. Mi vida con Josué era insoportable. Todas las noches abusaba de mí, obligándome a hacer cosas obscenas que me repugnaban. No pude soportarlo más. Una noche me encerré en mi habitación y él se puso furioso. Forzó la puerta, vino con todo, pero yo reaccioné, le mordí el brazo intentando liberarme. Pero él era más fuerte y me dominó. Me golpeó hasta casi desmayarme en la cama y se fue a comer a la cocina. Bebió mucho, volvió y se acostó en la cama, a mi lado.

Hizo una pequeña pausa, tomó unos sorbos más de agua y continuó:

– Cuando logré levantarme, él estaba roncando, y fue en ese momento que mi odio aumentó aun más. Me juré a mí misma que nunca más me haría eso de nuevo. Me quedé despierta el resto de la noche planeando lo que haría. Amaneció el día y él todavía dormía. Fui a la cocina, abrí el armario debajo del fregadero y encontré la caja de veneno que había comprado para matar ratas. Preparé un poco de jugo de naranja, muy dulce, le agregué dos cucharadas de veneno, revolví bien para que se disolviera, lo llevé a la habitación y esperé. Cuando bebía, sabía que se despertaba loco de sed. Cuando lo vi moverse y ponerse la mano sobre los labios, levanté la cabeza y le puse el vaso en la boca. Se lo bebió todo rápidamente. Luego abrió los ojos y me di cuenta que el veneno había empezado a hacer efecto. Había empacado algunas cosas para irme y no esperé más. Agarré mis cosas y salí corriendo.

Con el rostro pálido y contraído, la mirada asustada, la respiración entrecortada, Magali se pasó la mano por la frente, intentando desterrar el recuerdo de aquellos momentos.

– No sentí remordimiento, sino miedo, mucho miedo.

Alberto le tomó la mano:

– Hiciste todo esto para defenderte. Cálmate.
No tengas miedo. Estoy aquí para protegerte.

Poco a poco se fue calmando y, cuando su respiración mejoró, Alberto preguntó:

– ¿Y entonces qué pasó?

– Caminé rápido. Quería alejarme de ese lugar, irme lejos, olvidar esa locura. No sé cuánto tiempo caminé. Solo recuerdo que sentí sed, paré en un bar, compré agua y seguí caminando sin saber a dónde ir. Me sentí cansada, tomé un autobús, sin ver a dónde me llevaría. Cuando llegó al punto final, me bajé. Estaba oscureciendo. Sentí hambre, entré a una cafetería, fui al baño, me lavé la cara, me arreglé el cabello, me maquillé con lo que tenía y me puse una blusa de manga larga cubre los moretones en mis brazos. Salí, compré un sándwich y me lo comí. Después hablé con la señora que estaba en la caja. Dije que había venido del campo, que estaba buscando trabajo y que necesitaba un lugar barato para dormir. Había sacado todo el dinero de la billetera de Josué. No era mucho, pero duraría al menos uno o dos días. Y, tan pronto como pude, me fui a São Paulo, para empezar de nuevo mi vida.

Alberto quiso saber en detalle cómo había conocido y comenzado a vivir con Júlio, y finalmente preguntó:

– ¿Qué había en ese sobre que te asustó tanto? ¿Puedo ver?

– No, lo destruí. Era una amenaza. Josué fue encontrado muerto y la policía buscaba a su esposa. Sabiendo esto, con el dinero que tenía busqué a un ex notario que había arreglado nuevos documentos para mi antiguo jefe. Gasté todo el dinero, pero cambié mi identidad. Conseguí trabajo en una tienda de ropa femenina, donde hacía compras una chica muy rica. Nos conocimos y le agradé mucho a su madre. Cuando se fueron a vivir fuera de Brasil, me contrataron para ser la chaperona de Jussara y viajamos al exterior.

Magali hizo una pequeña pausa, con los ojos perdidos en el tiempo, y continuó:

– Eran buenas personas, los profesores venían a la casa. Insistieron en que yo también estudiara. El conocimiento cambió mi vida, abrió mi mente. Además, vivir con ellos me enseñó a vivir en sociedad. Pensé que todo estaba olvidado. Pero alguien logró descubrir la verdad y quiere aprovecharla.

– ¿No tienes idea de quién es?

– No, estoy asustada.

– Dijiste que el hombre del auto que nos seguía parecía ser tu exmarido. ¿Mentiste o realmente se parecía a Josué?

– Estaba oscureciendo. No lo vi claro. Dije eso porque tenía miedo.

– De todos modos, Júlio no puede saber nada.

– No es lo mismo. Él nunca aceptará esta historia. Tenemos que encontrar una manera de evitar esto. De lo contrario perderemos todo lo que tenemos. Nunca me abrí con nadie. Mis sufrimientos, mis miedos, siempre he logrado dominarlos. Pero esa carta, el riesgo de perder todo lo que había logrado, me asustó mucho. ¿Cómo me encontró esta persona? Hoy circulo en la alta sociedad con otro nombre, soy respetada, vivimos en otra ciudad.

Alberto se quedó pensativo unos minutos,

Entonces dijo:

– Tendremos que esperar. No sabemos cuánto sabe. Puede que no sea lo peor. Pero definitivamente quiere conseguir algo. Estoy seguro que nos buscará.

Magali se retorció las manos nerviosamente:

– ¡Esta espera me está matando los nervios!

– Calma. No puedes debilitarte. Pase lo que pase, debes controlar tus emociones.

– Es verdad. Me controlaré.

– Tendrás que ser como siempre fuiste. Júlio es muy observador, perspicaz, recuerda eso y no se la pongas fácil.

— Sé cómo hacerlo. Júlio tiene sus debilidades y sé muy bien cómo actuar y mantenerlo bajo control.

— Estoy seguro de eso. Él solo tiene ojos para ti. Sigue enamorado como el primer día.

— Debe llegar pronto. Me recompondré un poco. Él no notará nada.

Ella fue a su habitación y él aprovechó para averiguar qué había para cenar.

Magali cerró la puerta, se quitó los zapatos y se tumbó en la cama, reflexionando sobre los acontecimientos del día. Se sintió cansada. Quería relajarse, recuperar la frescura, la calma y la alegría. Entonces apareció en su mente la figura de un niño que extendía sus manitas pidiendo ayuda. Ella se estremeció, abrió los ojos, se sentó en la cama, mientras algunas lágrimas brotaban de sus ojos.

Enfadada, se los secó, levantó la cabeza con altivez y dijo en voz alta:

— No hay vuelta atrás sobre lo hecho. Ya no lo recordaré.

Fue directo al baño a darse una ducha, intentando desterrar esa figura de su memoria. La vida no era fácil y tendría que ser fuerte para mantener lo que había logrado con tanto esfuerzo. Ella era una ganadora y no se dejaría vencer por el sentimentalismo.

Cuando Júlio llegó esa noche, la encontró de buen humor, hermosa, feliz. Como siempre, él se rindió a la fascinación que ella le provocaba, haciendo todo lo posible para complacerla.

La cena fue más alegre que de costumbre y Alberto, admirado por su cambio, sintió un atisbo de inseguridad. Sabiendo fingir así, ¿Magali le habría dicho toda la verdad esta vez?

18

Ese sábado, cuando Rogério, Eugênia y Rosa entraron a la casa de Helena, la directora los ayudó a colocar los paquetes sobre la mesa y los abrazó afectuosamente.

– Tenemos más cosas en el auto, iré a buscarlas – dijo Rogério.

Helena llamó a un niño que estaba clasificando unas cartas y le preguntó:

– Mauricio, ve a ayudar al Doctor Rogério.

El joven inmediatamente se acercó sonriendo y estrechó felizmente las manos de todos. Mulato, delgado, ágil, de ojos muy vivaces, dientes blancos y bien distribuidos, era muy querido no solo por los visitantes sino también por los niños que allí vivían. Huérfano a los seis meses de edad, fue acogido en la casa por más de quince años y desde los cinco años fue adoptado por Helena como su primer hijo. Acompañó a Rogério y, mientras tanto, Eugênia y Rosa fueron a ver a los niños que descansaban después del almuerzo.

– Voy a ver a las niñas, las extraño – dijo Rosa.

– Puedes ir. Puede que estén durmiendo, es hora de descansar.

Se refería a las gemelas Lúcia y Luíza. Fue una mañana fría. Helena oyó sonar el timbre. Abrió la escotilla para ver quién era y no vio a nadie, pero escuchó a un niño llorar. Eran dos niñas, de unos dos años, temblando de frío y llorando. Sin documentos, solo un trozo de papel con el nombre de cada persona.

Helena se hizo cargo de ellas y contactó al abogado para que se ocupase de la parte legal. Investigó el asunto, publicó fotos, hizo lo que pudo, pero no pudo averiguar nada. Las niñas llevaban más de seis meses en la casa, y desde el primer día que vieron a Rosa se aferraron a ella pidiéndole que las llevara a su casa. Esto sucedió cada vez que las visitó. Ella soñaba con poder adoptarlas, pero su situación no le permitió realizar ese sueño. Vivía en casa de Eugênia y fue contratada para ser su chaperona.

Rosa entró a la habitación tratando de no hacer ningún ruido, pero, para su deleite, Lucía estaba sentada en la cama mientras su hermana dormía. Al verla acercarse, la niña aplaudió de alegría y Rosa la abrazó besando su rostro sonrosado. Luíza se despertó y se unió a ellas. Eugênia, que había acompañado a Rosa, dijo suavemente:

– Quédate, iré a ver a los demás y ayudaré a Rogério.

Lo encontró con Helena en el salón, donde unos visitantes conversaban con los dos asistentes, obteniendo información. Algunas personas fueron solo para recibir donaciones. Helena atendió a todos con atención, respondió a sus preguntas sobre adopción.

Rogério hablaba con una pareja interesada en adoptar a uno de los bebés y Eugênia miraba a su alrededor imaginando cómo sería el proyecto que había imaginado para adoptar a esos niños.

En la sala de al lado, los niños más grandes se entretuvieron con los juguetes que habían recibido, bajo la atenta mirada de un voluntario que les ayudaba con el juego. Estaban emocionados, riéndose felices, y Eugênia, contagiada por ellos, se unió a la diversión. Se acercó a una niña de cinco años que acunaba una muñeca y le enseñó una canción de cuna que la pequeña aprendió rápidamente.

Después, se sentó e imaginó lo que podría hacer si el proyecto llegara a buen término. Surgieron ideas que aumentaron su entusiasmo. Se dirigió a la puerta que conducía al vasto patio trasero, con la intención de evaluar el lugar. Entonces vio que uno de los niños estaba sentado en una banca de madera, cerca de un arbusto. Su rostro estaba triste, sus ojos perdidos en el tiempo, sus brazos caídos. Era la figura misma de la consternación.

Al acercarse a él sintió una opresión en el pecho, se sentó a su lado y él se alejó un poco. No parecía querer compañía y permaneció en silencio un rato. Entonces dijo:

– Me alegro de haber encontrado esta banca. ¡Estoy tan cansada!

Continuó en silencio. La tarde era cálida y algunos pájaros cantaban. Eugênia señaló a alguien que pasaba:

– ¡Mira qué bonito! Es una bienvenida.

Miró al pájaro y permaneció en silencio.

Ella intentó hablar:

– ¿Cómo te llamas?

Inmediatamente se levantó, salió corriendo y entró en la casa. Eugênia lo siguió, pero él no estaba en la habitación: las parejas se habían ido y Rogério estaba hablando con Helena.

Al ver llegar a Eugênia, dijo:

– ¿Dónde estabas?

– En el patio trasero. Había un niño sentado en la banca, sentí que estaba triste y traté de hablar, pero no respondió, salió corriendo.

Helena intercambió una mirada con Rogério y respondió:

— Lo llamamos Beto, fue abandonado en un orfanato allá en Jundiaí cuando tenía como un año, muy maltratado y enfermo, sin ningún documento que lo identificara, solo un papel pegado a su ropa, con su nombre, Roberto, escrito. Fue registrado con ese nombre. El orfanato cerró hace cinco años y los niños fueron trasladados a institutos de la capital. Beto vino directo para acá. Tiene diez años y no está contento con nada. Intentamos ayudarlo en todos los sentidos: terapia, juegos divertidos. Nada funcionó. Por eso nadie quiere adoptarlo. Mayor y con ese temperamento, creo que tendremos que mantenerlo aquí.

Rogério comentó:

— Este es un caso difícil. Hay ocasiones en las que tiene pesadillas, se despierta aterrorizado y pierde el apetito. El tratamiento espiritual ayuda, mejora un poco, pero no acaba con su tristeza.

Durante el viaje de regreso, Eugênia, muy impresionada con el caso del niño, comentó:

— Está sufriendo mucho. ¡Sentí la angustia dentro de él! Debe haber una manera de cambiar esto.

— Recurrí al espíritu Marcos Vinícius. Nos informó que Beto necesita tiempo para superar ciertos acontecimientos que ha vivido, que debemos tener mucha paciencia con él y persistir en ayudarlo. Necesitas amor. Estaba tan atacado en sus sentimientos que, para no sufrir, protegió su mundo interior y cerró cualquier manifestación de su sensibilidad.

— ¡Qué cosa tan triste! – Comentó Eugênia.

Rosa suspiró y comentó:

— Es el peor caso que tenemos allí.

– Un día esto pasará y aun podrá despertar a una vida mejor. El espíritu es eterno y nuestro destino es aprender a vivir y ser felices.

– Me gustaría ayudarlo a mejorar. Quería protegerlo, rodearlo de mucho amor – dijo Eugênia.

– Esta fue la medicina que nos recomendó nuestro amigo espiritual. El amor tendrá que ser incondicional, verdadero, firme, esclarecedor, hasta el punto de poder sustituir las espinas del dolor y de la desilusión que guarda dentro de sí por los valores eternos del espíritu. Entonces estará listo para ser feliz.

– ¿Crees que podríamos asumir esta responsabilidad?

– ¿Para adoptarlos a todos? – Preguntó Rosa.

– Sí.

– Tuviste esta idea, me pareció brillante, pero no me siento capaz de realizarla. Me encantaría poder adoptar a las gemelas. Si estuviera en una mejor posición, lo haría.

– Y tú, Rogério, ¿qué opinas?

– Pensé en este proyecto, pero siento que ese no es nuestro camino.

– ¿Por qué? Sería una buena manera de prepararlos para una vida mejor.

– Estos niños son protegidos, amados, viviendo en el lugar donde la vida los ha colocado. Cada persona tiene su propio camino, que es solo suyo y surgirá en el momento adecuado. Nada ocurre por casualidad. En los años que llevo ayudando a Helena a encontrar padres para estos niños, han sucedido cosas inesperadas, incluso diría milagrosas, que nos hacen darnos cuenta que, aunque la situación de la orfandad parezca triste, llega el momento en que se produce el cambio. La gente aparece, se siente atraída por uno de ellos, todo encaja y va al lugar correcto.

– ¿Has estado siguiendo los casos?

– Sí. Rosa y yo tenemos una relación amistosa con estas familias. Con el tiempo, acaban olvidando que fue adoptado.

Pensativa, Eugênia bajó la cabeza y permaneció en silencio. Él continuó:

– Pero hasta que llegue el momento, podemos preparar el camino, apoyándolos, enseñándoles a superar sus miedos, afrontar desafíos. Lo más importante es enseñarles a reconocer las propias cualidades, cultivando los altos valores del alma. Estos seres, a pesar de parecer indefensos, están protegidos y sostenidos por las fuerzas de la vida, que todo lo saben y lo proporcionan.

– Piénsalo, Eugênia. Solo es eficiente la ayuda que obra a favor del progreso del espíritu. Cuando además de proporcionar lo esencial para el cuerpo, también alimentamos el espíritu, realmente estaremos ayudando.

Los ojos de Eugênia estaban húmedos cuando dijo:

– Me estás demostrando que la vida es mucho más grande de lo que parece. Estas aclaraciones tuvieron el don de aliviar la angustia que sentía al pensar en el futuro de aquellos niños.

– Mirar la vida con serenidad, manteniendo la luz en el corazón, es bueno. A pesar de las cosas malas que vemos a nuestro alrededor, el mal es solo uno de los caminos que funciona para llevarnos a conocer la verdad y aprender a elegir el bien.

Estaba oscureciendo cuando el coche entró en el garaje y un taxi se detuvo justo detrás de la acera. Los tres parecieron sorprendidos. Robson bajó y los tres se acercaron a él, quien dijo tímidamente:

– Perdón por venir sin avisar. Intenté llamar, pero nadie respondió.

– Estábamos en el orfanato, con los niños – explicó Rosa, sonriendo.

Después de los saludos, Eugênia lo invitó a pasar. Sentados en la sala de estar, la conversación fluyó tranquilamente sobre la tarde con los niños. Robson estaba muy interesado.

Eugênia salió discretamente para decirle a Odete que habría dos personas más para cenar y luego regresó a la sala.

Robson miró a Rosa con admiración y Rogério se dio cuenta. Él también la admiraba y le tenía un cariño especial. La tía, de cuarenta y ocho años, era una mujer hermosa. Tenía piel clara, rasgos delicados, cabello y ojos castaños, hoyuelos delicados cuando sonreía. Vio a Robson como un posible admirador de su tía y decidió aprovechar el momento para conocerlo mejor. Hablaron de las diferencias culturales entre los dos países. Lo que más le gustó a Robson de Brasil fue la alegría de los brasileños y la calidez con la que lo recibieron.

Media hora después, cuando Robson se levantó para irse, Eugênia dijo sonriendo:

– Siéntate. Aun no te hemos pedido que te vayas. Te pido que te unas a nosotros en la cena.

Robson miró a Rosa, luego miró a Eugênia, sonrió levemente y respondió:

– ¡Tú mandas y yo obedezco!

La cena transcurrió felizmente y la interesante conversación continuó mientras tomaban un café en la sala de estar. Rosa sintió la mirada de Robson fijada en ella con cariño y sintió que su corazón latía más rápido.

Robson era un hombre discreto, educado y experimentado. Hablaba de cualquier tema, tenía ideas propias y se expresaba sabiamente. A Rogério le gustó eso.

Eran más de las diez cuando Robson se levantó:

– ¡El tiempo pasó rápido! ¡Es tarde! Necesito irme.

– ¡Qué pena! – se lamentó Eugênia -. ¡Qué buena estuvo la conversación!

– ¡Es verdad! Pero has tenido un día ajetreado, no quiero exagerar.

Robson se despidió de Eugênia, estrechó la mano de Rogério y le entregó una tarjeta que decía:

– Me gustaría ir contigo al orfanato, hacer algo por ellos.

– Tengo un caso de adopción en trámite, tendré que ir en dos días. Te llamaré aunque sea un día hábil.

– Llama. Iré si puedo.

Rosa lo siguió hasta la puerta y los otros dos se miraron, se sentaron y siguieron hablando.

Robson tomó la mano de Rosa, se la llevó a los labios con afecto y dijo en voz baja:

– ¿Por qué me cuesta tanto irme?

– Estás en un país extraño, lejos de tu familia...

– No es solo eso.

Sus miradas se encontraron y Robson no pudo resistirse, la abrazó y unió sus labios a los de ella, lo que hizo que su corazón se acelerara. Un poco asustada, Rosa lo empujó sin saber qué decir.

– Lo siento, Rosa, no pude resistirme. Desde que nos vimos por primera vez me sentí atraído por ti. Siento que mi presencia te conmueve. Quiero hablar contigo, saber lo que piensas, declararme. ¿Puedo venir a buscarte mañana por la noche para cenar?

– Puedes. Te estaré esperando.

– Estaré aquí a las ocho.

La besó suavemente en la mejilla y se fue. Rosa se quedó quieta, emocionada por un rato. Cuando regresó a la habitación, Rogério se levantó y dijo:

– Hoy fue un buen día. Disfruté hablando con Robson. Es inteligente y agradable. Pero es hora de irse.

– Te acompañaré hasta la puerta – dijo Eugênia.

Besó ligeramente el rostro de su tía quien al verlos alejarse se dirigió al dormitorio.

Eugênia comentó:

– Rosa estaba emocionada. Creo que se declaró.

– ¿En serio? Parecía fuera de lugar.

– Estoy dividida. Si por un lado quiero que Rosa encuentre el amor, por el otro tengo miedo que él me la quite.

Los ojos de Rogério se fijaron en los de ella y dijo casi sin pensar:

– ¿Y tú, vas a pasar toda tu vida sola?

– Una experiencia fue suficiente. No quiero que vuelva a suceder.

– La gente no es la misma. Conozco parejas que se aman de verdad y son felices.

– Mi corazón está cerrado y tiré la llave.

Rogério la miró seriamente y reflexionó:

– El amor no pide entrar. A menudo aparece como un ladrón, te roba el corazón y, antes que te des cuenta, la cerradura se abre.

– Tú eres mi amigo. No deberías desearme algo así.

Él se rio y ella continuó:

– Vete a casa y duerme porque tu problema es dormir.

Se fue riendo y Eugênia cerró la puerta pensando:

– "¡Él habla de mí, pero su corazón debe estar más cerrado que el mío!"

Al ver que Rosa ya se había retirado, Eugênia fue al dormitorio. A pesar de no poder dormir, se preparó para dormir. Se calmó y el pasado reapareció con fuerza. Recordó el matrimonio y cómo cambiaron las cosas hasta la separación. Notó que ya no le dolía como antes.

Lo que ahora le molestaba era darse cuenta de lo ingenua que había sido al poner a Júlio en primer lugar. ¡Por tanto, era un hombre inteligente, que supo conquistar su lugar en los negocios y en la sociedad! La había admirado porque la había conocido en la cima de la vida social, donde brillaba, tenía un nombre importante, ¡mucha clase!

¡En ese momento sintió cuánto se había devaluado al volverse sumisa, una sombra, cuando él quería verla como una reina! En su vida, Júlio priorizó lo mejor. ¡Para él, todo! ¡Nunca aceptaría menos!

Eugênia encendió la lámpara, se sentó en la cama, meneó la cabeza y recordó una frase que escuchaba de su madre cuando era adolescente:

– "El hombre es el cabeza de familia. La mujer necesita obedecer a su marido, ¡Haz todo lo posible para hacerlo feliz! ¡Él es el cabeza de familia!

¡Lo que había hecho fue incorporar las palabras de su madre!

¿Cuántas mentiras, que había aceptado como verdades, quedaban todavía dentro de su inconsciente? Después de todo, ¿cuáles eran sus verdaderos sentimientos?

Habiendo obedecido a sus padres, a sus maestros, a su marido y a la sociedad, no pudo verse a sí misma fuera de estos contextos. Este descubrimiento la molestó, pero al mismo tiempo podría ser la esperanza de hacer de su vida algo más verdadero, algo útil que la llenara y la hiciera partícipe de la vida, y que le trajera paz.

Apagó la luz y se volvió a acostar. Pero no pudo conciliar el sueño. Surgieron recuerdos de pequeñas cosas olvidadas y en ninguna de ellas pudo encontrar una decisión propia, algo que fuera solo suyo.

En cierto momento sintió que algo había cambiado dentro de ella y que había surgido una nueva fuerza para vivir, indicando que las cosas podrían ser muy diferentes a lo que imaginaba. De ahora en adelante, haría todo lo que pudiera para descubrir cómo son realmente las cosas y aprender a afrontar mejor mi propia vida. Al tomar esta decisión se relajó y logró conciliar el sueño.

El domingo amaneció lluvioso y Eugênia, aunque había dormido hasta tarde, se levantó temprano y bajó a desayunar. Rosa estaba en la sala, hojeando una revista. Al verla acercarse, sonrió y dijo:

– ¡Te despertaste temprano!

-¡Tú también! ¿Perdiste el sueño?

– ¿Por qué dices eso?

– Lo imaginé. ¿Robson ya se ha declarado?

Rosa, con el rostro sonrojado, dijo:

— No... Es decir, parece que está confundiendo las cosas. No sé qué hacer.

Eugênia rodeó el brazo de Rosa y dijo:

— Tengo hambre. Vamos a tomar café. Entonces me cuentas todo.

Se sentaron en silencio a la mesa del desayuno, se sirvieron y, mientras Eugênia untaba lentamente mantequilla sobre el pan, dijo:

— No te tomes todo tan en serio. Espera a que las cosas se aclaren.

— ¿Qué pensará Rogério de mí?

— Rogério te tiene mucho cariño y, como yo, solo quiere que seas feliz.

— Robson vendrá a recogerme hoy para cenar, quiere hablar, ¡declararse! ¡No sé qué hacer! ¡Me resigné a vivir sola y dedicar mi vida a mi profesión! Había perdido todo interés en que me agradara alguien.

— ¿Te gusta?

— No sé. Estoy angustiada. A su lado me siento sensible, me gusta su forma de pensar, la delicadeza de sus sentimientos. ¡Me emociono cuando me toca!

Eugênia se pasó la mano por la frente como para desechar los malos pensamientos. No quería que Rosa la dejara. Además, le gustaba mucho y temía por su futuro, si esta relación llegaba a buen término. Como extranjero, seguramente se la llevaría muy lejos y no podría protegerla.

Intentó sortear el tema:

— Escucha lo que tiene que decirte, pero no te lo tomes demasiado en serio. Está aquí de paso, se irá pronto. Tómatelo con calma y no te engañes para no sufrir después.

— Es verdad. No puedo actuar como una adolescente.

Soy una persona sensata.

Eugênia sonrió levemente y dijo casi sin sentir:

— El amor no pide entrar. A veces aparece como un ladrón y, antes que te des cuenta, se ha hecho cargo.

— ¡Entonces me asustas!

— Fueron palabras que Rogério me dijo anoche, cuando dije que nunca volvería a amar a nadie. Estaba tratando de asustarme y divertirse a mi costa. Se alejó riendo.

Rosa permaneció pensativa unos segundos, luego sacudió la cabeza y dijo:

— Puede ser. Después de la tragedia de su vida, nunca más volvió a interesarse por nadie. Ese realmente cerró su corazón para siempre.

Eugênia suspiró y dijo:

— Tal vez sea mejor así. Es genial estar a cargo de tu propia vida y hacer las cosas como te gusta. Hay muchas personas buenas, con las que vale la pena mantener una amistad, compartir buenos momentos, sin necesidad de llegar a la intimidad.

- ¡Ese es nuestro caso! Cuando Rogério estaba solo, nos acercábamos y nos apoyábamos. Cuando llegó, viniste a agregarlo. Contigo me siento a gusto, me gusta estar juntos. Apareció Robson, me gusta estar con él, quiere declararse. Me da vergüenza porque si quiere un compromiso, para llevarme, no iré.

Los ojos de Eugênia estaban húmedos cuando dijo:

– ¿Serías capaz de hacer eso?

– Ustedes dos son mi familia. ¡No podría soportar dejarlos!

Eugênia se levantó y le dio a Rosa un fuerte beso en la frente. Luego dijo sonriendo:

– Somos como los tres mosqueteros. ¡Uno para todos y todos para uno!

Intercambiaron un abrazo y cambiaron de tema. El ambiente era feliz y todas las preocupaciones desaparecieron.

Capítulo 19

En los días siguientes todo siguió sin novedades, pero tanto Alberto como Magali permanecieron atentos, esperando nuevos contactos y, a medida que pasaba el tiempo, se pusieron más nerviosos.

Con el pretexto que lo llevaran, Alberto siguió reuniéndose con Magali todas las tardes. Ese día, los dos subieron al auto y la chica envió al conductor a recoger un paquete a una tienda cercana. Mientras esperaban el regreso de Néstor, Magali comentó angustiada:

– Un pensamiento me atormenta. ¡Hasta ahora no hemos recibido ninguna noticia! Creo que quieren vengarse de mí. ¡Si el motivo fuera dinero ya nos habrían buscado!

– Pienso que no. ¡Puede que nos estén presionando para que consigamos una cantidad mayor!

Aunque Alberto también estaba asustado, intentó calmarla.

– Estoy a punto de explotar. Necesitamos hacer algo para protegernos... No lo sé... ¿Qué podrá ser?

Alberto meneó la cabeza:

– De momento no sería aconsejable poner a nadie en conocimiento del asunto, ya que se trata de un caso grave. Lo mejor es esperar. Néstor ya debería haber regresado. No me gusta que estemos aquí. Voy a ver.

Alberto se bajó del auto, vio que Néstor salía de una tienda con unos paquetes y le hizo señas para que se diera prisa.

En ese momento, Alberto fue empujado violentamente, cayendo, quedó atónito, pero aun así intentó reaccionar cuando escuchó el sonido del auto partir a la volada. El auto avanzaba tan rápido que Alberto solo podía vislumbrar la figura de un hombre al volante, mientras Néstor, pálido, se acercaba, después de intentar, inútilmente, perseguir el auto.

Asustado, el conductor corrió a ayudar a Alberto, quien no podía levantarse.

– ¡Dios mío! Tenemos que pedir ayuda, llamar a la policía. ¡Secuestraron a doña Magali! ¡Dios mío! El Doctor Júlio nos va a matar.

Alberto, pálido, finalmente había logrado levantarse, pero sentía un dolor muy fuerte en la pierna izquierda. Angustiado, ordenó al conductor:

– ¡Llama al Doctor Júlio y pide ayuda!

Un policía se acercó y quiso saber qué había pasado. Algunas personas se detuvieron al ver la confusión y, mientras Néstor intentaba llamar a su jefe, Alberto le dijo al policía que les habían robado y que habían secuestrado a Magali. Apareció una patrulla de policía y los llevaron a la comisaría más cercana.

Alberto estaba muy asustado. Solo había visto a un hombre, pero Néstor informó que en el auto había dos individuos. Mientras uno de ellos empujaba a Alberto, el otro subió al auto y retuvo a Magali, amenazándola con un arma. El auto salió tan rápido que Alberto no pudo dar más detalles de lo que había visto pasar. Néstor prestó atención al hombre al volante y lo describió como un individuo bajo, fornido, de piel oscura y que vestía una chaqueta de marrón. Eso es todo lo que pudo notar.

Lívido, Júlio llegó después y trató de calmarse para entender lo que estaba pasando. Poco después apareció su abogado y el grupo fue trasladado a la comisaría del barrio. En la jefatura de policía, Alberto y Néstor empezaron a contar lo que sabían.

Alberto era la figura misma del desánimo. Si bien la policía imaginaba que se trataba de un secuestro que se solucionaría con una exigencia de rescate, él sabía que el problema podía ser mucho más grave. Magali había cometido un delito y, si el motivo del secuestro era la venganza por la muerte de Josué, seguramente no saldría con vida. Alberto se retorció las manos nerviosamente, intentando controlar el terror que sentía. Decir la verdad a Júlio y al jefe de policía podría haber sido peor. Revelar el crimen, además de incriminarlo, lo convertiría en cómplice.

Antes del secuestro, Alberto había intuido que era peligroso permanecer en el auto esperando a Néstor. Magali estaba nerviosa, quería desahogarse y había apartado al conductor para poder hablar con su amigo. Si hubiera esperado a que llegaran a casa, nada de esto habría sucedido.

Júlio se acercó y se presentó al policía, quien lo colocó en una silla para que pudiera seguir el interrogatorio del conductor y de su excuñado. Asustado, quiso saber todos los detalles de lo sucedido. Nunca había confiado mucho en Alberto y se preguntaba si estaría involucrado en el secuestro.

Pero había tanta desesperación, angustia y preocupación en el rostro de Alberto por no poder proteger a Magali y evitar que secuestraran a su amiga, que Júlio sintió que estaba equivocado. Fue gracias a su amigo que había mejorado su vida y no sería tonto si perdiera lo que había logrado.

Júlio llamó a Gerson con la esperanza de saber algo o haber sido testigo de lo sucedido.

El detective fue contratado para proteger a Magali y asegurarse que no le pasara nada malo. Júlio; sin embargo, no pudo hablar con Gerson, ya que su teléfono solo estaba ocupado, lo que lo preocupó aun más.

- "¿Por qué no había impedido el secuestro de Magali?"

Y un pensamiento lo inquietó aun más:

- "¿Habría sido cómplice?"

El jefe de policía concluyó el interrogatorio de los testigos y pidió a Júlio que permaneciera en la habitación para brindarle toda la información sobre Magali, incluida una fotografía. Inmediatamente, el jefe policial ordenó distribuir la información a la policía y comenzar la búsqueda.

Nervioso, Júlio se acercó nuevamente al comisario:

– ¿Puedo hablar contigo en privado una vez más?

Él asintió, ordenó a los demás que se fueran, se sentó frente a Júlio y lo miró seriamente:

– Puedes hablar.

– Doctor, mi esposa es muy hermosa, elegante, le gusta cuidarse. Ya sabes cómo es... Va a salones de belleza, le encanta ir de compras.

– Sé como es.

– Somos personas de sociedad. A Magali le gustan las joyas, la comodidad y los coches de lujo. Para protegerla, contraté a un detective privado para que no le pasara nada malo. Pensé que era una persona confiable, pero ahora tengo algunas dudas sobre su honestidad. Ante lo sucedido intenté llamarlo, pero el teléfono solo salía ocupado.

– Necesito que me digas el nombre del detective y cómo lo contrataste. ¿Alguien lo recomendó?

— Un amigo para quien trabajó este detective me recomendó sus servicios. Tengo su tarjeta en el auto.

El comisario se quedó pensativo unos segundos y, finalmente, respondió:

— Solo hay dos posibilidades: si no estuvo involucrado en el secuestro, podrían haberlo apartado del camino. Inténtalo de nuevo, llámalo.

Júlio obedeció e intentó llamar nuevamente a Gerson:

— ¡Permanece ocupado!

— Dame el número y haré que investiguen. Podrían haberlo dominado, llevárselo o algo peor. Necesitamos todos los datos de este detective. ¿Escribiste algún documento al contratarlo?

Júlio se pasó la mano por el cabello, tratando de quitarse de encima la preocupación.

— No. Quería secreto. Siempre le pagué en efectivo. Como dije, tengo su tarjeta.

— Ve a buscarla.

Júlio se dirigió hacia el auto y, cuando regresó con la tarjeta, la puerta de la oficina del jefe de policía estaba cerrada y afuera había un policía parado. Júlio se acercó al hombre que estaba en la puerta:

— ¿Puedo entrar? Me espera el Doctor Fonseca.

— Él está ocupado. Tendrá que esperar. Siéntese en la oficina de al lado.

A pesar de su ansiedad, Júlio obedeció la orden del policía. Alberto estaba sentado en la habitación a la que habían enviado a Júlio y, al ver entrar a su excuñado, se levantó nervioso y preguntó:

— Entonces, ¿descubriste alguna pista?

Júlio no respondió de inmediato, sacudió negativamente la cabeza y luego aclaró:

– El comisario volvió a llamar a Néstor. Lo está interrogando ahora.

– ¿No había hecho ya eso?

– Sí. Todo sucedió muy rápido. Solo recuerdo que me empujaron por detrás, luego me caí y no pude ver nada. Pero Néstor los vio a ambos. Creo que por eso lo llevaron de regreso a la oficina del jefe de policía para mirar algunas fotos e intentar reconocer a alguien.

– No debería estar parado en la calle. Es peligroso – comentó Júlio.

– Salí del auto porque sentí exactamente eso. No debí dejar que Néstor se fuera.

Un policía se acercó a Júlio:

– Puede entrar ahora.

El comisario estaba hablando por teléfono y le hizo un gesto para que se sentara. Luego, tras concluir la llamada, se sentó frente a Júlio:

– Activé el sistema antisecuestro. Investigarán al detective. Si es así, trabaja con nosotros. Pensé que lo mejor era actuar rápido. Usted es una persona con recursos y creo que ese es el motivo del crimen.

– Doctor, Magali es una persona delicada. ¡No puedo imaginarla en manos de criminales! ¿Qué puedo hacer para ayudarte?

– No comentes el asunto con nadie y espera. Pronto te buscarán para pedir dinero. Un policía especializado en este tipo de acciones viene aquí para guiarte.

Júlio estaba pálido, sentía la cabeza pesada, tenía el estómago revuelto y las manos frías y temblorosas. El hecho que no pudiera hacer nada lo ponía aun más nervioso. La espera de noticias estaba resultando difícil. En su imaginación aparecían escenas en las que Magali estaba siendo maltratada. ¿A dónde la habrían llevado?

Poco después llegó el policía especializado en acciones antisecuestros y se encerró en el despacho del jefe. Durante casi una hora, el policía habló con Júlio y luego llamó a Alberto y Néstor para darles orientación. Después, finalizó:

– Ahora tienes que irte a casa y esperar. Si tienes alguna novedad habla conmigo o con el Doctor Fonseca.

– Doctor Borges, preferiría seguir de cerca el caso y las medidas a tomar. ¡No soporto esperar noticias en casa mientras mi esposa podría ser maltratada y estar en peligro!

– Sé que no es fácil, pero es lo que hay que hacer. Nuestro equipo necesita saber dónde encontrarlo. Mi experiencia en estos casos me ha enseñado que cuanto más tranquila pueda permanecer la persona, mejor será el resultado. Después de todo, queremos que su esposa salga bien de esta situación y usted debe ayudar a que eso suceda.

Júlio suspiró, intentando calmarse:

– Es verdad. Haré un esfuerzo por calmarme.

Los tres salieron de la comisaría y se detuvieron delante del coche. Entonces Júlio ordenó a Néstor:

– Vamos para casa. Tú conduces.

Durante el trayecto, los tres guardaron silencio. Cuando Júlio entró en la casa, tenía los ojos húmedos y Alberto, pálido y demacrado, comentó:

– ¡Dios mío! ¡El tiempo pasará! ¡Si supiera orar!

Entró Júlio y Joyce lo esperaba:

-¡Me alegro que hayas llegado! Estaba preocupado. Hice la cena, pero no vino nadie. ¿Dónde está la señora Magali?

– Siéntate, Joyce, tenemos que hablar.

En pocas palabras, Júlio contó todo lo sucedido, según las instrucciones que le había dado el Doctor Borges. Joyce palideció y se tapó la boca para ahogar un grito de miedo. Entonces dijo:

– ¡Me imagino cómo debes sentirte! Voy a mi habitación a encender una vela para el arcángel Miguel. ¡Él defenderá a la señora Magali! ¡Yo tengo fe!

Alberto intervino:

– ¡No sé rezar, pero quiero ir contigo!

– Está bien. Vamos. Luego calentaré la cena para que puedas comer. Vamos a necesitar mucha fuerza para traer a la señora Magali de regreso a casa.

Los dos fueron a la habitación de Joyce y se detuvieron frente a una cómoda. Allí estaba una imagen del arcángel Miguel. Joyce encendió una vela y se arrodilló, y Alberto la siguió comenzando a orar.

Sin pensarlo, Júlio fue a la habitación de Joyce y comenzó a escuchar la oración mientras las lágrimas caían de sus ojos y le lavaban la cara.

En toda su vida, nunca había sentido un dolor así. Si sucediera lo peor, ¿qué haría sin Magali? Sin pensarlo, se arrodilló detrás de Joyce y Alberto. No dijo nada, pero en su pecho había un pedido a Dios para que trajera a Magali de regreso.

Cuando Joyce se levantó y vio a Júlio arrodillado, puso su mano en el hombro de su jefe y, conmovida, dijo:

– Hay que tener fe, Doctor Júlio. ¡Dios traerá de vuelta a doña Magali!

Júlio se levantó y, entregado a su preocupación, ni siquiera se molestó en mostrar debilidad. Durante toda su vida siempre había desempeñado el papel del vencedor, del hombre capaz de resolver todos los problemas. Al notar la actitud distante del jefe, Joyce decidió tomar el control de la situación:

– Serviré la cena en unos minutos.

Alberto y Júlio la miraron como si hubiera dicho algo imposible. Ella continuó:

– Necesitamos ser fuertes, elevar nuestras energías y tenemos que estar preparados para actuar si es necesario. La aflicción solo nos obstaculiza y no resuelve el problema. Vayan a lavarse la cara, mejorar su apariencia y relajarse un poco mientras caliento la cena.

Al ver que los dos parecían no haber entendido su mensaje, Joyce insistió:

– ¡Vamos! ¡Tenemos que estar preparados en caso que la Sra. Magali nos necesite! ¡Vamos!

Júlio y Alberto subieron a sus habitaciones a descansar y Joyce fue a la cocina a calentar la cena. Poco después los llamó e insistió en que comieran al menos un poco.

A pesar de la delicada situación, Júlio se sintió más tranquilo después de tomar un poco de sopa y estuvo de acuerdo con lo dicho por Joyce. En cualquier momento podrían tener noticias de Magali y él tendría que estar listo para ayudarla.

Alberto; sin embargo, se sintió mucho peor. Temía que este secuestro pudiera ser mucho más de lo que la policía imaginaba. Hubo momentos en los que tuvo ganas de abrirse con Júlio o la policía y contarles todo lo que sabía. Pero ¿y si se equivocaba? Y si fuera incluso un secuestro solo por dinero? Pondría en riesgo el secreto de Magali y la desgracia podría ser mucho mayor.

Después de servir la cena y lavar los platos, Joyce fue a buscar a Júlio a la sala, donde sostenía una revista en un intento de distraerse, pero fue en vano.

– Doctor Júlio, voy al centro de doña Glória para hablar con ella y pedirle ayuda espiritual para doña Magali. ¡Pero volveré pronto! Estaré aquí en media hora.

Alberto se levantó diciendo:

– Quiero ir contigo.

– No me quedaré a trabajar. Solo voy a hablar con ella y pedirle ayuda.

– Pero quiero ir. Es hora que aprenda a orar – insistió Alberto.

– Sería mejor quedarse. El Doctor Júlio puede necesitarte. Mañana, si quieres y si todo está bien, te llevaré allí para que puedas recibir ayuda.

– Quiero ir ahora. ¡Tengo mucho miedo de lo que le pueda pasarle a Magali!

Júlio lo miró por unos segundos y luego dijo:

– Puedes irte, Alberto. Si tengo alguna novedad o necesito ayuda hablaré con Néstor.

Alberto y Joyce salieron hacia la parada de colectivo, que estaba a dos cuadras de la casa. Durante el viaje, en cierto momento, Joyce lo miró y le dijo:

– ¿Qué pasa por tu cabeza que te angustia más que el Doctor Júlio?

– Temo por la vida de Magali. En este punto, estos matones podrían estar destrozándola.

– Si quieren dinero, necesitan mantenerla con vida. Tengo la impresión que sabes más que el Doctor Júlio sobre el secuestro de doña Magali. Si sabes algo, debes hablar con la policía.

– Estás equivocada. Sé lo mismo que tú, Joyce. Néstor pudo ver a los hombres que nos robaron y yo ni siquiera vi eso.

Joyce no respondió y caminaron dos cuadras hasta que se detuvieron frente a una gran casa antigua, justo cuando un grupo de personas salía a la calle.

– La sesión está terminando – aclaró Joyce.

Alberto y Joyce entraron a la casa después que todos se fueron. Joyce entró en una habitación y llamó suavemente a una puerta. Apareció una señora de mediana edad y al verla sonrió:

– ¡Llegaste tarde!

– Sucedió un imprevisto. Este es el Doctor Alberto. Vive en la casa de doña Magali, quien fue secuestrada esta tarde. El Doctor Alberto estaba con ella cuando ocurrió el secuestro y está muy nervioso. Vine a pedir ayuda espiritual. Glória los invitó a pasar y les indicó dos sillas colocadas frente a una mesa. Luego se sentó frente a Alberto y Joyce y dijo seriamente:

– La semana pasada le pedí que le diera un mensaje a la señora Magali.

– La señora pidió que, durante esta semana, evite acudir a los mismos lugares de siempre. Le di su mensaje, pero dijo que estaba bien protegida.

Glória miró a Alberto y le preguntó:

– Dime lo que pasó.

Él obedeció y dijo:

– Quería venir aquí porque estoy muy nervioso. La policía dice que el secuestro probablemente fue motivado por dinero, pero temo que sea algo peor.

Glória guardó silencio por unos segundos y luego dijo seriamente:

— Pidamos ayuda a nuestros amigos espirituales. A veces las personas se sienten mal y, al no ser vistas, creen que pueden salirse con la suya. Pero la vida sabe, ve y responde a todo según las elecciones de cada uno.

— Tengo mucho miedo de lo que le pueda estar pasando a Magali ahora. Vine aquí porque quiero pedirte que me enseñes a orar. Magali es muy buena persona y no quiero que le pase nada malo.

— La única oración que funciona es la que sale del corazón. Es el amor el que vence todos los males. Si quieres ayudarla, habla con Dios, deja que tu corazón te diga lo que siente y estoy segura que Él te escuchará. Pero sepa que nadie está libre de vivir lo que necesita para aprender la lección y convertirse en una mejor persona.

Dirigiéndose a Joyce, Glória le pidió a la chica que escribiera el nombre de todos los habitantes de la casa y la dirección donde vivían. Iba a pedir ayuda a benefactores espirituales.

Alberto y Joyce se despidieron de Glória y se fueron. Durante el viaje de regreso viajaron en silencio. Joyce sintió que el caso de Magali no se resolvería tan fácilmente como creía la policía.

Entre líneas del discurso de Glória, se podía sentir que este caso no sería tan fácil de resolver, y eso era exactamente lo que temía Alberto. Asustado, decidió hacer lo que ella le aconsejaba. Era hora de cambiar y tratar de hacer algo para que Dios perdonara sus errores y los de Magali.

Cerca de ellos, una figura oscura sonrió y dijo con maldad:

— ¡Es hora de venganza! Y nadie podrá detenerme. ¡Pagará caro por lo que me hizo!

Alberto y Joyce entraron a la casa y encontraron a Júlio parado quieto en la sala, de la misma manera que lo dejaron cuando se fueron.

– ¿Entonces, alguna noticia? – Preguntó Alberto.

– ¡Nada!

Joyce intentó aliviar la tensión:

– Es temprano aun. En estos casos, a veces tardan un poco en llamar porque quieren poner nerviosos a la gente para poder pedir más dinero. Ellos llamarán. Vamos a esperar.

Júlio se pasó la mano por el cabello, respiró hondo y no respondió. Entonces Joyce dijo:

– Voy a mi habitación, pero estaré atento al teléfono. Puedes ir a descansar.

– Me quedaré aquí, esperando. No podré dormir.

– Voy a preparar un té. Todos necesitamos calmarnos.

Joyce se fue, Júlio se quedó en el sofá y Alberto se sentó en un sillón frente a su excuñado. Luego cerró los ojos y, recordando las palabras de Glória, intentó hacer lo que ella decía.

Realmente quería que Magali regresara sana y salva a casa. Le gustaba y no quería que le pasara nada malo. Pero si Magali no regresaba, él también estaría en la calle. Por eso, Alberto pidió fervientemente a Dios que la trajera de regreso.

Capítulo 20

En el momento en que Alberto salió del auto, fue empujado y cayó. En el mismo momento, un hombre, empuñando un revólver, entró al auto por la puerta trasera y tapó la boca de Magali, diciendo nerviosamente:

– ¡Tranquila! ¡Si gritas, dispararé!

Aunque estaba aterrorizada, Magali logró enfrentarse a él. Poco después, el cómplice del individuo que tenía a punta de pistola a la mujer logró subir rápidamente al vehículo y tomar el control del mismo, el cual se dio a la fuga. Tratando de escapar del secuestro, Magali, pálida, con el corazón acelerado, se agarró a la manija de la puerta con la intención de saltar del auto, pero el hombre logró empujarla y, colocándole la mano derecha en la garganta, le dijo enojado:

– ¡Cállate o acabaré contigo aquí mismo! No me faltan ganas de hacer esto. ¡Es hora de pagar por todo lo que has hecho!

Uno de los hombres sacó una cuerda de una bolsa de lona que llevaba al hombro y la ató mientras el coche se alejaba a toda velocidad, alejándose cada vez más de la ciudad.

Magali notó que habían girado hacia un camino y temblaba de miedo y enojo, tratando de imaginar qué harían con ella.

Al verla atada, uno de los hombres se puso cómodo, siempre con el arma apuntando al pecho de Magali, quien a pesar de estar aterrada, pensaba en una forma de escapar. Había oscurecido y, a pesar del miedo que sentía, Magali estaba observando a uno de los hombres que la habían secuestrado.

Al principio le pareció Josué, pero ya estaba muerto y enterrado. Ella estaba segura de eso.

Pero el hombre se parecía a su exmarido. Era más alto que Josué, pero su cabello, su cuerpo fornido y el timbre de su voz la dejaban confundida y más angustiada.

Magali comenzó entonces a preguntarse interiormente:

- "¿Y si hubiera logrado escapar de la muerte y estuviera allí para vengarse?"

Al mismo tiempo, esa posibilidad no era posible. Había investigado y estaba segura que Josué estaba muerto. No podría ser él.

Aun reflexionando sobre la situación, empezó a considerar que podía estar equivocada y que no se trataba solo de venganza, sino de un secuestro. Si esa hipótesis fuera cierta, le pedirían dinero a Júlio y su marido seguramente haría todo lo posible para salvarla.

Viajaron durante más de una hora en silencio y, finalmente, tomaron un camino lateral que los llevó a un claro. El coche se detuvo entonces delante de una casa antigua. Ya estaba oscuro, el conductor se bajó, abrió la puerta trasera y su cómplice empujó a Magali.

Tambaleándose, intentó levantarse, así que los dos la agarraron y la arrastraron hacia el interior de la casa. El lugar olía a humedad y, como todo estaba oscuro, los tres tropezaron con algunas sillas.

Uno de ellos encendió una linterna, empujó a Magali sobre un sofá y una nube de polvo los envolvió. Empezó a toser con inquietud.

– Enciende la linterna – gritó el que la había atado.

Magali retrocedió con disgusto y miedo, y uno de los secuestradores se apresuró a obedecer la orden de su compañero. A pesar de estar oscuro, Magali logró notar que era un poco más joven que el otro.

– ¡Ponte de pie! ¡Camina!

Con un arma apuntando a su cabeza, Magali tuvo que obedecer la orden. Luego la empujó a otra habitación, donde había una cama y una silla. Magali se sentó en la cama y, al ver que estaba a punto de alejarse, se armó de valor para preguntar:

– ¿Qué quieres de mí? ¿Por qué me trajeron aquí?

El hombre la miró enojado y no respondió.

Ella insistió:

– Si quieren dinero, no hacía falta que me trajeran aquí. Llama a mi marido, pon el precio, que seguro que te lo pagará. No hace falta que me maltrates.

– Cállate o te remataré ahora mismo. ¡Y sepa que tengo ganas de hacerlo pronto! Pero lo que realmente quiero es verte pagar por todo lo que hiciste. Pasarás por todo el sufrimiento que pasó Josué, por todo el tormento de tu maldad. ¡Morirás poco a poco como él!

Magali estaba temblando y tuvo que luchar mucho para no desmayarse. Pero el miedo y las ganas de vivir la hicieron reaccionar. Respirando profundamente y tratando de recuperar el control, preguntó:

– ¿Quién eres?

– Lo sabrás en el momento adecuado. ¡Ahora cállate! Si gritas, nadie te escuchará. Estamos en medio del bosque y por aquí no pasa nadie. Estás en nuestras manos.

Salieron, cerraron la puerta y la habitación quedó a oscuras. Magali no pudo ver nada. Aterrada, siguió temblando de miedo y rebelión.

Magali no supo cuánto tiempo permaneció sentada allí, asustada. Sentí frío, hambre y no sabía qué hacer. Tenía miedo que regresaran. La situación era desesperada.

Fue entonces cuando escuchó un susurro. Prestó atención y escuchó una voz que decía en voz baja:

– ¡Magali! ¡Magali!

Ella escuchó y otra vez alguien la llamaba:

– Magali, Magali, ten cuidado, habla bajito, te pueden oír.

El corazón de Magali se aceleró y ella respondió:

– ¿Quién eres? ¿Hay alguien ahí?

– Sí. Cuidado. No dejes que nos escuchen.

– ¿Quién eres tú?

– A mí también me secuestraron. Estoy en la habitación de al lado. Son peligrosos. No puedes ser demasiado cuidadosa.

– Estoy atado. No puedo moverme.

– Calma. Se encuentran conmigo y piensan que todavía estoy inconsciente. Si no digo nada es porque están cerca. No quieren hablar conmigo. Te buscaré cuando pueda...

La voz se calló y Magali se sintió un poco más tranquila. Había alguien tratando de ayudarla y una vez más tenía esperanzas de escapar.

El hombre que la había secuestrado podría haber sido un familiar de Josué que quería vengar su muerte, ya que tenía similitudes físicas con su exmarido.

En ese momento, se arrepintió amargamente de haber acabado así con Josué, de haber cometido ese crimen. El exmarido de Magali era vengativo, muy orgulloso, líder de su familia. Ella no los conocía, pues vivían lejos, pero él dijo que todos lo obedecían y admiraban. No conocía al hombre que la había secuestrado, pero su parecido con Josué era innegable.

Magali nunca le prestó atención a su exmarido cuando éste mencionaba a su familia. No soportaba su presencia, su brutalidad, y solo pensaba en huir, en liberarse de ese hombre.

✻ ✻ ✻

Era Gerson quien estaba atrapado en la habitación de al lado. Esa mañana, cuando llegó a trabajar al edificio donde tenía una oficina, dos hombres se acercaron a él en su auto. Uno de ellos se sentó en el asiento delantero y colocó un arma encima de la cintura de Gerson, mientras que el otro entró al auto por la puerta trasera.

– ¡Enciende el auto! ¡Salgamos de aquí ahora!

Los hombres eran desconocidos para él, pero el cañón del arma presionado contra su cuerpo no dejaba dudas que Gerson debía obedecerlos. Uno de los hombres estaba indicando el camino a Gerson y, en media hora, tomaron el camino hacia el interior. En un momento llegaron a un camino de tierra y el mismo hombre le dijo a Gerson que detuviera el auto a los pocos metros.

Gerson apagó el auto y dijo seriamente:

– ¿Por qué me estás haciendo esto? No los conozco. ¿Qué quieren de mí? ¿El coche?

– ¡Cállate la boca! Crees que eres muy inteligente y te gusta interferir en los asuntos de otras personas, ¡pero ya es suficiente!

Antes que Gerson pudiera responder, el hombre ordenó a su compañero:

– ¡Vamos, haz lo que acordamos!

El cómplice sacó una cuerda de la bolsa de lona que llevaba y ató a Gerson, quien intentaba mantener la calma. Sabía que estaba a merced de aquellos dos hombres y que, en aquel lugar desierto, podrían acabar con él sin que nadie los viera.

Gerson era un hombre de fe y devoto de San Jorge. Por ello comenzó a orar y pedir ayuda al santo. En ese momento, uno de los secuestradores le tapó la nariz. Cuando Gerson abrió la boca para intentar respirar, le vertieron un líquido. Luego se sintió mareado y poco después perdió el conocimiento.

Cuando despertó, todo estaba oscuro a su alrededor. Con náuseas y mareos, se sentó en la cama tratando de levantarse, pero tuvo que esperar un rato. Cuando finalmente logró levantarse, intentó averiguar dónde estaba. Era una habitación de madera, donde solo había una ventana y estaba cerrada y lacrada. Gerson intentó abrirla, pero no lo consiguió. La casa era vieja y por las rendijas se dio cuenta que ya era de noche. Sintiendo las paredes, rodeó la habitación. Fue entonces cuando escuchó el ruido de un auto. Los secuestradores regresaban. Atento, Gerson notó que habían traído a una persona más.

Pegando la oreja a una rendija, pudo oír la voz de Magali:

– ¿Qué quieres de mí? ¿Por qué me trajeron aquí?

¡Así que eso fue todo! La habían secuestrado y lo habían atrapado allí para que ella no intentara detenerlos.

Aun apoyado contra la pared, Gerson pudo escuchar el resto de la conversación, lo que lo dejó aun más preocupado. El motivo del secuestro no fue el dinero sino la venganza.

Sintió que le temblaban las piernas y decidió sentarse en la cama para respirar mejor y tratar de calmarse. Luego, se arrodilló, llamó a su ángel de la guarda y, con toda la fuerza de su fe, pidió ayuda. Con los ojos cerrados, Gerson vio aparecer una luz muy blanca y escuchó una voz que decía:

– Ten fe y valor. Sigue rezando. No les hables. Veamos qué podemos hacer.

Cuando escuchó a los dos hombres alejarse, habló con Magali. Necesitaba ganar tiempo, sentirse más fuerte y pensar qué hacer. Le habían quitado todas sus cosas y tenía los bolsillos vacíos. Después de un rato, Gerson escuchó nuevamente el ruido del auto y se acostó fingiendo dormir. Abrieron la puerta del dormitorio y entraron. Uno de ellos se acercó, puso su mano en la frente de Gerson y luego apoyó su cabeza en su pecho. Gerson luchó por contener la respiración. Uno de los secuestradores comentó entonces:

– Todavía está durmiendo.

– Ya debería haberse despertado – dijo el otro.

– Le diste una dosis muy fuerte. ¿Estás seguro que solo está durmiendo?

– ¡Lo estoy! No podemos apresurar las cosas. Sé lo que estoy haciendo. Deja el pan en la mesa y la botella de agua.

Los dos caminaron por la habitación y se marcharon rápidamente.

Gerson esperó un rato, abrió los ojos, se levantó y pegó la oreja a la pared. Habían entrado en la habitación de Magali y Gerson escuchó a uno de ellos decir:

– Eliminaste a Josué. ¡Ha llegado el momento de pagar por lo que hiciste!

– Te crees muy inteligente, pero estás haciendo el ridículo. Si pretendes matarme, debes saber que tus días terminarán en prisión. Mi marido es poderoso y no escaparás de él.

El hombre mayor se acercó y abofeteó a Magali, diciéndole irritado:

– ¡Cállate, perra!

Sintiendo que le ardía el rostro, una oleada de ira invadió a Magali, quien rio y gritó:

– ¡Eres muy estúpido! ¿Crees que a Josué le gustaba su familia? ¡Se burló de todos ustedes e hizo bromas especialmente sobre José! Quería verlos a todos lejos, no le importaba su miseria.

El otro no pudo contenerse y le gritó a su compañero:

– ¿Te dejó cuidando a la familia y dijo eso?

Magali intervino:

– Dijo eso y mucho más. Que todos eran muy estúpidos y vivían robando a los demás.

– No creo en eso. Él siempre me respetó.

– ¡Qué ingenuo eres!

Los dos guardaron silencio por unos segundos, y luego el mayor dijo:

– Yo no creo. Él siempre confió en mí.

– Lo que quería era liberarse de ti. Para él la familia era un lastre.

– ¡Estás mintiendo! Estoy esperando que llegue José para acabar contigo. ¡Disfrutaremos de nuestra venganza!

– ¿Qué vas a ganar con esto? ¡Van a ir a vivir en la cárcel! ¡Mi marido es muy rico, tiene mucho dinero y me ama! Él pagaría cualquier cantidad que le pidas. Si prefieres vivir en prisión por el resto de tu vida, haz lo que planeaste. Pero debes saber que valgo una fortuna, que te daría muchas cosas buenas para el resto de tu vida. Te gusta la miseria, por eso no mereces tener una vida mejor.

– Sé lo que estoy haciendo. ¡Y cállate o terminaré acelerando tu fin!

Los dos dejaron un paquete sobre la mesa y se fueron.

Magali se sentó desesperada. Se había quedado despierta toda la noche pensando en qué haría para escapar. Fueron groseros y pensó que debería tratar de usar el mismo lenguaje que ellos para que la entendieran.

Afuera era de día y la habitación estaba más luminosa. Magali tomó el paquete: era pan duro y una botella de agua. Comió y bebió el agua para recuperar fuerzas.

Luego se sentó pensando en continuar con su plan. ¿Era cierto que estaban esperando al resto de la familia o solo habían dicho eso para asustarla?

Pasó un tiempo, Gerson escuchó el sonido del auto alejándose y fue a hablar nuevamente con Magali. Había descubierto un pequeño agujero, que estaba al lado de su cama, y logró agrandarlo un poco. Gerson luego colocó un viejo candelabro sobre la mesita de noche, que, a pesar de tambalearse, soportó el peso del objeto, permitiendo tapar el agujero.

– ¡Magali! ¡Magali! Podemos hablar ahora.

– ¿Quién eres tú? ¿Por qué lo secuestraron conmigo?

– Soy Gerson, el detective que tu marido contrató para protegerte. Ellos me atraparon primero. ¡Estaba escuchando tu conversación! ¡Además de valiente, eres inteligente! Propusiste un gran y rentable negocio.

– ¿Crees que existe la posibilidad que acepten mi propuesta?

– Solo tendrán ventajas.

– Estoy cansada, nerviosa y hambrienta. Hay momentos en los que incluso desearía que acabaran con todo.

– ¡Valor! En este punto deben estar pensando en tus palabras. El dinero es seductor y tiene fuerza, especialmente para quienes no lo tienen. Vamos esperar. Estaba mareado, pero ya me estoy recuperando. Haré todo lo posible para que podamos escapar.

San Jorge es mi protector y nos ayudará. Tan pronto como tenga una idea, te llamaré.

Gerson empezó a examinar las paredes. Intentó ver el techo, pero había un techo de madera que lo cubría y era tan alto que el detective no podía alcanzarlo. No había ninguna silla en el lugar, solo una tosca, pequeña y vieja mesa, que seguramente no soportaría el peso de su cuerpo, y un sofá de dos plazas, cuyo tapizado, sucio y desgarrado, mostraba algunos resortes y polvo.

– Si tan solo pudiera desenganchar la ventana...

Pero estaba demasiado atascada y no tenía forma de quitar la madera que la sellaba. La situación era frustrante, pero aun así Gerson se mantuvo firme y confiado en la ayuda de San Jorge.

Gerson se acostó, cerró los ojos y comenzó a orar, pidiendo inspiración al santo. Poco a poco se fue relajando hasta poder conciliar el sueño. Cuando despertó, se sentó en la cama, todavía un poco somnoliento, y escuchó una voz que decía:

– Cada situación tiene una solución. ¡Busca y la encontrarás!

Se puso de pie, meneó la cabeza queriendo salir de su aturdimiento, se volvió a sentar en la cama y repitió la frase que había escuchado varias veces, tratando de observar la situación desde distintos lados en busca de un significado a aquellas palabras. Sentía que necesitaba encontrarlo.

Estaba enfermo, sucio, hambriento y le molestaba el olor a moho. Sacó un poco de agua de la botella y se la frotó en la cara. Respiró hondo e intentó calmarse y recuperar el equilibrio.

- "Magali fue inteligente y valiente, despertando su ambición – pensó -. Necesito seguir su juego. Eso es lo que puedo hacer."

Estaba oscureciendo cuando los dos hombres regresaron y abrieron la puerta de la habitación de Gerson, quien se sentó en la cama y los miró seriamente. Uno de ellos se acercó al detective mientras el otro colocaba un paquete sobre la mesa.

— Finalmente despertaste.

— Aun estoy atónito. ¿Qué me dieron?

— Será mejor que te comportes o te volverás a dormir y, esta vez, puede que no despiertes...

— ¿Qué quieres conmigo? ¡No tengo nada que ver con la historia de esta mujer! Solo quería llevarme bien en la vida. Estaba preparando mi jubilación, pero tú llegaste primero y me trajiste aquí.

— ¿No dije que era un estafador? — Dijo el otro.

El hombre se volvió hacia su compañero y le dijo:

— No te involucres en la conversación. Estás aquí para hacer lo que te diga. Solo eso.

Dirigiéndose a Gerson, continuó:

— No inventes la moda. ¡La estabas protegiendo y nos diste muchos problemas!

— Su marido me pagaba muy bien, pero lo que realmente quería era pegarle a Júlio. Soy ambicioso. Quiero irme a Europa, vivir en el primer mundo con lujo y comodidad. Él ama a esta mujer y pagará lo que le pidan para recuperarla. Lo había planeado todo, ¡hasta obtuve mi pasaporte! Estaba listo para recibir el dinero y salir del país.

— Nunca confié en estos detectives que viven de los problemas ajenos. ¡Eres muy valiente!

— Mirándolos veo lo pobre que son. Sus ropas son viejas y ni siquiera pueden hablar correctamente.

— ¡No sé cómo escucho tantos insultos! Cállate si no quieres que te duerma de un puñetazo.

– No quise ofenderte, pero no puedo entender tu forma de pensar. Quieren vengarse de ella, pero es un plan muy peligroso. El hombre es poderoso y serás arrestado, y tus días terminarán en la cárcel. Me vengaría de una forma mucho más inteligente: pediría mucho dinero, me iría a vivir a otro país y disfrutaría de la vida. Mujeres, lujo, buena vida.

El que parecía ser el mayor pensó por un momento, luego comentó:

– ¡Tu plan no funcionará, es peligroso! Tendría que ponerme en contacto con el marido y por lo que sé ya ha puesto en acción a toda la policía. Cuando llegue la persona que estamos esperando, remataremos contigo y nos marcharemos sin dejar rastro. Será fácil.

– Pero seguirán en la pobreza, en la misma vida de siempre. No merece la pena correr tanto riesgo por tan poco. Después, ¿quién puede garantizar que la policía no encontró ninguna pista?

José no respondió, le dio la espalda y estaba a punto de irse cuando Gerson dijo:

– Estoy muy hambriento.

– En el paquete hay un pan con mortadela.

Se fueron y Gerson abrió el paquete. Esta vez el pan estaba fresco y mientras comía el sándwich pensó:

– "¿Tendría tiempo de hacerles cambiar de opinión? Si la gente por quien esperaban que llegara, ciertamente cumplirían lo que habían prometido hacer."

Así las cosas, Gerson solo pudo orar y pedir ayuda a San Jorge.

Capítulo 21

Sonó el timbre de la casa de Eugênia y Odete fue a abrir la puerta.

– ¡Doctor Rogério! ¡Llegó temprano! Entre, por favor.

– Avisen a mi tía y a doña Eugênia que tengo noticias – respondió Rogério.

Ella lo llevó a la sala:

– Siéntese. Les haré saber.

Rogério se sentó en el sofá y esperó. Rosa estaba en la cocina y se acercó a abrazarlo.

– Eugênia ya se levantó, pero aun no ha bajado. ¡Estás aquí tan temprano! ¿Sucedió algo?

No tuvo tiempo de responder, pues Eugênia llegó poco después. Luego de abrazarlo, se sentó junto a Rogério.

– Perdón por llegar tan temprano y sin avisar. Escuché algo que podría interesarte y no quería esperar para contártelo.

– ¿Que pasó? ¿Le pasó algo al niño en el orfanato?

– No. Tiene que ver con tu exmarido. Me encontré yo con un colega, un viejo amigo, conoce nuestra amistad, y me dijo que el Doctor Júlio está pasando por una situación muy complicada. Se especializa en casos de chantaje y trabaja con policías especializados en secuestros.

El caso aun está bajo absoluto secreto, pero él me lo contó. La mujer que vive con Júlio estaba en un auto estacionado en la calle con Alberto, tu hermano, y esperaba que regresara el conductor para poder irse. El conductor se había bajado del auto para recoger un paquete, y cuando Alberto se bajó del auto para apurar al chofer, terminó siendo empujado, se cayó y el auto se fue, llevándose solo a la mujer.

El conductor, que se acercaba en ese momento, dijo que había visto a dos hombres salir en el coche. Aun así intentó correr detrás, pero estaba oscureciendo y todo sucedió muy rápido. El jefe de policía cree que los hombres que se llevaron a la mujer querían dinero y pidió ayuda al grupo antisecuestro.

Hizo una pequeña pausa y Eugênia preguntó:

– ¿Ya han tenido alguna noticia?

– Por ahora no. Alberto está muy nervioso y asustado. El comisario ordenó a Júlio hacer vida normal y cumplir con su agenda, para facilitar la cantata. Enfermó y se encuentra bajo atención médica. Mauricio me contó la historia porque sabía que Alberto era tu hermano.

Rogério se detuvo unos segundos y continuó:

– Es muy perspicaz y dijo que le parecía extraña la actitud de Alberto, quien, en particular, le confió que no acepta la teoría del secuestro y que la mujer haya sido secuestrada por motivos económicos. Teme por su vida y quiere que la policía actúe más rápidamente.

Eugênia pensó un poco y luego comentó:

– Me dijiste que ella protege a Alberto y convenció a Júlio para hospedarlo en su casa, darle trabajo y un buen salario. Lo conozco bien. Debe tener miedo de perder el lugar que ganó. Si supiera algo que pudiera ayudarla, definitivamente se lo diría.

– A menos que fuera algo inconfesable.

– ¿Cómo así?

– Algo que a la policía no le gustará descubrir. La historia de esta chica es algo oscura y su origen no está claro. Lo que sé es que trabajó como chaperona de una chica rica, la acompañó en sus viajes al extranjero, estudió con esta joven y regresó con una educación social. Joven y bella, acabó conquistando a Júlio.

Eugênia no respondió y se limitó a bajar la cabeza, pensativa.

Rosa comentó:

– Si realmente tiene algo de qué arrepentirse, es posible que no pueda salir de esta situación.

– Me gustaría que esta historia terminara bien. A pesar de todo lo que ha hecho Júlio, siento que cada uno tiene derecho a elegir cómo quiere vivir. Simplemente siento que no enfrentó la verdad... Las cosas no deberían haber sucedido de esa manera. Sufrí por la traición de Júlio, por su debilidad, por huir en secreto, pero respeto su libertad de elección.

Eugênia se quedó pensativa por unos segundos y luego continuó:

– Si esto no hubiera sucedido, no habría descubierto la espiritualidad ni habría ganado tu amistad, que me ayudó a encontrar alegría y paz. Hoy soy una persona diferente, tengo más ilusión, siento placer de vivir. No quisiera retroceder en el tiempo y ser esa mujer de hace unos años.

Rosa la abrazó cariñosamente diciéndole:

– Nuestra amistad se remonta a otras vidas. Lo he sentido desde que te vi en ese hospital.

Odete se acercó:

– Preparé un delicioso desayuno e hice ese pastel de chocolate que le gusta al Doctor Rogério. Ya está sobre la mesa. ¡Vengan!

– ¡Esta tarta de chocolate merecía un premio! Es lo mejor que he probado en mi vida – respondió Rogério emocionado.

Mientras estaban sentados en la despensa, iniciaron una animada conversación e intercambiaron ideas sobre diversos temas. Cuando regresaron a la sala, Rosa fue a encontrarse con Odete en el comedor.

Eugênia se sentó en el sofá y Rogério se colocó junto a ella. Sus miradas se encontraron y él comentó:

– Me gusta tanto venir aquí que no podía esperar. ¡Te saqué de la cama! Es hora de retirarme.

– ¿Ya? Si no fuera mucho pedir, me gustaría que te quedaras un poco más para que podamos hablar sobre Beto. Cuando me mira, a veces con enfado o desprecio, siento que hay en él un sentimiento muy fuerte de dolor y tristeza que no sé cómo explicar.

Rogério lo arregló:

– Debes estar sintiendo lo que él siente.

Eugênia meneó la cabeza y comentó:

– Si él está sintiendo todo este dolor, ¿qué podemos hacer para aliviarlo? Quiero abrazarlo y hacerle olvidar esta tristeza. Pero él lo evita, no acepta el cariño. ·

– El amor siempre puede hacer más que el dolor. No te rindas con él. Haz lo que tu corazón te pida. Empieza, aunque sea a distancia, ensayando un acercamiento. Es asustadizo. No sabemos qué experiencias atravesó ni el alcance de su tragedia. Pero eso es en el pasado y tenemos el presente, que es el momento en el que se programan las cosas buenas. Al pensar en Beto, intenta enviarle buenas energías, cuando sientas que las necesita. Persiste.

Esta es la forma. Poco a poco acabará dejando atrás el pasado y renovando sus sentimientos. Después de todo, es un niño que necesita apoyo y amor.

Los ojos de Eugênia brillaron y puso su mano en el brazo de Rogério:

— ¡Tienes el don de tocar mi alma! Hablar contigo siempre me anima. Ya te propuse que nos hiciéramos cargo del orfanato y viviéramos los tres juntos, pero te negaste. No creo que sientas lo mismo que yo.

— Quizás rechacé la propuesta porque no sabría controlarme.

Ella frunció:

— ¿Que quieres decir con eso?

— Cuando estoy cerca de ti, pierdo el control. Tengo ganas de abrazarte, pero no quiero perder tu amistad.

Eugênia apretó con fuerza la mano de Rogério y él no resistió. La abrazó cariñosamente y la besó en los labios varias veces.

Ella, a su vez, respondió al beso de Rogério y ambos se olvidaron del mundo. Rosa, que regresaba a la sala, al verlos, salió sin hacer ruido y regresó a la cocina emocionada y con el rostro sonrojado.

— ¿Que pasó?

— Ambos están en llamas. Después de todo, ¿consiguieron entenderse?

— Estaban en la habitación besándose.

— ¡Al fin! Pensé que nunca tendría el coraje de declararse.

— Tomemos un descanso. Necesitan hablar. E

n la sala, abrazados, Rogério y Eugênia sintieron que sus corazones latían salvajemente y continuaron besándose, olvidándose de todo. Cuando se calmaron, él dijo movido:

– Lo siento, perdí el control. Lo que siento por ti es muy fuerte. Despertaste un sentimiento en mí que nunca había experimentado.

Eugênia lo miró emocionada:

– Había decidido que esto nunca volvería a suceder. No esperaba volver a amar como si fuera la primera vez... Con esta intensidad, que me toca el alma y al mismo tiempo me asusta.

Rogério la abrazó afectuosamente y le dijo emocionado:

– Vivimos experiencias dolorosas, que aun están vivas en nuestra memoria, como decir que es mejor no volver a involucrarnos. Pero la gente no es la misma. Hace un tiempo me di cuenta que te amaba y me prometí que nunca lo sabrías. ¡Pero hoy descubrí que yo también te gusto y estoy más feliz que nunca! Quiero pasar el resto de mi vida contigo, Eugênia.

Ella, con los ojos brillantes de emoción, no pudo responder a las confesiones de Rogério y se limitó a unir sus labios a los de él una y otra vez.

Después de besarlo, dijo seriamente:

– ¿Quieres casarte conmigo?

– Casada o no, lo que quiero es estar contigo. Cuando estamos juntos, me siento segura y confiada. Me encanta hablar de todos los temas contigo, ya que siempre me aportas paz y bienestar. Tienes una sabiduría que me encanta y me hace querer ser cada día mejor persona.

Rogério la besó cariñosamente en la frente diciendo:

– Démosle la noticia a Rosa.

– ¿Lo aprobará?

Él se levantó, la abrazó y se dirigieron al comedor, donde Rosa y Odete esperaban ansiosamente a la nueva pareja. Al verlos llegar emocionados, caras sonrojadas y tomados de la mano, Rosa corrió a abrazarlos cariñosamente y, antes que pudieran hablar, dijo:

– ¡Al fin! ¡No podía esperar más por el día en que se entendieran!

Los dos se miraron asombrados:

– ¡Pensé que lo había disimulado muy bien! – Comentó Rogério.

– Ambos descubrimos que estaban hechos el uno para el otro. ¡Nunca había visto tanta afinidad! – Comentó Odete emocionada.

Eugênia la miró admirada:

– ¿Tú también, Odete?

– Sus ojos brillaron cuando llegó el Doctor Rogério. Luego, las largas conversaciones, el entendimiento... Fue hermoso verlos juntos.

– ¡Le pedí a Eugênia que se casara conmigo y ella aceptó! – Celebró Rogério.

Los ojos de Rosa brillaron cuando dijo:

– ¡Que bien! ¡Abramos un vino para celebrar!

Odete fue a buscar el vino, mientras los tres se fueron a sentar al salón a hablar del futuro.

Rogério quería casarse tan pronto como los documentos estuvieran listos. Cuando dijo que el contrato nupcial sería con separación de bienes, Eugênia protestó:

– Eso no. Compartamos todo.

Rogério sacudió la cabeza y respondió:

– No. Lo que tienes es una reliquia familiar, es tuya. Tengo algunos ahorros y me gustaría comprar una casa bonita y decorarla con gusto. Allí construiremos nuestra felicidad sin nada que nos recuerde el pasado.

– Esta es la casa de mi familia. Crecí aquí, pasé buenos momentos en esta casa, sufrí algunas pérdidas, estuve sola... Pero estoy de acuerdo contigo. Construyamos una vida nueva, solo nuestra, llena de amor y paz:

Los ojos de Rosa estaban húmedos cuando dijo:

– ¡Siento que estarán muy felices! Eugênia la abrazó diciendo:

– Irás con nosotros. No renunciaremos a tu compañía.

Rosa bajó la cabeza y no respondió. Rogério lo miró:

– ¡Eres parte de nuestra vida! Siempre estaremos juntos.

Rosa suspiró, pensó un poco y dijo:

– Yo también quiero estar siempre con ustedes, pero estoy viviendo un dilema.

Ambos la miraron con admiración y ella continuó:

– Robson me pidió que me casara con él, pero me negué.

Los dos se miraron y Eugênia comentó:

– ¿Él no te gusta?

– Me gusta, me gusta mucho. Es la primera vez que estoy realmente interesada en alguien. Pero él vive en otro país y no quiero alejarme de ustedes. Amo a los niños del orfanato y no tengo la intención de alejarme de ellos.

Rogério la abrazó afectuosamente:

– Piensa mejor, tía. Evalúa la situación con cuidado para no arrepentirte más tarde. Me parece una buena persona.

– Él lo es. Me gusta su forma práctica de pensar. Es un hombre generoso, honesto, dedicado y siempre me hace sentir bien con la vida. Pero me gusta vivir aquí y no quiero vivir en un país extraño, sin conocer a nadie ni saber hablar el idioma. Mañana vendrá aquí a despedirse de mí. Ha terminado su trabajo y se irá en dos días.

– Todavía estás a tiempo de cambiar de opinión – dijo Rogério.

– No. Ya lo he decidido y no voy a dar marcha atrás. Pero no te preocupes por mí. He estado pensando en ir a vivir al orfanato, cuidar de esos niños. No he estado allí todavía porque amo tu compañía. Mientras pueda estar contigo, no me iré de aquí.

Los dos abrazaron cariñosamente a Rosa y luego se sentaron en el sofá a hablar de la boda. Rogério quería que la unión se oficializara lo antes posible.

La conversación transcurrió animadamente. Rogério confesó que ya había consultado a un agente inmobiliario para conocer los precios y condiciones de compra de las propiedades. Al mencionar esto, Rosa sonrió con picardía y comentó:

– ¿Hace cuánto que piensas en casarte con Eugênia?

– No estaba pensando en casarme todavía, pero quería comprarme una casa para vivir. Ahora que ella aceptó la petición, tengo la intención de comprar una casa mucho mejor.

El ambiente era de alegría y la pareja, abrazándose, sonreían mientras delineaban planes para el futuro.

✳ ✳ ✳

Magali se despertó asustada, escuchó el sonido de un auto llegando y notó que aun estaba oscuro. ¿Cuántas horas había dormido? Allí había perdido la noción del tiempo y temía, con cada ruido, que entraran en la habitación dispuestos a rematarla.

Luego cerró los ojos y esperó. Escuchando sus oídos, escuchó las voces de los hombres hablando y su corazón se aceleró.

¿Había llegado la persona que estaban esperando? La puerta de su habitación; sin embargo, no se abrió. Habían entrado en la habitación de al lado. ¿El detective seguía encerrado allí?

Sin hacer ruido, Magali se levantó y acercó la oreja al agujero que Gerson había hecho en la pared.

Estaba despierto cuando abrieron la puerta del dormitorio y entraron tres hombres. Gerson se levantó y se acercó al grupo diciendo con voz firme:

– Regresaron. Después de todo, ¿qué piensan hacer? A estas alturas la policía ya debería tener pistas sobre el paradero de la mujer y es probable que esté en camino. Después de todo, ¿qué están esperando?

– Eso es lo que querías, pero la policía no sabe dónde estamos. Ha llegado el momento de poner fin a esta historia.

Gerson sintió que necesitaba actuar con rapidez. Sacudió la cabeza y dijo enojado:

– Puedo ver que son principiantes. ¡Además de estar mal vestidos y ser pobres, todavía quieren matar a la gallina de los huevos de oro! Tenía todo bajo control y tú desbarataste mis planes. En este momento debería tener la pasta en mis manos, disfrutando de un hotel de lujo en otro país. ¡Son muy estúpidos! ¡Merecen ser pobres por el resto de sus vidas!

José sacó un revólver diciendo:

– ¡Cállate la boca! Nadie me insulta gratis.

¡Serás el primero en morir!

El tercer hombre del grupo se acercó diciendo:

– ¡Déjalo, hombre! ¡Tenemos tiempo! Disfrutemos de nuestra venganza. Todo lo que Josué sufrió, al tener sus entrañas devoradas por ese veneno, necesita ser vengado de una manera más justa. Un disparo no es nada.

— Trabaja como detective y se cree mejor que nosotros. ¡Es un sinvergüenza! Estaba conspirando para sacarle dinero al millonario que vivía con la víbora.

— ¿Ah, sí? ¡Mira al detective ladrón! Vamos, ¿cuál es el plan que tenías? ¡Estoy curioso! ¡Cuéntanos!

— Creo que te estás vengando de la manera equivocada. Le sacaría mucho dinero a su marido. Él es muy rico y está loco por ella. Sin duda pagaría lo que le pidieran para recuperarla.

Gerson vio que los ojos del secuestrador brillaban de codicia y continuó:

— Sé cómo hacer esto sin ningún riesgo. Para pagar, necesita tener pruebas que ella está viva. Esto es básico. La policía cree que es más inteligente, pero conozco una manera de hacer que esto suceda de manera segura. Para cuando llegue la policía, nos habremos ido con todo el dinero. ¿Los has imaginado? ¡Viajar por el mundo, experimentar la buena vida, tener todo lo mejor de lo mejor! Mujeres hermosas por todas partes. Están locos por encontrar un hombre rico. ¡Lo tengo todo planeado! Sé cómo hacerlo.

— ¡No te metas con él, Roque! ¡Es peligroso! Hagamos lo que acordamos – dijo José.

— ¡Estoy curioso! Dijiste que tenías un plan. Cuéntanos qué pretendías hacer.

— ¿Tú piensas que soy estúpido? Quería hacerlo todo yo mismo. Pero en esta situación creo que podemos negociar. Había pensado en pedir cinco millones de reales, pero ahora creo que es mejor pedir diez: cinco para mí y cinco para ti.

– ¡Eres un buen muchacho! Estás en nuestras manos y tendrás que hacer lo que yo quiera – respondió irónicamente Roque.

– Roque, acaba con esto. No vamos a negociar con este sinvergüenza. ¡Podríamos terminar en prisión y entonces el dinero no valdrá nada!

– Antônio, quédate afuera y vigila. Y tú, José, ve a buscar la comida al auto y llévasela a la chica de la habitación – Roque, impaciente, dio órdenes a los otros dos hombres.

– No quieres continuar esta conversación, ¿verdad? – Preguntó Antônio irritado.

– ¡Haz lo que digo! ¡Fuera!

– ¿Vas a estar a solas con él? – Volvió a preguntar Antônio.

– ¡Vete, rápido! ¡Coge la comida y ten cuidado porque es peligrosa!

Después de irse, Roque se acercó y continuó:

– ¡Creo que tu idea no es del todo mala! Después de todo, esta venganza es muy cara. Sería bueno sacar un poco de provecho de esto.

– ¿Estás dispuesto a aceptar mi plan?

– Solo si divides el dinero en partes iguales.

Gerson pensó un poco y luego respondió:

– Está bien. Pero primero quiero la garantía que, cuando te entreguen el dinero, no querrás matarme para quedarte con todo.

– Es una cuestión de honor. Cuando hago un trato, cumplo lo que prometo. Cualquiera que me conozca lo sabe.

Roque le tendió la mano y Gerson se la estrechó. Entonces dijo:

– Ahora dime, ¿cuál es tu plan?

– Te daré una lista de los materiales que serán necesarios para contactar con el marido de la muchacha. Tendremos que demostrar que está viva y luego acordaremos cómo nos entregarán el dinero.

– ¡Esto será muy peligroso! Vamos a correr muchos riesgos.

– ¡Nada de eso! ¡Ya lo tengo todo planeado! Será más fácil de lo que crees. La policía no hará nada hasta que la lleven de vuelta a un lugar seguro, pero para entonces ya estaremos lejos y con el dinero en el bolsillo. ¿Tienes pasaporte?

– Nunca salimos del país. ¿Crees que es necesario

– ¡Claro! Tenemos que ir a un lugar donde la policía no pueda arrestarnos. Seremos libres y con todo el dinero. ¿Has pensado alguna vez en la buena vida que vamos a llevar? ¡Estoy soñando con las mujeres hermosas que tendremos ahí fuera! Seremos ricos, libres y disfrutaremos de la vida sin preocupaciones.

– ¡Me convenciste! Ahora voy a salir a hablar con los otros dos.

– ¿Crees que lo aceptarán?

– Harán lo que yo les diga. ¡Yo soy el jefe!

Después que Roque se fue, Gerson pensó en lo que haría para engañarlos y escapar.

Al salir de casa, Roque se encontró con un nervioso José en el porche.

– ¿Qué pasó hombre?

– Casi termino con esa mujercita ahora mismo. Cuando me acerqué, ella saltó sobre mí, me rascó la cara y solo se detuvo cuando saqué el revólver.

Roque se echó a reír, enojando aun más a José.

– ¡Qué suave eres! ¡Fuiste golpeado por una mujer! ¿Dónde se has visto?

– Pero le di una bofetada.

– ¡Para! Cambié de planes. Tenemos que hablar.

– ¿No me vas a decir que aceptaste la sugerencia corazonada del detective?

– Estoy tentado a aceptarla. Después de todo, una mujer muerta solo hará que la policía venga por nosotros. Si la entregamos viva, podríamos ganar mucho dinero con ello.

– Yo no quiero. La policía lo descubrirá y nos arrestará.

– Nada. Cuando llegue la policía estaremos lejos de aquí, con dinero, ricos y llevando una buena vida.

– ¡Queremos vengar la muerte de Josué!

– Sí. Yo también lo quería. ¡Pero está realmente muerto! Estamos vivos y debemos disfrutar la vida. Al fin y al cabo, después del trabajo que nos dio, de investigar, de descubrirlo todo, ¡nos merecemos este dinero!

– No acepto eso. Tengo miedo.

– En ese caso, vete. Será uno menos para repartir el premio mayor.

– ¡No te reconozco!

– Basta de hablar. Si quieres irte, vete. Antônio y yo continuaremos.

– ¿Me vas a dejar fuera de este premio mayor?

– Tú eres el que quiere irse. Decide ahora lo que quieres hacer.

– Está bien. Yo me quedo.

Roque rio satisfecho.

– Tengo hambre. ¡Vamos! Quiero cenar en ese restaurante por el que pasamos a la entrada de la ciudad.

Cuando regrese, el detective nos dará la lista de lo que necesitaremos comprar para activar nuestro plan.

Capítulo 22

Después de escuchar el sonido del auto alejándose y notar todo en silencio, Gerson llamó:

– Magali, Magali.

Ella inmediatamente respondió:

– ¡Sigues ahí! Estoy muy nerviosa y asustada. Estaban hablando contigo, pero no pude entender nada.

– Cálmate. Jugué y mordieron el anzuelo.

– ¡Habla, por el amor de Dios!

– Fingí que tenía la intención de secuestrarte y sacarle dinero a tu marido.

– ¿Se lo creyeron?

– Los dos que estaban aquí no quisieron, pero el que llegó último es el jefe. Le dije que cuando viniera la policía estaríamos lejos con el dinero del rescate, y le hablé de la buena vida en Europa, con mujeres y mucho dinero... Quedó fascinado y aceptó.

– ¿Y cómo piensas hacer eso?

– Yo me encargo de los detalles. Salieron a cenar y volverán para que podamos planificar.

– ¿Funcionará?

– Es nuestra única oportunidad de salir vivos de aquí.

– ¡Cuidado! Puedes acelerar los eventos.

Tengo miedo.

– Soy hijo de San Jorge. Él nunca me decepcionó. Estoy seguro que nos ayudará con esto. En lugar de tener miedo, ora con fe y pídele al santo que nos ayude. También oraré y pediré inspiración.

Magali se sentó en la cama, preocupada. Le dolía la cabeza, le dolía el estómago y se sentía débil, lo que la hacía temblar de frío. Estaba muy asustada. Quería orar, pero el recuerdo de su crimen la molestaba. Era una asesina y no creía merecer la ayuda de Dios.

Las lágrimas corrieron por su rostro y recordó aquella terrible mañana en la que había vertido el veneno en la boca de Josué. Mientras él se ahogaba, se retorcía y lloraba, ella cogió al niño, la pequeña bolsa que había preparado y se alejó rápidamente, temiendo que alguien la viera.

¿A dónde ir después de eso? Estaba horrorizada por todo lo que había pasado, incluido el fruto de esa horrible unión, en la que fue sojuzgada, masacrada e invadida. Pero a pesar de esto, no tuvo el coraje de acabar con el niño. Había planeado no quedarse con él y ya había descubierto un orfanato donde pensaba dejarlo. Lo envolvió en una manta vieja, lo metió dentro de una bolsa de tela que Josué usaba para comprar en el mercadillo y se fue apresuradamente. Amanecía el día, caminó rápidamente y colocó la bolsa en la puerta de la institución. Echó un vistazo rápido a su alrededor y se aseguró que no hubiera nadie allí. Tocó el timbre y salió corriendo, como si la persiguieran por las cosas que había hecho.

Pero a pesar de todo, se sintió aliviada. No se arrepintió de nada. Había sido utilizada, ofendida, maltratada y sentía que tenía derecho a defenderse. La habían atacado y se defendió. A partir de entonces sería libre de empezar de nuevo. Solo tenía dieciséis años y toda la vida por delante...

Magali recordó todo esto antes de tener el valor de rezar y pedir ayuda a San Jorge, como si él la estuviera juzgando. Pero en realidad era ella misma quien se condenaba a sí misma. Dejó que las lágrimas bañaran su rostro mientras suplicaba al santo que la perdonara por lo que hizo y le diera la oportunidad de seguir viviendo, y prometió hacer todo lo posible para convertirse en una mejor persona.

✳ ✳ ✳

El día iba aclarando y Júlio dormía profundamente. Una semana después de la desaparición de Magali, el médico le recetó potentes pastillas para dormir. Había perdido peso. Permaneció persistentemente detrás de la policía, que insistió en que llevara una vida normal para que los secuestradores de Magali pudieran encontrarlo fácilmente. Pero él no se conformó.

Alberto también estaba desolado, pero pensaba de forma más práctica: le había pedido un tranquilizante al médico y estaba comiendo para estar bien y ser útil si lo necesitaba sin él.

A la hora del almuerzo, Júlio todavía dormía. Alberto almorzó, luego se sentó en la sala, mirando el retrato de Magali que estaba en la consola, y sus ojos se llenaron de lágrimas. A pesar de todo, no le contó a nadie el crimen que había cometido y sospechó que esa era la causa de su secuestro.

Cada vez que sonaba el timbre o el teléfono, temía que fueran malas noticias. Sufría por ocultar la verdad, pero al mismo tiempo tenía miedo de incriminarla y todo empeoraría.

Al final de la tarde, el jefe de policía llamó y, como Júlio todavía estaba acostado, Alberto le respondió con el pecho oprimido. Pero el comisario solo preguntó si alguien se había puesto en contacto. Cuando lo negó, pensó en decir la verdad, pero el comisario rápidamente colgó y volvió a sentarse pensativo.

Poco después sonó el timbre. Joyce fue a contestar el teléfono y era Anita, la secretaria de Júlio. Siempre iba al final de la tarde a hablar con su jefe sobre la marcha de las cosas en la correduría. Cuando se abrió la puerta, ella dijo asombrada:

– ¡Mira, hay una carta en el suelo!

Los dos se miraron y Alberto se acercó:

– ¿Carta debajo de la puerta?

Tomó el sobre, que estaba cerrado y sin sello. Alguien lo había colocado allí. Fue a ver a Júlio, que se estaba despertando, pero todavía no decía nada. Entonces decidió:

– Se lo llevaré al Doctor Borges. ¡Quizás eso es lo que estábamos esperando!

Alberto llamó y, mientras esperaban que llegara la policía, fueron a informar a Júlio. Aunque despierto, Júlio quedó atónito, pero al enterarse de la carta reaccionó, quiso abrirla y leerla, pero Alberto le recomendó esperar sin el Doctor Borges. El policía había dicho que quería abrir él mismo la carta antes que todos la tocaran y borrar las posibles pistas que pudiera contener.

Cuando se levantó, Júlio se sintió muy mareado, respiró hondo, esperó un poco y luego, tanteando, fue a darse una ducha. Permaneció bajo la ducha unos minutos y poco a poco empezó a sentirse mejor.

Se vistió, abrió la puerta del dormitorio y encontró a Alberto, que lo esperaba en el pasillo.

– ¿Te sientes bien? – Preguntó Alberto.

– Todavía un poco mareado. No sé si está nervioso por la carta o por el medicamento que tomé. Vamos a bajar.

Alberto le ofreció el brazo:

– Apóyate en mí.

Júlio sintió que le temblaban las piernas y se apoyó en el brazo que le ofrecía.

– Gracias. Si a Magali le pasa algo, no sé qué será de mí.

– Pensemos en lo mejor. La carta debe contener una solicitud de rescate. ¡Pronto estará sana y salva en casa!

– Abrámosla ahora y leámosla.

– Tenemos que esperar. El Doctor Borges se mostró inflexible.

Es mejor obedecerle.

Júlio se sentó en el sofá de la sala y Joyce se acercó:

– No comiste nada, necesitas comer.

– Esa medicina que me dieron es muy fuerte. Todavía estoy aturdido. Haz un café muy fuerte.

Ella salió apresuradamente y regresó poco después:

– El café está en la mesa, pero será mejor que comas al menos algo con sal. No has comido nada.

Alberto insistió en que comiera y concluyó:

– Yo también voy a comer. Quiero que Magali, cuando regrese, nos encuentre lo suficientemente bien como para darle la bienvenida. ¡Todo estará bien!

Poco después llegó la policía. El Doctor Borges entregó el sobre al perito para que lo examinara. La carta estaba compuesta por cartas periodísticas con una solicitud de diez millones de reales en efectivo. Había una foto de Magali dentro de la habitación, atada a la cama, con una mordaza.

Júlio se acercó a ver la foto y sintió que le temblaban las piernas. Alberto lo apoyó mientras el comisario aclaraba:

– No te dejes impresionar por la foto. Quieren asustar a la familia a propósito para forzar el pago. Nuestro experto examinará más a fondo el material en el laboratorio y nosotros esperaremos aquí. Tenemos que planificar todo cuidadosamente, incluida la liberación del dinero siguiendo las demandas que hicieron. Es un valor alto, en efectivo.

– Puedo hacer eso rápidamente. Lo que más deseo es recuperar a mi esposa.

– Tenemos que hacer todo con calma. No podemos asustarlos. Nada puede salir mal.

Mientras dos policías iban al laboratorio, Borges se sentó al lado de Júlio, quien dijo preocupado:

– Cuando pienso que ella está en manos de estos criminales, siendo maltratada, temo que perderé la razón.

– Ese detective que contrataste se ha ido. O se sumó al golpe y está con los secuestradores, o fue sometido porque quería defenderla. Pero su historial de servicios prestados a las personas es muy bueno. Lo que nos hace creer que él la está ayudando de alguna manera.

En la carta, los secuestradores habían establecido cuándo, dónde y cómo se realizaría el pago.

Media hora después, un policía llamó y habló con el comisario durante un rato. Cuando colgó, Júlio preguntó con ansiedad:

– ¿Y entonces?

– Creo que resolveremos este caso más rápido de lo que esperábamos. Tengo que volver a la comisaría y tomar algunas medidas.

Júlio se levantó:

– ¡Voy contigo!

– Te quedarás en casa. Cuando sea el momento adecuado, te lo haremos saber.

– ¿Y el dinero? ¡Necesito conseguirlo!

– Todavía no. Lo planificaré todo y me pondré en contacto. Quiero que esperes aquí.

Júlio iba a protestar, pero Alberto intervino:

– ¡Cálmate, Júlio! Tengamos paciencia y esperemos. Estamos nerviosos y podemos estorbar. Es mejor obedecer.

El comisario los miró fijamente:

– Es eso mismo. Llegará el momento en que los necesitaremos a ambos. En el momento adecuado los llamo.

– Esperemos – dijo Alberto.

Los policías se fueron, Júlio volvió a sentarse y comentó:

– ¡El tiempo pasará!

– ¡Pero cada minuto que pasa está más cerca de tener de vuelta a Magali!

Alberto dijo esto con tanta fuerza que Júlio se conmovió. Puso su mano en su brazo y respondió:

– ¡Has sido nuestro amigo! No confié en ti, solo te recibí porque Magali me lo pidió. Pero le gustas mucho y eso me toca mucho. Si no hubieras estado a mi lado, ayudándome, no sé ni qué locuras habría hecho.

Los ojos de Alberto estaban húmedos cuando dijo:

– En toda mi vida, Magali fue la única persona que me respetó, que me trató como personas. Ella, una mujer fina, rica, que no me necesitaba para nada, me enseñó muchas cosas, siempre con naturalidad, nunca me criticó. ¡Haré cualquier cosa por ella!

– ¡Es difícil esperar sin saber lo que está pasando!

Nervioso, Alberto se pasó la mano por el cabello y comentó:

— Ahora mismo tenemos que confiar en la policía y esperar a que nos llamen.

Pasaron las horas sin noticias. Nervioso, Júlio llamó a la comisaría y le informaron que el Doctor Borges estaba en una reunión y no podía atenderlo.

Media hora después, Juan fue a decirles que el Doctor Borges tenía dos vehículos esperándolos en la puerta.

Alberto y Júlio salieron apresuradamente y el jefe de policía se acercó a ellos diciendo:

— Tenemos una pista que puede ayudarnos. Te necesitamos, pero tendrás que obedecer nuestras órdenes, pase lo que pase. ¿De acuerdo?

Los dos estuvieron de acuerdo y subieron al auto del Doctor Borges, que era un sedán. Los dos vehículos policiales tomaron la delantera y el conductor del sedán, con el agente a su lado, siguió a las patrullas. En el asiento trasero, Júlio no pudo contenerse y preguntó:

— ¿A dónde vamos?

— Vamos a arrestar a un sospechoso y ustedes dos van a hacer un reconocimiento. Cuando lleguemos, mantente alerta y solo haz lo que te diga. Ahora basta de preguntas.

Salieron del centro de Río de Janeiro y se dirigieron al interior del Estado. La noche era oscura y los dos hombres en el asiento trasero estaban nerviosos y ni siquiera sabían qué lugar era ese.

Por radio, el Doctor Borges ordenó a los vehículos rodear una casa antigua donde había un cartel: Pousada San Cristóbal.

— Ustedes dos quédense en el auto con el conductor. Solo salgan si los llamo.

En ese momento, un joven salió de la posada, pasó junto a Borges, le hizo una señal afirmativa y fue a hablar con la policía. A una señal del jefe de policía, todos los policías entraron con él a la posada. El portero, con cara de sueño, apareció en el pasillo y el jefe de policía no le dio tiempo a decir nada:

– ¿Dónde está José Alves?

– En la habitación dos, subiendo las escaleras.

La policía subió, llamó, pero nadie abrió.

– ¡Abre, es la policía!

Al no obtener respuesta, derribaron la puerta y atraparon al hombre que intentaba escapar por la ventana, aunque estaba bastante alta. Lo esposaron mientras gritaba enojado:

– ¡Esto es una barbaridad! Soy un ciudadano honesto y pago mis impuestos. ¡Yo no hice nada!

Uno de los policías, al registrar la habitación, encontró al otro hombre, que se había escondido debajo de la cama y, cuando lo sacaron, gritó desesperado:

– ¡Te dije que era peligroso! ¡No me escuchaste! Poco después fueron llevados esposados al vehículo. Roque, en silencio, pensaba en una forma de escapar, mientras el otro lloraba desconsoladamente repitiendo las mismas palabras.

Antes de subir al auto, Borges interrogó a Roque:

– ¿Dónde está la señora Magali? ¡Habla!

Él no respondió y Borges continuó:

– Es mejor hablar, sino los voy a llevar a la comisaría y ahí tengo formas de hacerlos hablar. Preguntaré una vez más. Si tienes amor por tu piel, será mejor que digas dónde está.

Roque permaneció en silencio, pero el otro, llorando, dijo nervioso:

— Te mostraré el camino. No quiero ir a la comisaría.

— ¡Cállate! — Dijo Roque.

— Eres culpable de todo. Nuestro caso era solo para vengar la muerte de Josué. Pero querías dinero. La culpa es tuya. A estas alturas todo estaría resuelto y estaríamos lejos de aquí.

Por orden del jefe policial, los separaron a los dos, uno en cada vehículo. El hombre que había prometido mostrarles el camino les seguía en el vehículo que iba delante. Se dirigieron hacia el lugar.

En el auto, el Doctor Borges preguntó:

— ¿Conoces a estos dos?

— No. Estoy sorprendido.

— ¿Y tú, Alberto?

— Yo tampoco los conozco.

— Hablaron de venganza, ¿sabes de qué se trata?

Júlio lo negó y Alberto no tuvo el valor de mencionar el asunto. Ambos estaban ansiosos por llegar allí, para ver si Magali estaba bien.

Al llegar al lugar, los policías invadieron la casa y, con armas en mano, derribaron las puertas de los dormitorios a patadas. Detuvieron al otro y Borges entró a la habitación donde estaba Magali, quien al verlo llamarla se sentó en la cama sin fuerzas para levantarse.

En ese momento entró Júlio, corrió hacia ella y le dijo angustiado:

— ¡Gracias a Dios estás viva!

Abrazándolo, ella comenzó a sollozar, sin poder contener la emoción.

— Estamos yendo a casa. Voy a cuidar de ti. Todo va a estar bien.

Alberto se acercó a ellos diciendo con alivio:

— ¡Se acabó la pesadilla! ¡Gracias a Dios!

Un policía se acercó al comisario y trajo a Gerson esposado:

— Este es parte del grupo, estaba en la habitación de al lado.

Júlio intervino:

— Es Gerson, el detective que contraté.

— Me secuestraron antes que a ella y me trajeron aquí – dijo Gerson.

Uno de los policías intervino:

— Él fue quien hizo que los secuestradores cambiaran su plan. El hombre que cuidaba el cautiverio dijo que la arrestaron para vengarse.

Magali, envuelta en la chaqueta de Júlio, se levantó y dijo nerviosamente:

— ¡Ya no soporto quedarme aquí! ¡Quiero ir a casa! El detective estuvo encerrado en la habitación de al lado. Hizo un agujero en la madera y me hablaba tratando de calmarme. No es su culpa. ¡Al contrario, él fue quien me salvó!

Poco después llegó otro vehículo y el médico de Borges se acercó a Júlio y determinó:

— Mi coche te llevará a casa. Mañana hablaremos. En cuanto a los demás, todos irán a la comisaría.

Durante el viaje de regreso, Magali, abrazada a Júlio, con los ojos cerrados, cansada, no podía esperar a llegar a casa, darse una ducha, deshacerse de ese olor a humedad que había impregnado su ropa y su cuerpo. Había escapado, pero no estaba en paz.

¿Qué pasaría cuando la familia de Josué le dijera la verdad a la policía? ¿Qué haría? Lo había hecho todo sola y no tenían pruebas de su culpabilidad. Sería tu palabra contra la de ellos. Decidió que nunca confesaría. Ella juraría que, cuando él se escapó de casa por los malos tratos que sufría, había bebido mucho y ella había aprovechado para escapar.

Júlio, abrazándola, de vez en cuando besaba su rostro con amor, feliz de volver a tenerla, seguro que todo estaba bien.

Alberto, sabiendo que seguramente el hermano de Josué acusaría a Magali del crimen, decidió fingir que no sabía nada. Después de todo, había conocido a Magali como la esposa de Júlio. Sabía que Júlio haría todo lo posible para defenderla y demostrar que era inocente. Cuando estuviera a solas con ella, se pondrían de acuerdo sobre qué hacer. Se había encariñado con Magali y estaba dispuesto a ayudarla a resolver este caso. Después de todo, ella era la víctima y tenía todo el derecho a defenderse.

Júlio era un hombre rico, conocido en la alta sociedad. Era muy posible que este caso interesara a la opinión pública y acabara siendo llevado a los tribunales. Pero aun así, él estaría de su lado para defenderla.

Ella había actuado en defensa propia y él conseguiría su absolución.

Al fin y al cabo, las leyes siempre dejan margen de defensa para quienes saben utilizarlas inteligentemente, contando la historia de la manera correcta.

23

Al día siguiente, cuando Magali llegó a la comisaría acompañada de Júlio, estaba dispuesta a negar ser responsable del crimen. Sabía que los familiares de Josué la acusarían, pero estaba segura que Júlio no escatimaría esfuerzos para defenderla. Después de esperar un rato, el comisario les pidió que entraran.

Durante la noche no había dormido nada bien. Había tenido pesadillas en las que Josué se aparecía ante ella, deforme, prometiendo vengarse. Estaba deprimido y cansado.

Sentada frente al escritorio del comisario, nerviosa, asustada, esperando lo peor, trató de calmarse y no mostrar lo que sentía.

El jefe de policía le pidió que contara todo sobre el secuestro, lo que ella hizo con voz temblorosa, mientras Júlio le tomaba la mano para animarla.

Al contrario de lo que ella esperaba, él no mencionó el crimen, lo que la puso aun más ansiosa. Cuando terminó, el comisario preguntó:

– ¿Conocías a estos hombres?

– No. Nunca los había visto antes.

– ¿Está segura?

– Lo estoy.

Sin decir nada más, le pidió que firmara la declaración. Entonces dijo:

– Por ahora pueden retirarse. Pero, a medida que avance el caso, serán llamados nuevamente.

Magali se sintió aliviada y, durante el viaje de regreso, empezó a pensar que tal vez el policía no había creído el discurso de los secuestradores. Al fin y al cabo, ella había sido la víctima, eran bandidos, pedían rescate. Esta esperanza la hizo sentir más tranquila. Júlio era un hombre bueno, respetado y poderoso. Salió aliviada de la comisaría.

Júlio se sintió de buen humor y feliz. Después de todo, todo había terminado bien. Magali estaba libre, los bandidos estaban en la cárcel y él no había tenido que pagar el rescate. Ahora era el momento de seguir adelante con la vida. Dejó a Magali en casa y se fue a la oficina pensando en una manera de ganar más dinero y recuperar los días perdidos.

Alberto estaba en la casa de Bolsa y apenas Júlio llegó, recogió unos papeles y se dirigió a su oficina. Estaba ansioso por saber qué había pasado en la comisaría. Le entregó algunos documentos, habló un poco sobre el trabajo y finalmente preguntó:

– ¿Cómo te fue en la comisaría?

– Todo bien. Los delincuentes fueron arrestados, el caso está resuelto. Ahora toca poner nuestras fuerzas a trabajar para recuperar el tiempo perdido.

Júlio no había mencionado la venganza ni la muerte de Josué, por lo que Alberto tenía curiosidad y muchas ganas de hablar con Magali. Al final de la tarde, Júlio decidió pasar por el club para ver a sus amigos y saber cómo iban las cosas. Alberto tomó un taxi y se fue a su casa. Nada más al entrar buscó a Magali.

Ella estaba en la habitación y él fue a verla. Llamó y poco después abrió Magali:

– ¡Sabía que eras tú!

– Júlio fue al club y yo estaba ansioso por saber cómo les fie en la comisaría. Júlio no mencionó a Josué y dio por cerrado el caso. ¿Fue eso realmente todo?

– Hablemos en la oficina. Nadie puede oírnos.

Una vez allí, sentados uno al lado del otro, Magali continuó:

– Entré aterrorizada a la oficina del jefe de policía. Pero no mencionó a Josué. Me pidió que le contara sobre el secuestro, me hizo firmar la declaración y nos pidió que nos retirásemos.

– ¿Se cerró el caso?

– Creo que no. Nos dijo que siguiéramos disponibles porque nos volverían a llamar.

– La policía debe estar investigando sus vidas.

Magali palideció:

– ¿Lo crees? Eso es muy peligroso. ¡Podrán descubrirlo todo!

Alberto intentó llegar a un acuerdo:

– Es probable que no se hayan tomado en serio sus declaraciones. Júlio es muy respetado, eres de la alta sociedad y estás por encima de cualquier sospecha. Después de todo, te secuestraron, pidieron rescate y eso los convierte en bandidos de la peor calaña.

– Ésa es mi esperanza. Si me acusan, siempre lo negaré.

– Ayer, cuando estaba en la comisaría, conocí al detective Gerson. Hablamos, me dijo que en la declaración que dio dijo cómo te trataban los delincuentes. Manifestó que durante el tiempo que trabajó para Júlio le gustó tu forma de ser y te admira mucho. De hecho, también le conté al comisario cómo me ayudaste.

Magali suspiró aliviada:

– Me alegro de tener amigos.

Alberto puso su mano en su brazo:

– Fuiste la única persona que se acercó a mí cuando más lo necesitaba. Hago cualquier cosa por ti.

– Esperemos que este caso termine aquí. Voy a recuperar mi vida. ¡Júlio sentirá lo feliz que puedo hacerlo!

– ¡Él se lo merece! Nunca he visto a un hombre sufrir por una mujer como sufrió por ti. Pensé que no lo lograría. Parecía un fantasma caminando por la casa. Perdió el gusto por todo. Solo lo hizo arrepentirse, imaginar su sufrimiento.

– Sé agradecer a quienes tanto me aman.

Cuando Júlio llegó a casa, encontró a Magali mucho mejor. Hermosa, bondadosa, llena de sí misma, desfilando como una reina, tal como a él le gustaba que fuera. Satisfecho, la rodeó de afecto, se volvió más ingenioso, le contó cosas felices. Se sintió feliz y recompensado por todo el sufrimiento de los últimos días.

En los días siguientes, Júlio volvió a trabajar con entusiasmo. Magali, a pesar de sentir miedo, volvió a sus actividades habituales, y Alberto, preocupado, fue a su encuentro con el pretexto de aprovechar el viaje. Pero en realidad quería apoyarla.

Tres semanas después, a primera hora de la tarde, Alberto vio llegar al policía y Anita lo condujo a la oficina de Júlio. Se inquietó y se dirigió a la secretaria:

– Vi que el jefe de policía vino a hablar con Júlio. ¿Hay alguna noticia sobre el secuestro?

– Solo pidió hablar con el Doctor Júlio. No sé de nada.

Alberto pensó en saludarlo a la salida para ver si podía averiguar qué hacía allí.

Al ver entrar al comisario, Júlio se levantó y extendió su mano:

– Doctor Fonseca, ¡qué sorpresa! ¿Cómo estás?

— Bueno, vine porque necesitamos hablar. Éste es un tema delicado.

— Siéntese, Doctor. Cuéntame de qué se trata.

— Del secuestro de doña Magali. Vine personalmente porque las cosas están tomando un rumbo diferente y espero que puedan aclarar algunas cosas.

— Habla, haré lo que pueda.

— José, el que nos mostró el lugar donde estaba doña Magali, nos dijo que estaba casada con uno de sus hermanos y lo envenenó. La secuestraron porque pretendían matarla para vengarse.

Júlio palideció y se levantó asustado:

— ¡Eso es mentira! ¡Ella nunca haría tal cosa!

— Siéntate, cálmate, déjame explicarte mejor.

Júlio se dejó caer en la silla y el comisario continuó:

— No lo creí, pero el Doctor Borges decidió investigar y los interrogó varias veces, tomó datos y logró descubrir que efectivamente su hermano había sido envenenado con veneno para ratas y que buscaban a su esposa por el asesinato. Ella desapareció llevándose a su pequeño hijo.

— ¡No puede ser! Señores, se equivocan. Magali es una mujer gentil y amable, ¡nunca haría algo así! ¡Además nunca tuvo hijos!

— ¿Alguna vez has oído hablar de un corredor llamado Josué da Silva?

— ¿Dijiste Josué?

— Sí.

— ¿Él está muerto?

— Sí, fue asesinado. ¿Alguna vez has oído hablar de él?

Júlio tomó aire, tratando de calmarse, luego le contó al comisario la historia que le había contado Magali, cómo la habían obligado a aceptar ese matrimonio, cómo había sido maltratada por Josué y cómo había logrado escapar, trabajar y tomar cuidado de su propia vida. Y terminó:

– Se llamaba Josué, pero no sé su apellido. Estoy seguro que ha habido un error. Magali es amable y le gusta ayudar a la gente. Alberto trabaja conmigo y vive en nuestra casa porque Magali lo ayudó a dejar su adicción al juego. Lo trajo a vivir a nuestra casa y hoy está regenerado, tanto que trabaja conmigo aquí. Puedes preguntarle. Magali no podría matar ni una mosca.

– El nombre de la esposa de Josué es Maria Alva da Silva.

– Mi esposa se llama Magali Marques, ella no tiene nada que ver con esta persona.

– Afirman que la señora Magali es la mujer que se casó con su hermano. Tienen una foto de una joven con un bebé y aseguran que es ella. La foto es antigua, no muy buena, pero, si nos fijamos bien en sus rasgos, la chica se parece a la señora Magali.

Pálido, Júlio se dejó caer en la silla y dijo casi para sí:

– ¡No puede ser! ¡Magali nunca sería capaz de algo así!

– Lamentablemente, Doctor Júlio, el caso es grave y tendremos que esclarecer los hechos. Vine a hablar con usted porque por los acontecimientos actuales tendremos que citar a la señora Magali para que se pronuncie al respecto.

Júlio se pasó la mano por el cabello, respiró hondo y respondió:

– Magali es inocente. Estoy seguro de eso.

– Espero que así sea. Mañana emitiré la citación. Quiero resolver este caso lo antes posible. Le aconsejo que contrate a un buen abogado.

Después que el comisario se fue, Júlio siguió sentado, pensando en lo que había dicho. A pesar de saber que Magali se había casado con Josué y era reconocida por su familia, no creía que ella pudiera haber cometido este crimen. ¿Era cierto que había tenido un hijo?

Cuando el comisario salió de la habitación, Alberto lo estaba esperando con la intención de averiguar algo. Pero él simplemente lo saludó con un leve movimiento de cabeza y se alejó. Preocupado, Alberto tocó suavemente la habitación de Júlio y entró.

Júlio seguía sentado, con la cabeza gacha y la mano en la frente, ni siquiera lo vio entrar. A Alberto le bastó darse cuenta que la policía había descubierto pruebas del crimen de Magali. Se acercó y puso su mano sobre el hombro de Júlio:

– No te ves bien. ¿Sucedió algo?

Júlio lo miró fijamente y no pudo contenerse:

– El jefe de policía vino con la historia que los secuestradores se llevaron a Magali para vengarse. ¡La acusan de haber envenenado a su hermano, que habría sido su marido!

– ¡Eso no puede ser verdad! ¡Están mintiendo!

– Pienso lo mismo. Pero el Dr. Fonseca dijo que vio una foto de una mujer joven que se parece a Magali y un bebé que decía era su hijo.

– Puede que la hayan confundido.

– ¡El nombre de su marido era Josué! ¡Me habló del matrimonio, pero nunca de tener un hijo! Debe haber algo mal en esta historia.

– También lo creo. Magali no hizo nada de eso. Será su palabra contra la de ella. Si bien son delincuentes, ella es una mujer buena y respetada de la sociedad.

– El jefe de policía la citará y la interrogará sobre el asunto.

– Lo mejor ahora es contratar a un buen criminalista. Defendamos a Magali. ¡Ella es inocente!

– Eso mismo. Eso es lo que haré de inmediato.

– Estoy a disposición. ¡Haré todo lo que pueda para defenderla!

Júlio lo miró emocionado. ¡Alberto estaba demostrando ser un gran amigo! Él estaba en lo correcto. Magali era inocente y lo demostraría.

Llamó a Anita y le pidió que llamara urgentemente al Dr. Nelson a su consultorio. Confiaba en él para recomendarle un criminalista. Quería al mejor de todos.

Media hora después llegó el Doctor Nelson. Júlio le contó todo y concluyó:

– Quiero que recomiendes al mejor criminalista para defender a Magali. ¡Ella nunca sería capaz de cometer este crimen! ¡Esta historia sobre tener un hijo también es mentira!

– Contratarás al Doctor Guilherme Mendes Júnior. Es el mejor de todos.

– Quiero hablar con él inmediatamente.

El Doctor Nelson llamó al consultorio de su colega y se enteró que estaba fuera del país y que solo regresaría en dos días. Júlio estaba urgente y no quería esperar.

– Dos días es poco tiempo. Si convocan a doña Magali antes de esa fecha, podré acompañarla. En cuanto llegue el Doctor Guilherme, cantaremos con él una cantata. Él resolverá este caso, estoy seguro.

El Doctor Nelson lo había dicho con tanta seguridad que tanto Júlio como Alberto se sintieron más tranquilos.

Al notar el nerviosismo de Júlio, el Dr. Nelson relató dos casos importantes en los que el Dr. Guilherme había logrado demostrar la inocencia de sus clientes. El Doctor Nelson se despidió. Alberto lo acompañó y, discretamente, le dijo:

— Es solo una hipótesis: ¿una mujer que ha sido maltratada, insultada, agredida, tiene derecho a defenderse? Como parte más débil, ¿podría encontrar una manera de liberarse del maligno? ¿Crees que ella es culpable?

El Doctor Nelson sonrió y dijo:

— La tesis sería la legítima defensa. ¡Yo la absolvería!

Alberto sonrió cuando respondió:

— Magali es inocente, de eso estoy seguro.

— Incluso si hubiera cometido este crimen, el Doctor Guilherme podría demostrar su inocencia.

Aliviado, Alberto se despidió del abogado, quien luego se fue. Poco después, Júlio entró en la oficina de Alberto:

— Basta por hoy. Vamos a casa. Tenemos que darle la noticia a Magali y quiero que me acompañes. Necesitamos darle valor.

✻ ✻ ✻

Júlio y Alberto entraron a la casa y encontraron a Magali hojeando una revista en la sala. Al verlos llegar, levantó los ojos y preguntó asombrada:

— ¿Están ustedes dos juntos en casa a esta hora? ¿Sucedió algo?

Fue Júlio quien respondió:

— Ocurrió, pero ya he tomado medidas para resolver el problema. La situación está bajo control.

– ¿Tiene que ver con esos bandidos? – Preguntó nerviosamente.

– Sí, le dijeron al jefe de policía que Josué fue envenenado y te están echando la culpa.

Magali palideció y Júlio la abrazó diciéndole:

– Quédate tranquila. Sabemos que eres inocente y lo demostraremos. Ya estoy formalizando la contratación del mejor criminalista de la ciudad para que se haga cargo del caso. ¡Estoy seguro que podrá demostrar tu inocencia!

– ¡No cometí ningún delito! ¡Soy inocente!

Alberto enfatizó:

– ¡Estamos seguros de eso!

– ¡Dijeron que tenías un hijo que está desaparecido!

– ¡Eso es absurdo! – Magali se puso nerviosa.

– ¡El jefe de policía estaba en la oficina y dijo que te iba a citar para declarar!

Magali protestó:

– ¡No sé nada sobre este tema! Cuando dejé a Josué, él estaba borracho, pero sano. ¡Este cuento infantil es mentira! ¡Se están aprovechando de la situación!

– ¡Cálmate, querida! El Doctor Guilherme Mendes Júnior es un gran criminalista. Está fuera del país, pero estará en Río de Janeiro en dos días. El Doctor Nelson ya ha entonado una cantata con él y nos buscará en cuanto llegue. Él demostrará tu inocencia.

– ¿Qué pasa si la policía me cita antes que regrese?

– No es agradable, pero si esto sucede, el Doctor Nelson te acompañará. Uno de los delincuentes le mostró al comisario una fotografía de una joven con un bebé que, según afirman, era tuyo.

– ¡Esta foto es falsa! Ni siquiera sabía que Josué tuviera parientes. ¡Siempre odié todo sobre él! Están tratando de culparme para chantajearte y escapar de la prisión. ¡Solo puede ser esto!

– ¡Podría ser eso! Son de la peor clase de personas y están desesperados. Estoy seguro que este criminalista resolverá el caso fácilmente.

– ¡Eso mismo! ¡Es tu palabra contra la de ellos! ¿Quién les dará crédito a estos criminales? El propio comisario sabrá diferenciar tu postura de la de ellos.

Alberto dijo con convicción:

– Ahora hay que mantener la calma, prepararse para escuchar lo que el Doctor Fonseca tenga que decir, aclarar la verdad con firmeza y disposición.

Magali levantó la cabeza y había un brillo de orgullo en sus ojos mientras decía con voz firme:

– Eso es lo que pretendo hacer. Denunciar la verdad, contar lo mal que me trataba Josué. Desde que me impusieron este matrimonio, no había pensado en otra cosa que huir, escapar de esa odiosa y degradante prisión. Cuando logré escapar, corrí sin mirar atrás. Nadie puede culparme por algo que no hice. Por otro lado, Josué era arrogante y siempre causaba problemas con la gente. Creo que quien cometió este crimen fue alguien a quien debió engañar, herir o maltratar. ¡Mucha gente lo odiaba!

Júlio la abrazó diciendo con satisfacción:

– ¡Eso mismo! Le demostraremos al jefe de policía que eres inocente, seguirán en prisión y todo se resolverá.

Magali respiró con más calma. Estaba convencida que podía engañar a la policía. ¿Quién se hubiera atrevido a imaginar que ella, una mujer fina, delicada y con clase, habría asesinado a Josué? Él, por sí solo, siendo belicoso, agresivo, habría provocado ese crimen.

Alberto sonrió satisfecho. Magali podría mantener su postura y podría ser absuelta del delito. En su versión de los hechos, Magali no había mencionado al niño que decían que existía. ¿Realmente existió?

Pensando en su posición, en la buena vida que había logrado junto a Júlio, necesitaba aclarar el asunto con Magali. Para poder defenderla verdaderamente, Alberto tendría que profundizar en la verdad. No quería sorprenderse con algo que pudiera poner en peligro su bienestar y arruinar la vida de Magali y Júlio. En privado, planeaba tener una conversación con ella sobre el asunto, tan pronto como tuviera la oportunidad, para descubrir la verdad. Solo se sentiría seguro en sus planes cuando todo estuviera claro.

Esa noche, a pesar de los acontecimientos, Magali parecía de buen humor, feliz, despreocupada, y Júlio, fascinado por ella, como siempre, dio por resuelto el asunto y creyó en su inocencia.

Alberto; sin embargo, más experimentado, notó cuán capaz era ella de fingir y engañar a la gente. Una vez más decidió prestar atención a todo para preservar lo que quería.

Capítulo 24

Una semana después, cuando llegó la citación para Magali, ya habían contratado al criminalista y ella ya le había dado su versión de los hechos al abogado. Él le había hecho repetir la historia varias veces y ella, sin dudarlo, siempre repetía lo mismo.

Magali fue a la comisaría acompañada por el Dr. Guilherme y Júlio. Sentado frente al Doctor Fonseca, lo escucharon leer las declaraciones de los tres hermanos de Josué, mostró la foto que dijeron era de ella con el niño y preguntó:

– ¿Reconoces esta foto?

Magali la miró fijamente por unos segundos y luego dijo sonriendo:

– Doctor, ¿cree que esta mujer se parece a mí? ¡Échale un buen vistazo! ¡Soy muy diferente a ella, afortunadamente!

– Sí. Ella no se parece a ti – reforzó Júlio.

– Pero estuviste casada con Josué. Y murió envenenado.

Magali miró al comisario, bajó la cabeza y dijo con voz emocionada:

– ¡Esta es una etapa de mi vida que me gustaría olvidar! Después de lo que sufrí a manos de Josué, ¿todavía intentan acusarme de ser una asesina? ¡Eso es demasiado!

Sus ojos se llenaron de lágrimas. Júlio le puso un pañuelo en la mano y dijo emocionado:

— Doctor, ¿es necesario todo esto?

— La acusación es grave, hubo delito y necesitamos esclarecerlo. Estás aquí para dar tu versión. Puedes hablar.

Magali se secó los ojos, respiró hondo y contó la historia que había planeado, terminando:

— Una noche, Josué había bebido mucho y se quedó en la cama. Aproveché la oportunidad para escapar. Estaba roncando y saqué algo de dinero de su bolsillo, cerré la puerta y salí corriendo. Como no tenía a dónde ir, caminé por la ciudad y, cuando llegó la mañana, fui a buscar trabajo.

— Usted cambió de nombre. ¿Cómo fue eso?

— Le tenía mucho miedo a Josué. Vivía de negocios turbios. Era intolerante, se metía en líos con todo el mundo. Si me encontrara, seguramente acabaría con mi vida. Tenía un conocido que obtuvo documentos falsos y recurrí a él para cambiar mi identidad. Después conseguí trabajo en una tienda, conocí a Jussara, una chica muy rica de buena familia. Sus padres me contrataron como su chaperona. Viajamos al extranjero, contrataron profesores para enseñarnos a las dos. Querían que me convirtiera en una persona nivelada para ser una buena compañía para ella. Nos llevábamos muy bien. Aprendí todo lo que sé hoy. Les estoy muy agradecida por todo lo que hicieron por mí.

El comisario se quedó pensativo unos segundos y luego preguntó:

— Y el niño, ¿qué hiciste con él?

Magali bajó la cabeza, respiró hondo y luego dijo:

— Eso es verdad. Tuve un niño. Pero, dada la situación, no había forma de criarlo. Si lo dejaba con su padre, se volvería como él, sería un criminal. Yo no quería eso. Entonces no tuve más remedio que dejarlo en un orfanato. ¡Eso fue lo que hice!

– Abandonaste al niño.

– ¿Qué podría hacer yo en esa situación? No me arrepiento. Lo protegí de ese padre malvado.

– ¿Y nunca intentaste verlo para ver si estaba bien?

– Doctor, yo tenía dieciséis años, en esa situación tenía miedo de todo. Hice lo que pensé que era mejor en ese momento. A menudo pensaba en él, pero luego pensé que ya era demasiado tarde. Conocí a Júlio y, por primera vez, supe lo que era ser amada, respetada y tener una vida digna. Júlio es un buen hombre, no tuve el valor de contarle mi pasado sórdido y triste. ¿Crees que soy culpable de querer una vida mejor?

El comisario permaneció en silencio por unos segundos y luego decidió:

– Basta por hoy. Debo decir que los hermanos de Josué formalizaron la acusación en el tribunal, por lo que habrá que llevar el asunto más allá. Puedes irte a casa.

El Doctor Guilherme habló con el jefe de policía, Júlio se fue con Magali y fueron al auto. A pesar de estar cansada, quiso esperar a escuchar la opinión del abogado. Unos minutos más tarde salió de la comisaría y, al ver a la pareja esperándolo, se acercó y Júlio bajó del auto:

– Magali está muy nerviosa y quiere hablar.

– Es mejor si hablamos en tu casa. Iré allá.

Tan pronto como estuvo solo con Magali en el auto, Júlio preguntó:

– ¿Por qué no dijiste que tenías un niño?

– Tenía miedo, vergüenza de haberlo dejado en ese orfanato. Pero, ¿qué podrías hacer en esa situación? Al menos estuvo bien atendido.

– ¿Cuantos años tiene él ahora?

– Dejemos este tema para otro momento. Hablar de ello, y seguir siendo acusada de un delito, me quitó las fuerzas. Estoy muy cansada.

Júlio le tomó la mano:

– Está bien. Entonces me cuentas todo. Me siento inseguro cuando noto que me estás ocultando algo. Soy muy sincero y creí que confiabas en mí, como yo confío en ti.

– ¡Pero yo confió en ti! Es que me daba vergüenza contarte estas cosas. Ojalá hubiera sido una mujer feliz, que pudiera decir todo sin miedo. Pero mi vida fue triste y llena de problemas.

– ¿Hay algo que no me hayas dicho todavía?

– No. Ahora sabes todo sobre mí y lo que más deseo es terminar con el pasado, olvidarme y vivir contigo por el resto de mi vida.

Cuando llegaron a casa, Magali fue a su habitación a descansar y Júlio decidió ir al club a hablar con sus amigos, relajarse un poco.

Alberto llegó a casa a última hora de la tarde, ansioso por saber de boca de Magali qué había pasado en la comisaría. Al no verla, buscó a Juan:

– ¿No hay nadie en casa?

– El Doctor Júlio dejó a la señora Magali en casa y se fue nuevamente.

– ¿Hace tiempo?

– Aproximadamente media hora.

Alberto subió y tocó la puerta del dormitorio, pero Magali no respondió. Él insistió, ella abrió un poco la puerta y al verlo dijo inmediatamente:

– Hablaremos más tarde. Estoy exhausta, quiero descansar.

– Pasé la tarde preocupado, angustiado. ¿Cómo te fue allí?

– Fue difícil, pero creo que logré hacer lo que planeé. Estoy exhausta. Necesito relajarme, recuperar la calma y seguir adelante. Te lo contaré todo más tarde.

Cerró la puerta, Alberto bajó y fue a ver qué había para cenar. Luego, se dirigió a su habitación, sacó una libreta y comenzó a analizar cuánto le había rendido esa semana su última compra de títulos.

Nada le daba más placer que sumar beneficios. Había aprendido de Júlio a no vender títulos cuando estaban bajos, sino a esperar cuando tenían un precio más alto. Entonces, en lugar de gastar todo el dinero, comenzó a ahorrar capital que le dio buenos resultados. Saber que su capital crecía le dio una sensación de autosuficiencia y capacidad. Ya no gastaba en trivialidades. Cuidaba su apariencia y bienestar.

Una hora más tarde, cuando Magali regresó, la encontró en la habitación esperando. En pocas palabras le contó todo sobre su testimonio. Cuando habló del niño, Alberto no se contuvo:

– ¿Tuviste el valor?

– En ese momento sentí que necesitaba decir la verdad. El comisario sabía sobre el niño. Si admitía estar casada con Josué, tenía que hablar del chico. Dije la verdad. Yo era una niña, tenía dieciséis años, estaba huyendo, asustada, sin dinero, sin trabajo, sin nadie que pudiera ayudarme. No quería dejarlo con el padre porque tenía mal carácter e iba a maltratar al niño. Lo dejé en un orfanato donde sé que gente amable lo cuidaría mucho mejor.

– ¿Realmente hiciste eso?

– Lo hice. Y también porque odiaba a Josué y no quería este hijo. Criarlo sería mirar al pasado y quería cambiar mi vida, ser otra persona, tener la oportunidad de ser feliz.

— Lo hiciste así, como si fuera nada...

Magali guardó silencio unos segundos y luego dijo con voz firme:

— A veces, cuando lo recuerdo, algo me duele dentro de mí, pero no fue mi culpa que me trataran tan mal en esta vida. Estaba enojada, sintiéndome sucia, fea, maltratada, quería cambiar, ser otra persona, vivir otra vida. Para ello tuve que ser fuerte y seguir adelante. Fue gracias a esto que logré alcanzar la vida que tengo hoy.

Había admiración en los ojos de Alberto cuando dijo:

— Eres una mujer fuerte, que sabe lo que quiere. Ganaste muchas cosas y seguirá ganando. Estoy seguro que saldrás libre de todos los cargos y seguirás en la cima.

— Es lo que quiero. Júlio me ama de verdad, eres mi único amigo, con quien no tengo secretos. ¡Sé que puedo contar contigo!

Cuando Júlio llegó esa noche, encontró a Magali hermosa, perfumada, orgullosa como siempre y comenzó a acariciarla, feliz de verla tan bien, dispuesta y alegre.

✳ ✳ ✳

El caso de la muerte de Josué, llevado ante la justicia, dio al Doctor Guilherme la oportunidad de mostrar sus dotes dramáticas ante el juez, contando la historia de la pobre muchacha sufrida y del terrible marido que le habían impuesto. Magali cautivó a todos los presentes cuando, con la cabeza gacha, hermosa y triste, fue interrogada por su abogado y respondió todas las preguntas. Tanto es así que el abogado oponente ni siquiera se atrevió a contradecir. Al final, Magali fue declarada inocente de ese crimen.

Esa noche, en casa de Júlio, los tres, junto con el Dr. Guilherme, celebraron la victoria. El abogado estaba feliz por otra victoria en su carrera y por el generoso cheque extra entregado por Júlio por la alegría con la que recibió la noticia.

Todos estaban felices. Charlaron alegremente, hablando del futuro. Después del brindis, Júlio tomó la mano de Magali y dijo con voz solemne:

– Ahora somos libres. ¡Fijemos la fecha de nuestra boda! ¡Quiero hacer una fiesta como nunca antes en Río de Janeiro! ¡Toda la sociedad se inclinará ante Magali! ¡Lo prometo!

Mientras brindaban de nuevo, dos espíritus observaban. Una mujer de mediana edad, piel clara, cabello rubio cobrizo recogido en la nuca con un peine de diamantes, manos delgadas, resaltadas por el brillo de sus anillos, hablaba con un hombre alto, de ojos oscuros y magnéticos:

– Es hora de traer a nuestro amigo.

– Es verdad. Voy a ubicarlo. ¡Es ahora cuando comenzará la fiesta!

Esa noche todos estaban felices. En su habitación, Alberto hizo planes de progreso para el futuro. Incluso pensó en darle algo de dinero a su mujer y pedirle el divorcio. Se sentía renovado, feliz, elegante, frecuentando la alta sociedad carioca. Ahora era igual que su excuñado y era hora de encontrar una mujer más joven que lo tratara con cariño.

Júlio y Magali, en la cama, conversaban, hacían planes para la boda. Quería organizar una fiesta que marcaría una época en toda la sociedad. Magali sería la reina y luego partirían hacia Europa, de donde regresarían glorificados y felices a disfrutar de la vida.

* * *

Rogério entró en la habitación de Eugênia quien, al verlo llegar, se levantó, lo abrazó afectuosamente y se besaron largamente. Luego se sentaron uno al lado del otro en el sofá y hablaron sobre el progreso de la renovación de la hermosa casa que había comprado y donde vivirían después de la boda.

Eugênia no quiso quedarse con la casa que había pertenecido a su familia. El comercio se había instalado en esa calle y ella prefería venderla a quien pudiera aprovecharla. Sentía que había cambiado mucho, había renovado sus ideas, sus sentimientos y el pasado le parecía remoto y sin sentido.

Siempre había vivido en la casa de su familia, cuyo estilo clásico continuó incluso después de su matrimonio. A Júlio le gustaba esa casa y ella, acostumbrada a estar allí, nunca había pensado en mudarse. Pero ahora era diferente, empezaba una nueva vida.

Entusiasmada, ayudó a Rogério a decorar la nueva casa, anticipando el placer de vivir juntos en un lugar hermoso, cómodo y feliz.

Rosa se acercó a ellos diciendo:

– Acabo de hablar con Helena y me enteré que Beto tiene fiebre alta desde hace dos días y el Doctor no sabe qué tiene. Iré allí.

Eugênia se levantó preocupada:

– ¿Beto? ¡Iré contigo!

– ¡Yo también! – añadió Rogério.

Media hora después, cuando los tres llegaron al orfanato, se enteraron que Helena estaba en la habitación de Beto con el Doctor Geraldo, el médico que atendía a los niños.

Los tres fueron allí y, al verlos, se acercó Helena:

– ¿Cómo está? – Preguntó Eugênia.

– El Doctor Geraldo lo está examinando. Además de la fiebre alta, respira con dificultad.

– Esperemos y descubramos qué podemos hacer para ayudar – dijo Rogério.

Pasaron a la siguiente habitación y Rosa preguntó:

– Hagamos una cadena, pidiendo ayuda espiritual. ¡Él está mal!

Los tres se tomaron de la mano, Rosa se concentró y pronunció una conmovedora oración.

Cuando terminó, el Doctor salía de la habitación y se acercaron:

– Beto tiene una infección pulmonar. Necesitamos actuar rápidamente. Necesita tomar el medicamento inmediatamente.

– Lo conseguiré – dijo Rogério. Salió apresuradamente y el médico les explicó:

– Le voy a poner esta inyección, si no mejora tendremos que llevarlo al hospital.

Poco después, Rogério regresó con el medicamento y el médico inmediatamente le aplicó la inyección. Luego le dijo a Helena:

– Hay que esperar y ver el efecto. Necesito irme, tengo otro caso urgente que atender. Volveré en una hora.

El médico se fue y Mauricio apareció en la puerta de la habitación diciendo:

– Doña Helena, aquí hay un policía buscándola.

– Puedes irte y nos quedaremos con él – dijo Eugênia.

Helena se fue y Rogério la siguió. Un hombre alto, fuerte y de cabello oscuro esperaba en la entrada de su oficina. Al verla llegar, preguntó:

– ¿Eres la directora de este orfanato?

– Sí.

Mostró su placa policial y explicó:

– Estoy aquí buscando información sobre un niño que fue abandonado en un orfanato en Jundiaí hace unos ocho o nueve años. Sé que el orfanato de allí cerró hace cinco años por falta de recursos y los niños fueron enviados aquí. Su nombre es Roberto.

– El único Roberto que tenemos aquí es Beto. Su expediente consta que tenía menos de un año cuando lo dejaron en la puerta del orfanato de Jundiaí.

– Podría ser a quien estoy buscando.

– ¿Aparecieron tus padres?

– No.

– Eres de la policía. ¿Por qué lo buscan después de tanto tiempo?

– Es una larga historia. Tendrás que ir a comisaría con el chico y el comisario te lo contará todo.

– Lamentablemente el niño está muy enfermo. El médico le puso una inyección y volverá pronto para ver los resultados. Si no mejora, tendremos que internarlo en el hospital. El caso es grave. Solo puedo llevarlo cuando sane.

– Quiero el número de teléfono del médico.

Helena dio el nombre y el número de teléfono del médico y el policía se fue. Rogério estaba intrigado. Durante tantos años, nadie había estado interesado en saber de Beto. ¿Qué podría haber pasado? Los dos regresaron a la habitación y Eugênia comentó:

– Creo que la inyección está haciendo efecto. Le ha bajado la fiebre y está sudando mucho. Sería bueno cambiarlo de ropa.

Una hora más tarde, cuando el Doctor Geraldo regresó, examinó al niño y comentó:

— Funcionó. Ahora toca tomar todas las precauciones necesarias para no tener una recaída.

Después que el médico se fue, Rosa le dijo a Helena:

— Nuestro amigo Marcos Vinícius nos dejó un mensaje.

Helena se conmovió:

— ¡Él continúa ayudándonos! ¡Habla!

— Para que mejore y quiera vivir es necesario rodearlo de mucho amor. Se siente solo, sufre el dolor del abandono.

— Haré todo lo que pueda. Pero con tantos niños y poca gente que se haga cargo de todo, no sé si podré ser eficiente.

— Vendré todos los días a cuidarlo. ¡Puedes contar conmigo! — dijo Eugênia.

— ¡Yo también vendré! — Dijo Rosa.

Las dos se sentaron a cada lado de la cama de Beto. Dormía, pero su sueño era inquieto y su respiración era más rápida de lo normal.

Al regresar a la habitación de Beto, Helena dijo asombrada:

— Nunca pensé que después de tantos años alguien aparecería a buscar a Beto.

— Todavía no sabemos si es el chico que busca la policía — comentó Rogério.

— Incluso si lo es, no será fácil demostrarlo. Solo nos queda el documento redactado por el juez, que dice "hijo de padres desconocidos."

Helena puso su mano en la frente de Beto y comentó:

– Le ha bajado un poco la fiebre, pero todavía no se encuentra bien. El Doctor Geraldo volverá más tarde a verlo. Espero que no sea necesario hospitalizarlo.

– Rosa y yo vamos a pasar la noche aquí cuidándolo. Estará bien.

– Gracias por ayudarme. Estoy angustiada. Beto es un niño que sufre, sabía que nunca sería adoptado y que tendríamos que asumir la responsabilidad de prepararlo para el futuro. ¿Aparecerá alguien de su familia ahora?

Rogério pensó un poco y respondió:

– Vamos a ver. ¿Todavía tienes las notas de cuando llegó Beto aquí?

– Sí. Todo lo que había en el orfanato de Jundiaí vino aquí. Incluso las prendas de vestir. No nos perdimos ningún detalle, pues sabemos que estas piezas sirven como identificación en caso que alguien venga a buscarlos. ¿Qué planeas hacer?

– Reúne todo lo que puedas y busca al jefe de policía para saber quién lo busca.

– ¡Pero puede que no sea él! – Respondió Helena.

– ¿Y de ser así? – Respondió Rogério –. No podemos perder ninguna pista.

– Hazlo, Rogério – reforzó Eugênia emocionalmente –. ¡Podría ser su oportunidad de encontrar un familiar!

– Veamos nuestros archivos y separemos todo lo que tenemos sobre él. Ven, Rogério.

Poco después, Rogério, con todas las notas y copias de lo que había en una carpeta, llamó a la comisaría y supo que el jefe de policía había salido a una diligencia y recién estaría allí en la tarde del día siguiente. Más tarde, Rogério los invitó a cenar, pero las dos no querían separarse del lado del chico. Entonces salió, compró bocadillos y frutas y los puso a disposición. Beto se encontraba en una pequeña habitación utilizada como enfermería para evitar posibles contagios. Aunque la fiebre había bajado un poco, seguía teniendo sueño agitado.

Rosa primero tomó un refrigerio y luego volvió a su puesto, mientras Eugênia y Rogério iban a tomar un refrigerio. Helena, preocupada por el niño, no tenía hambre, pero los dos insistieron en que les hiciera compañía y, finalmente, acabó comiendo un poco.

Eran más de las once de la noche cuando Rogério se fue. Tenía un compromiso de trabajo por la mañana, pero por la tarde tenía intención de hablar con el jefe de policía y enterarse de la visita del policía.

Esa noche, habiéndose preparado para ir a dormir, sentado en la cama, pensando en el caso de Beto, hizo una oración pidiéndole a Dios que el niño se recuperara.

Cuando fijó sus pensamientos en la figura de Beto, sintió que una oleada de miedo y tristeza lo invadía y tuvo que hacer un gran esfuerzo para recuperar el equilibrio. En ese momento pidió ayuda a Marcos Vinícius, su guía espiritual. Pronto sintió alivio, volvió a la normalidad y lo escuchó decir:

– Sin juicios. ¡Con amor incondicional en tu corazón, todo saldrá bien!

Rogério, pensando en esa frase, se tumbó en la cama y en pocos minutos se quedó dormido.

Capítulo 25

Era pasada la medianoche cuando Helena entró en la habitación de Beto, puso su mano en la frente del niño y comentó:

– Le ha bajado un poco la fiebre, pero todavía no se encuentra bien.

– Es verdad. A pesar de la mejoría, sigue muy agitado – respondió Eugênia.

Rosa intervino:

– Lo que tiene es energía. No es la enfermedad.

Marcos Vinícius está aquí cuidándolo. Estemos en paz y confiemos.

– Puedes ir a dormir un poco a la habitación de al lado. Me quedaré con él – propuso Helena.

– Por supuesto – protestó Eugênia – hay que dormir. Nos turnaremos aquí y cuando mejore, nos iremos a casa. Todavía mañana tendrás que cuidar de los niños y tantas cosas más. Ni siquiera sé cómo manejas todo.

– Así es – reforzó Rosa – . Basta por hoy. Vayan a descansar.

Helena vaciló un poco y luego volvió a decir:

– Iré, pero si no se encuentra bien y necesita cualquier cosa, pueden llamarme. Tengo el sueño ligero debido a los niños.

Después que Helena salió de la habitación, Rosa reflexionó:

– Con esta luz tenue y en silencio, podemos dormir sin querer. Si me quedo dormida, despiértame. Uno de nosotros puede dormir un poco, pero no los dos al mismo tiempo.

– No tengo sueño. No sé lo que es. Hay algo en el aire que me molesta. Parece que necesito vigilarlo, no puedo dormir.

– Estás impresionada por el problema del chico. Relájate. Siento que va a estar bien.

Las dos mujeres se acomodaron estirando las piernas sobre una silla y, media hora después, Rosa se quedó dormida. Eugênia no tenía sueño. Con el tiempo, se fue relajando un poco y, de vez en cuando, colocaba su mano en la frente del niño para medirle la temperatura. Al parecer la fiebre había bajado completamente.

De repente, Beto se incorporó en la cama y gritó:

– ¡Él está aquí! ¡Tengo miedo! Vete, no me gustas, lárgate de aquí.

Asustadas, Eugênia y Rosa intentaron ayudarlo, pero Beto siguió con los ojos bien abiertos, gritando y pidiendo que alguien se fuera. Su cuerpo estaba cubierto de sudor y el niño luchaba por levantarse de la cama.

Eugênia lo abrazó, lo colocó contra su pecho y le dijo con voz tranquila:

– Beto, ya estoy aquí, no dejaré que nadie te haga daño. Estoy aquí para protegerte.

Mientras el niño luchaba, Rosa notó una luz muy clara y brillante que salía del pecho de Eugênia y los envolvió a ambos en un mismo abrazo. Helena, asustada, llegó a la habitación y se unió a las dos mujeres para ayudarlas.

Eugênia abrazó a Beto, estrechándolo contra su pecho, y murmuró palabras de cariño y consuelo, mientras sus ojos emocionados reflejaban mucho amor. Rosa notó la presencia del espíritu Marcos Vinícius detrás de Eugênia y que él estaba apoyando a su amiga y al niño. Por eso le pidió a Helena que no se acercarse para no interferir con la escena.

Poco a poco, el niño se calmó, mientras Eugênia seguía diciéndole palabras de protección y amor. Hasta que la abrazó, se acomodó mejor en los brazos de Eugênia, cerró los ojos y se quedó dormido.

Las dos observaron la escena en silencio. Con mucho cariño, Eugênia colocó al niño en la cama, lo cubrió de cariño, besó suavemente la frente del niño, y Rosa y Helena quedaron asombradas cuando él, a pesar de su dolor, sonrió levemente y siguió durmiendo, esta vez en paz.

Las dos mujeres abrazaron a Eugênia y no tenían palabras para describir lo que habían presenciado esa noche. Los ojos de Eugênia brillaron cuando los miró fijamente, diciendo con voz dulce:

– ¡Esta noche sentí lo que es el amor de una madre!

Ahora todo está bien y puedo dormir tranquilamente.

Rosa dijo sonriendo:

– Haz eso. Estaré aquí en vigilia.

A la mañana siguiente, cuando Eugênia despertó, vio que Beto aun dormía. Después de comprobar si el niño todavía tenía fiebre, le pidió a Odete que le enviara algunas cosas. Mientras esperaba, se sentó junto a la cama del niño y esperó a que despertara.

Beto entonces abrió los ojos y, al ver a Eugênia, no dijo nada. Sus ojos; sin embargo, brillaron, sonrió y preguntó:

– ¿Cómo te sientes?

Él no respondió y Eugênia notó que estaba avergonzado. La mujer; sin embargo, no quedó convencida, puso su mano sobre la frente del niño y continuó:

– Ayer tuviste mucha fiebre y pasé la noche aquí para alejar tu enfermedad. Quiero saber si te sientes mejor.

– Sí, gracias.

Eugênia notó que él era tímido y, naturalmente, continuó:

– Ahora voy a buscar tu desayuno. Necesitas comer bien para crecer fuerte, sano y cuidar tu vida.

Poco después, Eugênia regresó con una bandeja con café con leche, pan con jamón y queso, galletas y mermelada. Decorada con un capullo de rosa blanca, la bandeja estaba cuidadosamente dispuesta.

Después de poner el desayuno en la mesa, Beto pidió ir al baño y Eugênia lo ayudó porque el niño sentía que le flaqueaban las piernas. Cuando el niño volvió a la cama, ella dijo:

– Te pondré otra almohada detrás de la espalda, para que puedas comer.

Eugênia lo ayudó a levantar un poco el cuerpo, colocó una servilleta sobre el pecho del niño y, después de preguntarle si se encontraba bien, le entregó la taza de café con leche.

A pesar de ser tímido, Beto bebía el café, comía la merienda y le encantaban las galletas y la mermelada.

Luego, fue el turno de Rosa de quedarse a su lado mientras Eugênia iba a ducharse y arreglarse. Aunque Beto permanecía un poco retraído, había un brillo diferente, más vivaz, en sus ojos.

Ella le había traído a Beto un libro de aventuras desde hacía algún tiempo, pero a él nunca le había interesado leerlo. Rosa se sentó al lado de la cama y comenzó a contarle algunas partes de la historia para distraerlo. Cuando se le preguntó si le gustaría que ella leyera la historia completa, el niño estuvo de acuerdo.

– Cuando no entiendas algo de la historia, puedes preguntarme.

Beto prestó atención al relato, pero Rosa notó que miraba insistentemente hacia la puerta.

Una hora más tarde, Eugênia volvió a la habitación y se acercó diciendo:

– Ahora me toca quedarme con Beto.

Sus ojos brillaban y su rostro estaba ligeramente sonrojado. Entonces Rosa se levantó diciendo:

– En ese caso, iré a ver a las chicas. Querían quedarse aquí conmigo, pero no las dejé y les prometí que volvería más tarde.

Eugênia se sentó junto a la cama y tomó la mano del niño diciendo:

– ¿Te estás sintiendo mejor?

– Estoy un poco mareado.

– La fiebre ha desaparecido y pronto pasará.

– No quiero curarme pronto.

– ¿No? ¿Preferirías sentirte mal?

– No es eso...

– ¿Qué es entonces?

Beto cerró los ojos y no respondió. Eugênia continuó:

– Estoy aquí para ayudarte a mejorar y sé que estarás bien pronto. La vida es una aventura increíble para un chico como tú, que tiene muchos años por delante.

Sin tirar de la mano que sostenía Eugênia, con los ojos fijos en ella, Beto seguía escuchando atentamente lo que decía la mujer.

Eugênia empezó a hablar de las cosas simples de la Naturaleza, de los animales, de las plantas y de la lluvia, que moja la tierra y hace germinar las semillas. Mientras hablaba, Beto se relajó hasta que, finalmente, se quedó dormido. Eugênia continuó sosteniendo la mano del niño, feliz de saber que aceptaba su cariño y cambiaba de actitud, tratando de actuar con mayor naturalidad.

Mientras Beto dormía tranquilamente, Eugênia fue donde Rosa, que estaba jugando con las gemelas. La amiga estaba feliz y de buen humor. Eugênia comentó:

– Si Beto sigue mejorando, podrás irte a dormir a casa esta noche.

– Vete tú, yo me quedo aquí – dijo Rosa.

– Hoy todavía quiero quedarme. Luego ya veremos – dijo Eugênia.

– Beto es diferente. Conseguiste tocar el alma de ese chico, Eugênia.

– No. Su alma me tocó primero. Sentí la tristeza, los miedos, la inseguridad que tiene. Su dolor me conmovió. Haré todo lo que pueda por este chico, amiga mía.

Las gemelas, una a cada lado, colgadas del brazo de Rosa, preguntaron:

– ¿Me llevarás a tu casa hoy? - Preguntó Luisa.

– Yo también quiero ir a vivir a tu casa. ¿Me puedes llevar? – Dijo Lucía.

– Ahora no puedo. Pero me gustan mucho y vendré a verlas siempre que pueda – respondió Rosa.

Ambas se quejaron diciendo que querían irse a casa con ella.

Rosa sintió que se le encogía el corazón al pensar que no había manera que pudiera hacer eso. Eugênia la miró seriamente:

– No te pongas triste. Si vas a enfrentarla, la vida te mostrará el camino.

Las chicas continuaron pidiendo atención:

– ¿No vas a contar la historia del hada azul?

– Si te sientas y te callas, te lo contaré.

Eugênia dejó a Rosa con las niñas, fue a la habitación de Beto, que aun dormía, y se acercó a Helena para tratar de ayudarla en algo.

Al final de la tarde, Rogério llegó y fue a buscar a Eugênia, que estaba en la habitación de Helena. Después de los saludos, dijo seriamente:

– Vengo de la comisaría. Traigo noticias sorprendentes.

– ¿Tiene que ver con Beto? – Preguntó Helena con interés.

– Todo indica que sí. Pero también tiene que ver con Júlio, el exmarido de Eugênia.

– ¡¿Júlio?! – Exclamó Eugênia sorprendida.

Rogério pensó un poco y luego comentó:

– La vida tiene formas sorprendentes de revelar los secretos de las personas. El jefe de policía estaba ocupado, pero cuando le dije que venía del orfanato y traería información sobre el niño, me dio la bienvenida de inmediato. Le mostré las notas que tenemos y, según él, nuestra información coincidía con lo que él ya sabía. Al final me contó la historia de Magali, la mujer que vive con Júlio.

Hizo una breve pausa y, al ver que las dos mujeres escuchaban atentamente, contó lo que había descubierto sobre el matrimonio de Magali con Josué, la sospecha del delito del que había sido absuelta y la existencia del niño que confesó haber dejado en el orfanato de Jundiaí, al no poder criarlo.

– No tengo dudas que Beto es ese chico.

— ¿Crees que ella se hará cargo de su hijo? – Preguntó Helena.

— No. Ella ni siquiera quería verlo. Odiaba a este marido y, en consecuencia, empezó a odiar también a su hijo. Según el jefe de policía, ella no quiere tener nada que ver con él – repitió Rogério.

Eugênia se miró los ojos, que brillaban de emoción:

— ¡Así que eso fue todo! Durante el embarazo, el espíritu de Beto sufrió los ataques que Josué dirigía a su madre, y finalmente terminó siendo abandonado por ella. Esta debió ser la causa de la tristeza, la inseguridad y el miedo que sentía hacia la gente. No confiaba en nadie y trataba de protegerse, huyendo de todo y de todos. Pero ayer logré ser aceptada por él y seguiré apoyándolo hasta que Beto encuentre un mejor camino.

— Eugênia logró tocar su alma. Rosa y yo quedamos muy conmovidos.

Rogério tomó la mano de Eugênia, se la llevó a los labios con afecto y continuó:

— Solo un alma fuerte y hermosa como la tuya podría haber logrado esto.

— Nunca tuve hijos y pensé que nunca conocería esta emoción, pero Beto me dio el poder de sentir este amor. Ahora me siento más mujer – respondió Eugênia.

— Creo que ahora podemos ayudarte a encontrar tu propio camino.

— ¡Y tú me ayudarás!

Rosa entró y, tras saludar a la pareja, el sobrino dijo sonriendo:

— Tu paciente se despertó y no hizo más que mirar hacia la puerta, hasta que no pudo soportarlo y te preguntó si habías vuelto a casa – comentó Rosa.

— ¡Iré a ver cómo está ahora! – dijo Eugênia.

Rogério comentó:

– Voy contigo. ¡Quiero ver esto de cerca!

Cuando los dos entraron a la habitación, los ojos de Beto brillaron y bajó la cabeza tímidamente. La pareja se acercó, Eugênia besó con naturalidad la frente del niño y observó:

– Estás mejor.

Rogério levantó la cabeza del niño y, mirándolo a los ojos, dijo:

– Levanta la cabeza. Eres un chico valiente, fuerte, que estudiará, crecerá, aprenderá a hacer cosas buenas.

Los ojos del chico se iluminaron. Mantuvo la cabeza en alto, pero permaneció en silencio. Eugênia se sentó al lado de la cama y Rogério fue al despacho para hablar con Helena.

– El Doctor Geraldo llegará pronto a verte. Rosa ya te dio un baño hoy, estás bien, creo que pronto te darán el alta – dijo Eugênia afectuosamente.

– ¿Y luego te vas a ir a casa? – Preguntó Beto con tristeza.

– Estoy aquí desde ayer y, después de darte la cena, me voy a casa.

– Todavía no estoy bien. El médico dirá esto.

– Me voy, pero mañana vuelvo para cuidarte.

El niño empezó a agitarse, se retorció las manos y luego dijo nerviosamente:

– ¡Es de noche cuando viene a perseguirme! ¡Tengo mucho miedo!

– ¿Sabes quién es él?

– No. ¡Pero es muy feo! Tiene los ojos muy abiertos, la boca torcida y no habla correctamente. ¡Quiere abrazarme! Me siento muy mal. Tengo miedo de dormir.

Eugênia tomó la mano de Beto y dijo:

– ¿Has estado orando antes de irte a dormir, como enseñaba doña Helena?

– ¡Rezar no sirve de nada! Él viene de todos maneras.

– Hoy, antes de irme, oraremos juntos para que Dios ayude a este hombre y lo lleve a donde necesita ir.

– Dios está muy lejos. ¿Me escuchará?

– Si hablas con el corazón, él te escuchará.

El Doctor Geraldo entró en la habitación y Eugênia se levantó para saludarlo. El médico se acercó a la cama diciendo alegremente:

– ¡Aparentemente has mejorado mucho! Además, ¡con una enfermera así! ¡Eso es suerte!

Beto se sonrojó un poco, no dijo nada y el médico continuó:

– ¡Veamos cómo estás!

Después de examinarlo, el Doctor Geraldo dijo satisfecho a Eugênia:

– Vencimos la infección, pero todavía está muy débil. Le recetaré un agente fortificante y la dieta del niño tendrá que ser la adecuada. Sería bueno poder hacer algo de ejercicio ligero.

– Yo sé lo que quieres decir. Seguiré ocupándome personalmente de su recuperación – dijo Eugênia.

El médico preparó la receta, luego fue a la oficina a hablar con Helena y le comentó:

– Estoy impresionado con la mejora de la Beto. ¡El cariño de doña Eugênia le ayudó mucho! Me alegro que podamos contar con personas como ella.

– De hecho. Ella se interesó por él y lo trató con tanto amor que realizó el milagro que esperábamos desde hacía mucho tiempo.

Después de darle la cena a Beto, Eugênia habló con Rosa:

– Necesito irme a casa, pero quiero quedarme al menos esta noche con él.

– No es necesario. Yo me quedare. Antes de irte, haremos una oración en su habitación – prometió Rosa.

Cuando llegó el momento de partir, los tres se reunieron alrededor de la cama de Beto, se tomaron de la mano y Rogério, inspirado por el espíritu Marcos Vinícius, oró pidiendo a Dios que bendijera esa casa, el destino de aquellos niños, y pidió a todos que esa noche estuvieran en paz. Mientras Rogério hablaba, su voz cambió, volviéndose más profunda y suave, mientras todos sentían una brisa ligera y muy agradable que los rodeaba.

Cuando Rogério guardó silencio, se dieron cuenta que Beto dormía plácidamente. Entonces Rosa dijo en voz baja:

– Me quedaré aquí, pero en buena compañía. El espíritu de la enfermera Rose está aquí y permanecerá conmigo. Pueden irse en paz.

Abrazándose, los dos salieron de la habitación, se despidieron.

Dejaron a Helena, que todavía estaba ocupada con los niños, y se fueron a casa.

Esa noche, cuando entraron a la casa, Rogério la abrazó diciéndole:

– Siento que esta noche es mágica y no quiero que termine.

Se besaron durante mucho tiempo, sintiendo sus corazones latir con fuerza y un inmenso amor rodeándolos. Eugênia murmuró alegremente:

– Hoy no quiero que te vayas. ¡Quédate! Vivamos este encanto que nos envuelve y nos nutre. ¡Quédate a mi lado!

Abrazándose, intercambiándose besos en el camino, se dirigieron al dormitorio, donde dieron rienda suelta a lo que sentían, olvidándose de todo y de todos, unidos en cuerpo y alma.

Capítulo 26

Era temprano en la mañana y, en casa de Júlio, todo estaba en silencio. Ambos dormían, cuando una mujer llena de joyas y diamantes y un hombre de mirada magnética, que perseguía a Júlio, entraron en la habitación trayendo a otra persona.

– ¡Llegó la hora! ¡Nardo, despierta a Josué!

– Agárrate fuerte, Márcia. Josué podría escapar y arruinarlo todo.

Márcia tomó ambos brazos de Josué, mientras Nardo le ponía la mano en la cabeza, diciendo con voz firme:

– ¡Despierta, Josué! Estamos cumpliendo nuestra promesa. ¡Ha llegado el momento de exigir lo que es tuyo!

Josué enderezó su cuerpo, miró a su alrededor tratando de orientarse y finalmente gritó:

– ¿Dónde está la maldita? ¡Voy a acabar con ella!

– Te trajimos aquí, pero tendrás que obedecernos, de lo contrario te llevaremos de regreso.

– ¡Finalmente! Llevo mucho tiempo buscando a esta desgraciada. ¡Ella pagará por todo lo que me hizo!

– Es tu derecho. Pero estás muerto y no tienes un cuerpo para acabar con su vida.

– ¡Esto es injusto! ¡Ella me debe!

— ¡Calma! – Dijo Márcia – Conozco una manera de destruirla. Vamos a despertarla.

Nardo pensó en Magali, y entonces el espíritu de la joven entró en la habitación, vio a Josué, se acostó sobre su propio cuerpo y despertó gritando de terror:

— ¡Estás muerto! ¡Esto no puede ser verdad! ¡Es una ilusión! ¡Quien muere no vuelve!

Josué se arrojó sobre ella diciendo:

— ¡Tú acabaste conmigo y ahora ha llegado el momento de la justicia! ¡Pagarás por todo lo que me hiciste!

Júlio se despertó y dijo asustado:

— ¡Despierta, Magali! ¡Estás teniendo una pesadilla! ¡Esto es solo un sueño!

— ¡No lo es! Josué está vivo y vino a cobrarme por su muerte. ¡Mira, está diciendo que va a acabar conmigo!

Júlio encendió la luz y la abrazó fuerte:

— Cálmate. Fue una pesadilla. Josué está muerto y enterrado.

Magali tembló y, lívida, se aferró a Júlio preguntándole:

— ¡Mándalo lejos! Parece un monstruo, ¡es horrible! ¡Dice que me destruirá!

— No hay nadie aquí. Cálmate, Magali. Respira hondo, mira a tu alrededor. Estamos solos.

En ese momento, Alberto despertó y al escuchar los gritos se dirigió a la puerta del dormitorio de la pareja. Sin embargo, no tuvo el valor de tocar la puerta y decidió esperar un poco más.

Poco después, Júlio abrió la puerta abrazando a Magali, quien, muy pálida, temblaba de miedo.

— ¿Qué sucedió? – Preguntó Alberto.

Júlio explicó:

— No fue nada. Magali tuvo una pesadilla, estaba asustada.

Alberto la miró y, a pesar de estar preocupado, intentó calmarla:

— Esto no es nada. ¡Ya pasó! Mi esposa tuvo algunas pesadillas y fui a la cocina, preparé té de bálsamo de limón y ella inmediatamente se sintió mejor después de beberlo.

Magali lo miró, respiró hondo y luego preguntó:

— ¿De veras? ¡Parecía ser verdad! ¡Vi a Josué y se veía horrible! ¡No quiero volver a verlo nunca más! ¡Vamos con éste, eh!

Júlio, aliviado, los siguió hasta la cocina, donde Alberto empezó a buscar la caja de tés. Cuando encontró lo que buscaba puso a hervir el agua y comenzó a narrar algunas situaciones divertidas que había vivido cuando aun vivía con su familia.

Poco a poco Magali se calmó, pero cuando Júlio habló de volver a dormir, ella se negó.

Estaba amaneciendo cuando finalmente accedió a volver a la cama. Abrazando a Júlio, pronto se durmió y durmió hasta el mediodía.

Júlio no fue a la correduría como de costumbre, prefirió quedarse en casa y esperar a que Magali despertara. A pesar de creer que acababa de tener una pesadilla y que eso no era nada de qué preocuparse, Júlio estaba triste, inquieto y sentía que algo no estaba bien.

Magali se levantó, recordó su sueño y trató de animarse. Júlio tenía razón. Ella solo estaba fantaseando; todo había sido nada más que una pesadilla. Quien muere no vuelve. Lo que necesitaba era salir, ver cosas bonitas, cuidar su belleza. Se duchó, se vistió, se maquilló y bajó las escaleras.

Júlio, al verla llegar, sonrió satisfecho y exclamó:

– ¡Qué bonita estás!

– ¿No fuiste a trabajar?

– No tenía nada urgente en la oficina. Después, esa pesadilla me impresionó, así que decidí quedarme en casa para hacerte compañía.

– Sí, parecía verdadera. Me impresionó, pero se acabó. Voy a salir, hacer algunas compras, echar un vistazo a lugares de moda, ver qué hay de nuevo.

Joyce apareció en la habitación:

– El almuerzo está listo, ¿puedo servirlo?

– No tengo hambre.

Júlio intervino:

– Sí puedes, Joyce – y, volviéndose hacia Magali, continuó:

– Tengo hambre y me vas a hacer compañía. Necesitas comer aunque sea un poquito.

– Está bien.

Durante el almuerzo, Júlio intentó hablar de temas ligeros y, al ver que Magali comía un poco, quedó satisfecho.

Después de tomar un café en la sala, Júlio preguntó:

– ¿De verdad vas a salir?

– Voy. Necesito distraerme.

– ¿Estás segura que vas a estar bien?

– Estoy bien. Necesito actualizarme sobre las últimas novedades de moda. Me gusta estar al tanto de todo.

– Entonces iré a trabajar.

Júlio fue a la oficina y Magali salió inmediatamente. Media hora después llegó a la correduría y se dirigió directamente a su oficina. Alberto fue a verlo con el pretexto de darle un documento urgente, pero en realidad quería tener noticias sobre el estado de Magali.

– Magali quedó impresionada por la pesadilla.

–¿Ella está bien? – Alberto lo disimuló.

– Sí. Tanto es así que ya salió a caminar – respondió Júlio.

– Mejor así.

Alberto se fue y Júlio se sentó. Al abrir el sobre sacó unos papeles y al leerlos palideció. El valor de algunas acciones de una de las empresas en las que había negociado se había desplomado. La empresa había sufrido una pérdida enorme y Júlio también.

En las raras ocasiones en que esto le sucedió, Júlio cubrió la pérdida y compensó al cliente. Pero esta vez, la pérdida había sido enorme y, si estaba dispuesto a pagar, tendría que pagar una gran suma de dinero. Nervioso, Júlio buscó al agente que había llevado a cabo la negociación y se enteró que uno de los socios había malversado grandes cantidades de dinero. Cuando descubrieron la estafa, él ya se había ido.

Júlio utilizó todo lo que sabía para ver si podía recuperar algo, pero no logró nada.

Cuando se enteró de la pérdida, Alberto se preocupó, pues él mismo había invertido un poco en esas acciones. Pero, por otro lado, confiaba en la estrella de Júlio, que siempre conseguía lo que quería.

Al final de la tarde, cuando salió de la correduría, Alberto fue a buscar a Magali a los lugares donde ella solía ir. La encontró cuando salía del salón de belleza.

– ¿Cómo me encontraste?

– Júlio me dijo que te habías ido y me imaginé que estabas aquí. Esta noche no fue la mejor, así que decidí hacerte compañía, ver si estaba bien.

– Ahora estoy mejor y puedo hablar de lo que pasó.

Tuve una pesadilla horrible, Alberto. Soñé que Josué quería matarme. Tenía un aspecto horrible. Se arrojó sobre mí gritando, maldiciéndome y diciendo que iba a acabar conmigo. Me alegro que Júlio me haya despertado. Pero ahora estoy bien. Fue solo una pesadilla. Espero que esto nunca vuelva a suceder. Fue tan fuerte que es difícil olvidarlo. Menos mal que los muertos no vuelven.

Alberto sintió la piel de gallina y dijo asustado:

– ¡Dios nos proteja! Que se mantengan alejados de los vivos.

– Cambié mi peinado. ¿Te gustó mi cabello?

– Estás linda. Todo en ti se ve genial.

Satisfecha, Magali subió al auto y, durante el viaje de regreso, los dos hablaron de banalidades. Alberto; sin embargo, se sentía inquieto y no veía la hora de llegar a casa.

Esa noche, el ambiente se sintió diferente. Júlio estaba preocupado por los negocios y no fue al club a ver a sus amigos. Llegó a casa antes que Magali y se encerró en la oficina para hacer un balance de las cosas de la correduría, buscando la manera de minimizar la pérdida. Lo mejor sería aguantar, no vender nada y esperar a que esas acciones se recuperen. Después de todo, la empresa siempre había sido sólida y era probable que cambiara. Cuando Magali y Alberto llegaron a casa, Júlio todavía estaba en la oficina, lo que sorprendió a la joven, que pronto fue a buscarlo. Al verla entrar, sonrió y trató de mostrarse como siempre:

– ¡Estas diferente! Cada día te renuevas. ¡Estás linda!

– Cambié de peinado, pero no me gustó mucho. Estoy pensando en volver mañana para cambiarlo.

– ¡Pero es hermoso!

– No lo sé, Júlio. No me gustó. Pero, entonces, ¿por qué viniste temprano hoy?

– No fui al club. Quería venir antes para estar contigo.

Magali sonrió satisfecha. Fueron a la sala a esperar la cena, pero los tres no estaban de humor para hablar.

Durante la cena no hubo tema para entretenerlos y, aunque Alberto y Júlio intentaron mejorar el ambiente del lugar, no pudieron. Júlio estaba pensando en una manera de recuperar el dinero perdido, Magali se esforzaba por olvidar la pesadilla que tuvo la otra noche y Alberto estaba preocupado por la pesadilla de Magali y la pérdida de dinero de Júlio.

Alberto era supersticioso y, por eso, se había impresionado, tuvo mucho que ver con el sueño de Magali. Sabía que Josué tenía motivos para querer acabar con la chica y recordó una cita de Gerson, en la que decía que cuando la gente muere, sigue viviendo en otro mundo. Si esto fuera cierto, Josué realmente podría haber llegado a acusar a Magali por su muerte.

Esa noche, pensando en el asunto, decidió buscar ayuda en un Centro Espírita. Recordó la conversación que había tenido con Gerson, quien decía ser el protegido de San Jorge. Lo buscaría para saber cómo protegerse y ayudar a Magali.

Pero al día siguiente, preocupado por otras cosas, se olvidó del asunto. Una semana después, al caer la tarde, mientras Magali y Alberto conversaban en la sala, ella se sintió mal, palideció y dijo nerviosa:

– Me estoy sintiendo mal. ¡Creo que me voy a desmayar!

Alberto la apoyó, la hizo sentarse y le preguntó:

– ¿Que estas sintiendo? Estás pálida.

– ¡Es él! ¡Es Josué! ¡Alberto, ha vuelto! ¡Mándalo lejos, tengo miedo! ¡Quiere matarme!

Alberto, temblando, dijo nervioso:

– ¡Te equivocas, aquí no hay nadie!

Ella señaló un rincón de la habitación y gritó:

— ¡Míralo allí, en ese rincón! ¡Vete! ¡Estás muerto! ¡Este no es tu lugar!

Juan apareció en la habitación, escuchó las palabras de Magali y le dijo a Alberto:

— La lleva un mal espíritu. Vamos a rezar.

Juan se acercó a Magali, puso su mano sobre la cabeza de la señora y comenzó una oración. Cerró los ojos y empezó a sollozar. El chico siguió orando y, poco a poco, Magali se calmó. Juan oró unos minutos más y luego dijo:

— Él ya se fue. ¿Se siente mejor?

Magali abrió los ojos, respiró hondo, miró a su alrededor y luego dijo:

— No hay nadie aquí. Fue una alucinación. Los muertos no vuelven.

— Usted estaba siendo atacada por un espíritu sufriente. Es necesario buscar ayuda en un Centro Espírita.

— Yo no creo en eso.

Alberto intervino:

— Yo tampoco, pero, por si acaso, será mejor que busquemos ayuda. Juan, ¿conoces algún buen Centro Espírita?

— No. Cuando era niño tenía pesadillas, no podía dormir bien, tenía mucho miedo y mi madre me llevó a un Centro Espírita. Pero yo vivía en el campo en ese momento; aquí en Río no conozco ningún Centro.

Después que Juan se fue, Alberto se sentó junto a Magali y le dijo seriamente:

— Las cosas ya no son tan buenas como antes. Tienes pesadillas, ves gente que ya ha muerto. Júlio viene teniendo pérdidas en su negocio. Creo que es mejor buscar ayuda.

— ¿Júlio perdió dinero? ¡No me dijo nada!

— ¡Sí, perdió y la cantidad fue alta!

Magali se encogió de hombros:

— ¡Eso no fue nada! Júlio es un hombre afortunado. Además es muy inteligente, sabe actuar y ¡siempre gana! No hay motivo para preocuparse.

— Es verdad. Pero sigo pensando que debemos protegernos.

Magali se rio y comentó:

— Eso es una tontería. Lo que cuenta es la capacidad de ganar dinero y Júlio la tiene a raudales. Nunca será pobre.

Alberto cambió de tema, pero no podía dejar de pensar en los últimos acontecimientos. Al día siguiente se acordó de Gerson. Él era un hombre de fe. Al final de la tarde, tras salir de la correduría, decidió ir a la oficina del detective. Cuando llegó, se estaba preparando para partir.

— ¡Alberto! ¡Tú aquí! ¿Está todo bien?

— Parece que sí, pero no estoy seguro. En casa están pasando cosas raras.

— Siéntate. ¿Qué son estas cosas?

Después de sentarse frente a la mesa de Gerson, Alberto le contó la pesadilla que había tenido Magali, la visión de Josué, la pérdida económica de Júlio y concluyó:

— Además, siento que el ambiente en casa ha cambiado. Antes éramos más felices, pero ahora siento que algo nos molesta. Es como si nos fuera a pasar algo muy malo.

— El ambiente debe estar pesado – sugirió Gerson.

– Eso mismo. Vine a pedir tu opinión sobre la situación y quisiera ir a un Centro Espírita a pedir protección.

Gerson cerró los ojos, permaneció en silencio unos minutos, miró a Alberto y dijo:

– Siento que la pareja está siendo involucrada por algunos espíritus, que son enemigos de otras vidas y que buscan venganza.

– ¡Eso es lo que temía! ¿Nos ayudaría San Jorge si lo pidieras?

– Las cosas no funcionan así. No tengo forma de interferir en este asunto, pero conozco un muy buen médium que puede ayudarte. Es necesario que acudan personalmente a verlo y realizar el tratamiento que se indique.

Alberto respiró hondo, se pasó la mano por el cabello y luego dijo:

– No sé si aceptarían ir. No entienden nada del tema y tienen miedo.

– Siento que realmente necesitan ayuda, pero este es el camino a seguir, Alberto. Intenta convencerlos que vayan a hablar con el médium.

– ¡No creen que alguien pueda volver después de la muerte!

– Siento que ha llegado el momento que tus amigos demuestren que la vida continúa después de la muerte. La persecución de estos espíritus continuará hasta que estén seguros de esta verdad.

– ¡No sé cómo ayudarlos! – Alberto se desesperó.

– Estos espíritus no se rendirán. Cuanto antes atiendan el caso, antes encontrarán una solución. Anotaré la información y le pediré que se la entregue al Doctor Júlio en mi nombre. Mientras tanto, me voy a centrar en el caso y enviaré buenas energías a la pareja. Vamos a ver lo que pasa. De todos modos, mantenme informado. ¡Estaré encantado de ayudarte!

Alberto se despidió preocupado. Pensó que sería difícil convencerlos de visitar un médium que vivía en Ribeirão Preto, para orar por ellos. Llegó a casa desanimado, pensando incluso en no entregar la carta de Gerson. Pensó que era mejor esperar. Si todo volviera a la normalidad, no tendría que pasar por esto.

En los días siguientes no pasó nada y Alberto olvidó el asunto. Una semana después, los tres se sentaron a la mesa para cenar, se sirvieron y, justo cuando Magali estaba a punto de empezar a comer, de repente palideció. El tenedor se le cayó de la mano y se puso de pie sosteniendo un plato, que arrojó contra la pared mientras gritaba enojada:

– ¡Vete, sino te remataré otra vez!

¡Maldito seas! ¡Nunca me vencerás!

Asustados, Alberto y Júlio intentaron detenerla, pero las fuerzas de Magali parecían multiplicadas y no pudieron controlarla.

– ¡Cálmate, Magali! – Gritó Júlio desesperado.

Juan y Joyce, asustados, se quedaron en la puerta sin saber qué hacer. Magali parecía una persona diferente. Maldijo a Josué y dijo malas palabras. ¡Estaba irreconocible!

De repente, se detuvo, con los ojos muy abiertos y su cuerpo cayó. Magali había perdido el conocimiento.

Júlio, pálido y asustado, dijo nervioso:

– ¡Magali se volvió loca!

Alberto respondió nervioso:

– Júlio, ayúdame. Pongámosla en el sofá de la sala. Magali, lívida, está inconsciente.

Júlio, temblaba.

No sabía qué hacer. Fue Alberto quien pidió a Juan que buscara un frasco de sales aromáticas, que guardaba en la habitación, para intentar reanimarla.

– ¡Si se despierta podría ser peor! – Dijo Júlio nervioso.

Alberto acercó la botella de sales a la nariz de Magali y le tapó la boca para que pudiera respirar. Magali estornudó y Alberto se alejó un poco, mientras ella suspiraba, respiraba hondo y miraba a su alrededor, pareciendo ajena. Entonces la joven se pasó la mano por la frente y se puso a llorar.

– Cálmate, Magali. Ha pasado. No pasa nada – dijo Alberto, tomando la mano de su amiga.

Júlio se acercó muy asustado y Alberto dijo serio:

– La crisis ha pasado. ¡Ella te necesita!

Júlio respiró hondo y, aunque todavía estaba en shock, tomó la mano de Magali, que sollozaba sin parar. Conmovido, la abrazó:

– Ven. Necesita descansar. Te llevaré a la cama.

Como Magali no podía levantarse, Júlio la tomó en brazos y la llevó a la cama. Alberto lo acompañó y Júlio dijo seriamente:

– Quédate con ella y llamaré a un médico. Magali necesita ayuda.

Mientras Júlio llamaba a un médico, Alberto tomó la mano de Magali, quien seguía sollozando y temblando de vez en cuando. Como no sabía qué hacer, comenzó a orar.

Llegó el médico y, después que Júlio le dijera que su esposa tenía alucinaciones y una crisis de locura, decidió darle a Magali un tranquilizante fuerte, diciéndole:

– Ahora se va a dormir hasta mañana por la tarde. Cuando se despierte, avísame y vendré a verla y veré cómo está.

Magali estaba durmiendo cuando el médico se fue. Alberto aprovechó que las cosas estaban más tranquilas para hablar con Júlio sobre la reunión que había tenido con Gerson y darle la información que le había enviado.

Júlio escuchó todo y luego respondió con convicción:

– Magali necesita un psiquiatra, Alberto, ¡y el Doctor Augusto es el mejor de ellos! ¡No voy tras un curandero ignorante del campo, que no sabe nada!

Alberto intentó insistir, pero Júlio fue incisivo:

– No sirve de nada. Sé lo que estoy haciendo.

Alberto, descontento y convencido que el caso no era de medicina, decidió visitar lo antes posible al médium en Ribeirão Preto. Pero, antes de viajar, buscaría la ayuda de Gerson para el emprendimiento.

Capítulo 27

Dos días después, cuando Alberto llegó del trabajo a última hora de la tarde, Magali todavía dormía. Luego se acercó y al observar la palidez del rostro de la niña decidió sentarse junto a la cama para observarla. Entonces, Alberto comenzó a sentir la piel de gallina por todo el cuerpo y las ganas de salir corriendo, como si una tragedia estuviera a punto de suceder.

Alberto decidió buscar nuevamente a Gerson para pedirle ayuda y recogió el papel donde estaba anotada la información sobre el médium. Luego se fue, tomó un taxi y se dirigió a la oficina del detective.

Gerson se disponía a salir y al ver a Alberto entrar al edificio, preguntó:

– Entonces, ¿cómo está Magali?

En pocas palabras Alberto describió la situación y concluyó:

– Siento que este psiquiatra no va a resolver su caso. Quiero visitar este médium para pedir ayuda.

Gerson se quedó pensativo unos instantes y luego respondió:

– Es verdad. Necesita ayuda espiritual. Iré contigo. Tengo dos días libres, pretendía descansar, pero estoy muy interesado en el caso de esta chica. Podemos ir hoy.

– ¡Que alivio! No sé cómo afrontar estas cosas – dijo Alberto.

– Viajaremos en mi coche. Si salimos ahora, llegaremos a tiempo de hablar con el padre Juan.

– Llamaré a casa y les avisaré que mañana no estaré trabajando.

– Haz eso. Voy a arreglar algunas cosas para el viaje.

Alberto llamó a casa y Juan contestó el teléfono. Júlio aun no había llegado del trabajo y Alberto le pidió a Juan que le avisara que Aurélia no se encontraba bien y que había ido a Minas a visitarla, pero que pronto regresaría. Gerson y Alberto salieron, llenaron el tanque del auto, fueron al supermercado, compraron snacks, agua y fruta, y se pusieron en camino.

Alberto preguntó ansioso:

– ¿Cuánto tiempo tardaremos en llegar?

– Si no paramos, tardaremos unas tres horas en llegar.

– No puedo esperar a escuchar lo que tiene que decirnos.

– Estamos entrando en la carretera. Ya pedí la protección de San Jorge y seguiré orando. También necesitas conectarte con Dios, Alberto, y pedirle protección y fuerza para ayudar a Magali.

– No sé cómo hacer esto.

– Recuerda a Magali, hermosa, de buen humor, feliz, como te gustaría que estuviera en este momento. Habla con Dios, pídele ayuda para que pueda recuperarse. Durante el viaje, intenta olvidar las escenas en las que aparece pálida y dormida. Pensemos solo en lo bueno.

Alberto hizo lo que Gerson le pedía y, poco a poco, se fue calmando hasta dejar de sentir los escalofríos.

Cuando llegaron al Centro Espírita, Gerson se acercó a doña Letícia, que dirigía a la gente, y pidió hablar con el padre Juan. Después de tomar un pase, se sumaron a la fila de quienes querían hablar con la entidad espiritual.

El lugar era sencillo y muy limpio, y, mientras el padre Juan atendía a algunas personas en otra sala, otro grupo se turnaba, hablando sobre mediumnidad y espiritualidad.

Cuando Alberto entró en la habitación del padre Pai Juan se sintió envuelto por una energía agradable y suave. Entonces el médium se acercó a él, lo miró y dijo lentamente:

– Ya he oído hablar de tu caso. Veré qué puedo hacer para ayudarte.

Alberto explicó:

– El marido de Magali, un gran amigo, murió y la persigue. Júlio, su actual marido, llamó a un psiquiatra y ella está drogada.

– La vida tiene sus maneras de enseñar la verdad. Veré qué puedo hacer en este momento. En cuanto a ti, es hora de aprender cómo son las cosas. Atento a los acontecimientos que se avecinan.

El padre Juan puso su mano sobre la cabeza de Alberto, quien notó que una fuerte ola de calor lo invadía y todo el cansancio que sentía desapareció.

– ¡Ve en paz!

Alberto se alejó y un joven, que había estado en un rincón de la habitación, se acercó y le pidió que saliera fuera.

Alberto salió de la habitación y entró Gerson, permaneciendo allí unos minutos. Cuando salió, buscó a su amigo, descontento:

– ¡No dijo nada, no dio ninguna solución a la situación!

– ¡Las cosas no funcionan así, Alberto! ¿Que te dijo?

Alberto repitió las palabras de Pai Juan y comentó:

– Esperaba que dijera qué va a pasar y cómo podrá ayudar.

– ¿Cuáles fueron sus palabras?

– ¡Oh! Dijo que la vida tiene maneras de enseñar la verdad y que vería qué se puede hacer. Que era hora que aprenda cómo son las cosas. Y finalmente me pidió que prestara atención a los acontecimientos por venir.

– Verá qué puede hacer en el caso de Magali. Piensa en lo que te dijo. Presta atención a lo que sucede para conocer la verdad de las cosas.

– ¡Estoy bien, no necesito nada! Lo que quiero es que Magali mejore.

Gerson pensó un poco y luego dijo:

– Tenemos que confiar. El padre Juan actuará. Será mejor que nos vayamos.

– ¿No es mejor esperar e intentar hablar con él nuevamente? ¿Explicar la gravedad del caso?

– Él sabe cómo son las cosas y ya debería estar tomando medidas. ¡Yo confío en él! Busquemos hotel, durmamos y mañana temprano regresamos a Río de Janeiro – sugirió Gerson.

A pesar de estar descontento, Alberto acompañó al detective al hotel. Estaba cansado y, a pesar de ser pasada la medianoche, decidió llamar a casa, al teléfono de Juan. Cuando el muchacho contestó, Alberto dijo:

– Es Alberto. Llamo para saber si la Sra. Magali ha mejorado.

– ¡Es tarde! ¡Ya me estaba quedando dormido! Ella sigue igual – respondió Juan.

Alberto colgó nervioso el teléfono y se sentó abatido en la cama. En la otra cama, Gerson dormía plácidamente. Alberto decidió entonces volver a acostarse y quedarse dormido, pero le costaba conciliar el sueño. Daba vueltas en la cama y solo se durmió cuando ya amanecía.

Poco después, Gerson lo llamó para regresar a Río. Alberto tardó un rato en despertar y el detective insistió:

– ¡Despierta hombre! Acordamos salir en mitad de la noche. Ya estoy listo. ¡Vamos!

Después de mucha insistencia, Alberto finalmente se levantó y se dio una ducha. Luego, los dos hombres tomaron un café y emprendieron el viaje de regreso a Río.

Eran más de las once cuando Gerson dejó a Alberto en la puerta de la casa y se despidió diciendo:

– Llámame cuando tengas noticias sobre el estado de doña Magali.

Cuando Alberto entró, Juan le informó que Magali todavía dormía y que Júlio se había ido a trabajar. Alberto entró al cuarto de Magali y preocupado se acercó a la cama. Parecía muerta. Su respiración era superficial. Asustado, Alberto llamó a Júlio, pero éste ya había salido de la oficina. Sobre la mesa pudo ver la receta indicada por el médico y decidió llamar al consultorio del profesional. Cuando lo atendieron se identificó y dijo angustiado:

– ¡Doctor, Magali está mal! ¡Su respiración es muy débil! ¡Necesita verla!

– ¡Estás innecesariamente nervioso! Esta mañana debió haber tomado la segunda pastilla y su estado es natural. Ella está bien.

– ¿Está seguro?

– ¡Lo estoy! ¡No se preocupe! ¡Sé lo que estoy haciendo! Tenga un buen día.

El médico colgó el teléfono y Alberto, angustiado, se sentó junto a la cama, mirando el rostro pálido de Magali y recordando las oraciones que decía su madre cuando tenía pesadillas. Entonces decidió empezar a orar.

Marcos Vinícius estaba detrás de él transmitiéndole energías tranquilas y, poco a poco, Alberto empezó a tener mucho sueño. Entonces recordó que no había dormido esa noche y de inmediato se dirigió a su habitación. Era mejor descansar y tratar de recuperarse lo suficiente para ver al médico más tarde, ya que le gustaría saber más sobre la condición de su amiga.

Ya era entrada la noche cuando el espíritu del padre Juan se acercó, abrazó a Marcos Vinícius y le dijo:

– Estamos en la hora. Llevémosla al lugar de reunión. ¿Hiciste lo que te pedí?

– Sí. Júlio se fue y se olvidó de darle la medicina.

– Vamos.

El padre Juan, en ese momento, puso su mano en la frente de Magali y llamó:

– Despierta, hija. Ven conmigo. Vamos a pasear.

El espíritu de Magali abandonó el cuerpo y los dos pasaron el brazo por la cintura de la niña, abandonaron el lugar y regresaron a la ciudad dormida.

Magali suspiró aliviada y exclamó:

– ¡Que bonito! ¡Las estrellas, la luna, la ciudad abajo! ¡Qué belleza! ¡Nunca me había sentido tan feliz!

– ¡Respira y siente la grandeza de la vida! – Dijo el padre Juan.

– ¡Qué bien! ¡Creo que morí!

Marcos Vinícius le recordó:

– Acabas de salir del cuerpo, pero sigues viva, Magali.

Se detuvieron frente a una pared gris y se acercaron a una puerta, que se abrió para darles paso. Cuando entraron, los estaba esperando una mujer de mediana edad.

– ¡Salve, padre Juan! ¡Sea bienvenido!

– ¿Está todo como acordamos, Dalva?

– Sí. ¿Ya fue citado? – Preguntó el padre Juan.

– Fue mucho trabajo, pero Ariovaldo ayudó.

– ¿Está listo el grupo? ¿Podemos comenzar?

– Sí, vamos.

Fueron a una sala donde había algunas personas esperándolos. En el estrado estaba un juez y, sentados en las sillas, esperaban dos abogados vestidos con togas. En el centro de la habitación también había dos sillas vacías. Y, más atrás, dos filas de sillas en las que estaban sentadas algunas personas.

Los dos hombres llevaron a Magali a la habitación y fue entonces que la niña notó la presencia de Dalva y gritó nerviosamente:

– ¡Esto parece un tribunal! Y tú, ¿qué haces aquí? ¿Estás siendo juzgada por lo que me hiciste?

– No, hija. Estoy aquí para pedirte perdón.

El padre Juan llevó a Magali a una de las sillas en el centro de la sala y le pidió que se sentara. Magali obedeció el pedido del padre Juan, pero no quitó los ojos de encima a Dalva. Poco después empezó a sollozar desesperadamente:

– ¿Qué sentido tiene perdonarla, ahora que ya cometí un delito?

Dalva, con los ojos bañados en lágrimas, se alejó un poco y un hombre se acercó a Magali:

Ella lo miró y dijo nerviosamente:

– ¡Fue por tu culpa que mi madre me obligó a casarme con Josué! ¿Qué es lo que quieres ahora? ¿No es suficiente mi infelicidad? ¿Quieres acabar conmigo?

– Estoy aquí para pedirte perdón, María. No sabía cómo era la vida. Estoy arrepentida.

– Después de todo, ¿qué sentido tiene pedir perdón? ¡No puedo volver!

El padre Juan se acercó a Magali mientras Marcos Vinícius estaba detrás de ella.

– Cálmate, hija. Estamos aquí para intentar llegar a un entendimiento. No queremos juzgar a nadie.

Magali levantó la cabeza, miró a su alrededor y dijo con orgullo:

– ¿Entonces por qué me llevaron a la Corte?

– No fuimos nosotros quienes creamos este tribunal. Cada uno de ustedes fue consciente de sus errores y reconoció sus faltas. ¡Fuiste tú quien creó esta Corte! – Dijo el padre Juan.

Nadie respondió. Todos guardaron silencio.

El padre Juan miró a su alrededor, miró a Magali y dijo:

– Dos de tus amigos, entristecidos por tu situación, vinieron a verme para que pudiera ayudarte. La vida lo hará a su manera en el futuro, dependiendo de la reacción de cada uno, como sea que suceda. Estudié tu caso y, a la luz de la Ley Universal, encontré una posibilidad para promover el entendimiento entre ustedes: traer a Josué para hablar con ustedes.

Magali se tapó los ojos y dijo nerviosamente:

– ¡No! ¡Sería horrible! ¡No quiero verlo más!

– En ese caso todo quedará como está, Magali. Y debo decirte que tu caso tiene un agravante: tú tenías todo el derecho de huir y dejar atrás al marido que te maltrataba. Si hubiera hecho eso, hoy serías libre y feliz. Pero lo odiabas tanto y planeabas vengarte.

Entonces, en lugar de deshacerse de él, terminaste uniéndote a él. Están unidos por los lazos del compromiso. Aceptó casarse contigo contra tu voluntad y, enojado por el rechazo, te maltrató y quiso dominarte. Tú, con odio, quisiste vengarte de él y perdiste tu libertad.

Magali sollozaba angustiada y la gente a su alrededor escuchaba conmovida por las palabras del padre Juan, detrás de Magali oraban en silencio rodeándola con energías del amor.

Poco a poco Magali dejó de llorar y luego dijo en voz baja:

— ¡Padre Juan, quiero pedirle perdón a Josué!

Dalva y Ariovaldo, conmovidos, oraron en silencio.

Entonces el padre Juan dijo:

— Lo trajimos. Está cerca de aquí. Enviaré por él. Pero primero quiero aclarar que sigue muy enojado y no sabemos cómo reaccionará ante tu presencia. ¿Crees que puedas hacer esto?

— Sí. ¡Ya no puedo soportar esta culpa! Nunca pensé que algún día podría hacer lo que hice. Pero estaba loca, y por eso estoy dispuesta a afrontar esta situación de una vez por todas. No puedo soportar más este peso.

El padre Juan miró a su alrededor y preguntó:

— Pueden traerlo. Mientras esperamos, pido a todos que continúen en oración.

Minutos después, dos hombres fuertes entraron a la habitación trayendo a otro hombre. Fue Josué, quien con el rostro cerrado, los ojos muy abiertos, la expresión rencorosa, la cabeza altiva, al mirar la figura de Magali, gritó enojado:

— ¡Estás aquí! ¡Es hora de mi venganza!

¡Pagarás por todo lo que me hiciste!

Magali sintió ganas de salir corriendo, de huir. Entonces el padre Juan se acercó a Josué, quien, mirándolo, se encogió y bajó la cabeza asustado.

– Hijo mío, estás cansado de sufrir y estoy aquí para ayudarte. Es hora de comprender que el mal trae sufrimiento y solo el bien puede traer paz y felicidad. Todavía te guías por la ley del "ojo por ojo, diente por diente" y crees que necesitas defenderte del mal de los demás. Sepa que todo mal causa daño y todo bien causa bien. Esta es la ley más grande y es hora que la aprendas.

– Siempre he sido víctima del mal ajeno. ¡Tengo derecho a defenderme! – Respondió Josué.

– Hoy estás teniendo la oportunidad de mejorar, aliviar tu sufrimiento, tener una vida mejor, por eso te trajimos aquí. ¿No te gustaría eso?

– Estoy cansado de sufrir. Hay momentos en los que tengo miedo de volverme loco. Si pudiera, acabaría con mi vida para no sufrir más. ¡Lo he intentado, pero ni siquiera puedo hacer eso!

– Si aceptas mi propuesta, te sentirás mucho mejor – dijo el padre Juan.

– ¿Qué tendré que hacer? – Cuestionó Josué.

– Escucha lo que tu exesposa tiene que decirte.

– ¿Ella? ¡Es una mujer malvada! ¡Todo lo que estoy sufriendo es por su culpa!

– Si actuó mal fue porque la provocaste. No eres inocente en esta historia. Era una niña y te aprovechaste de su debilidad. Cometió un error, pero se arrepiente. Habla con él, María.

– Es verdad. Hice mal y lo siento. Estoy aquí para pedirte perdón, Josué.

– Nunca te perdonaré. ¡No puedo creer tu arrepentimiento!

El padre Juan intervino:

– ¡Piensa mejor, Josué! Perdona a tu exesposa para que puedas mejorar.

– ¡Nunca!

Mientras Magali sollozaba, el padre Juan le preguntó dos veces más a Josué. La respuesta siguió siendo la misma. Luego puso su mano sobre la frente de Josué y dijo:

– Ahora retrocederás en el tiempo y recordarás la reencarnación anterior a ésta.

Josué perdió el conocimiento y el padre Juan pidió:

– Mantengámonos firmes en la oración.

Poco después Josué recuperó el conocimiento gritando horrorizado:

– ¡No lo sabía! ¿Hice todo esto? ¿Cómo? No lo recordaba. ¡No quiero volver a ver esas escenas!

– No estamos aquí para juzgarte, Josué. Entiende que solo el bien puede conducirnos a la paz y la felicidad. Eres un espíritu eterno, creado a semejanza de Dios, pero para poder evolucionar necesitarás aprender cómo funciona la vida y adquirir sabiduría. ¡Este es el propósito de la vida! ¡Perdona a tu exesposa y podrás dar un paso adelante hacia un futuro mejor!

Las lágrimas bañaron el rostro de Josué, mientras los sollozos sacudían su pecho. Finalmente, dijo con voz quebrada:

– ¡La perdono! ¡Basta! ¡Estoy muy cansado de sufrir!

En ese momento ingresaron dos enfermeros cargando una camilla, justo cuando Josué perdía el conocimiento. Rápidamente lo acostaron sobre ella y se lo llevaron.

El padre Juan se acercó a Magali, quien, flanqueada por Dalva y Marcos Vinícius, todavía sollozaba suavemente, y preguntó:

– ¿Te sientes aliviada?

– ¡Sí mucho! Me alegro que esta historia haya terminado.

– Solo queda la decisión final.

– ¿Cómo así?

El padre Juan puso su mano sobre la cabeza de Magali y dijo:

– Antes que te des cuenta, quiero que retrocedas en el tiempo y conozcas algunos datos sobre tu última encarnación.

Magali empezó a ver escenas de su vida anterior, en las que era una mujer muy bella, ambiciosa y sin escrúpulos, que había hecho infelices a muchas personas y terminó enferma, y en la pobreza. Ayudada, aceptó la reencarnación y afrontó una vida difícil para recuperar su autoestima.

Abrió los ojos, los fijó en el padre Juan y comentó:

– ¡Oh! Lo hice todo mal. ¡Es que no pude soportarlo y lo arruiné todo! ¿Qué será de mí ahora? ¿Qué me falta todavía por pasar?

– Devolverle a Josué la vida que le quitaste, aceptando recibirlo como a un hijo.

Magali se estremeció, pensó un poco y luego dijo:

– ¡No sé si podré hacerlo! Tengo miedo de volver a fracasar.

– Eres una mujer fuerte, capaz y que, a pesar de todo, supo muy bien extraer de la vida todo lo que quería. Creo que podrás hacer esto. Si no quieres, las cosas irán por otro camino y no sabemos cuánto tardarán en tomar el camino correcto. Sin embargo, el sentimiento maternal es muy fuerte y hablará por sí solo.

Magali bajó los ojos y recordó al niño que había dejado en el orfanato, envuelto en una manta. Dos lágrimas corrieron por sus mejillas y ella respondió emocionada:

– Acepto. Esta vez haré todo lo posible para convertirme en una mejor persona.

El padre Juan exclamó satisfecho:

– ¡Alabado sea Dios! ¡Volvamos, Marcos Vinícius, ya es hora!

Los dos, uno a cada lado, rodearon la cintura de Magali con sus brazos y abandonaron el lugar. La joven se sintió renovada mientras contemplaba encantada la ciudad dormida. En pocos minutos llegaron a la casa de Júlio, entraron a la habitación a través de la pared y se acercaron a la cama donde yacía dormido el cuerpo de Magali. Entonces no pudo contenerse:

– Dios mío, qué maravilloso. ¡Nunca olvidaré esta noche!

La acostaron sobre su cuerpo y Magali se puso cómoda. Esperaron unos segundos más y, cuando sintieron que todo estaba en paz, se marcharon.

Capítulo 28

A la mañana siguiente, Júlio se despertó y Magali seguía durmiendo. Se levantó, fue a buscar un vaso de agua y el medicamento que su esposa necesitaba tomar, y cuando se acercó a la cama, ella abrió los ojos. Entonces Júlio la miró sorprendido.

– Necesitas tomar tu medicamento.

Ella lo miró y respondió con voz firme:

– Estoy bien, Júlio. No necesito eso.

– Pero el médico lo ordenó. Tienes que tomarlo.

– No aceptaré nada.

Júlio vaciló un poco y luego dijo seriamente:

– Tuviste un desequilibrio nervioso y el médico quiere que descanses para recuperarte.

Magali se sentó en la cama y respondió:

– Estoy bien. Solo necesito una buena ducha para relajarme.

Magali se levantó y fue al baño, y Júlio escuchó el sonido del agua llenando la bañera. Luego asomó la cabeza por la puerta y dijo con picardía:

– Pondré la llave en la puerta para evitar que intentes sorprenderme.

Júlio se sentó en la cama pensando durante unos minutos, pero luego, al escuchar a su esposa tararear como de costumbre, se sintió aliviado. Podría dedicarse por completo al negocio de corretaje, que en los últimos días no había ido muy bien.

Con todos los problemas que Magali había enfrentado, Júlio había descuidado un poco la empresa. Pero ahora, viendo que su mujer se iba recuperando poco a poco, podía dedicarse por completo al corretaje e intentar recuperar lo que había perdido.

Más tranquilo, Júlio tomó su bata de baño y fue a ducharse a la otra suite. Media hora después, cuando Magali regresaba a la habitación, una oleada de perfume invadió el aire, y ella al ver a su marido vestido para salir, dijo sonriendo:

— Tengo hambre... Es como si no hubiera comido en días. ¿Ya tomaste el desayuno?

— No. ¡Te estaba esperando!

Magali se quitó la bata, se puso otra de seda y dijo alegremente:

— Bajemos juntos. Me vestiré más tarde.

Alberto esperaba a Júlio y, al verlo bajar del brazo de Magali, se sorprendió. Ella lo miró y le preguntó:

— ¿Sucedió algo? Tienes cara de...

— No está todo bien.

Magali se sentó y comenzó a hablar con naturalidad con los dos, quienes no entendían cómo ella había cambiado tan repentinamente.

Magali no solo había vuelto a la normalidad, sino que parecía estar de mejor humor. Alberto se preguntaba si la mejoría de la niña tenía relación con la intervención del padre Juan. No veía la hora de contarle la noticia a Gerson y escuchar su opinión.

— Necesito cuidarme. Esta tarde iré al *spa* y salón de belleza para tratar mi cabello.

– Hazlo – comentó Júlio satisfecho.

Media hora después, cuando los dos salieron a trabajar, Alberto no pudo contenerse y comentó:

– ¡Magali lo está haciendo muy bien!

– Es verdad. ¡Este Doctor es muy bueno! – Respondió Júlio emocionado.

Alberto permaneció en silencio, pero no podía esperar para hablar con el detective sobre la repentina recuperación de Magali.

Al final de la tarde, tras salir de la correduría, Alberto fue a buscar al detective para comentarle la noticia. Al verlo entrar, Gerson preguntó:

– Entonces, Alberto, ¿alguna novedad?

En pocas palabras, Alberto explicó la mejoría de Magali y concluyó:

– Parecía más feliz y mejor que antes. De buen carácter, dispuesta. Necesitabas verla. ¿El padre Juan podría tener algo que ver con este cambio?

Gerson pensó un poco y luego dijo:

– Tal vez, pero creo que es hora que volvamos allí para estar seguros.

– Si ella está bien, el caso está resuelto – dijo Alberto.

– Las cosas no funcionan así, Alberto. Ella mejoró, pero eso no significa que el caso haya terminado. Ese espíritu puede regresar. Tenemos que hablar con el padre Juan y recibir orientación. Tendré el día libre el viernes, que podremos aprovechar para hablar con él.

– ¿De verdad crees que es necesario volver allí?

– Sí. En estos temas es bueno no facilitar las cosas. Su caso es grave.

– Está bien, iremos. No quiero que le pase nada a Magali. ¡Se ve tan bien!

Después que todo estuvo acordado, Alberto fue a encontrarse con Magali al salón de belleza. Ella estaba terminando de arreglarse el cabello y Alberto, complacido, notó lo bien que estaba, mientras intercambiaba palabras afables con el joven que la atendía. Mientras esperaba, a Alberto le sirvieron chocolate con delicados canapés y él disfrutó.

Se alegró de haber vuelto a las viejas costumbres.

Cuando llegaron a casa, Magali se dispuso a esperar a Júlio, ya que saldrían a cenar a un restaurante de moda, donde había música en vivo y comida deliciosa. Mientras esperaban, Magali pidió que le sirvieran una copa de vino blanco como aperitivo.

Media hora después llegó Júlio y Alberto notó que no se encontraba bien. Al acercarse a su esposa, Júlio notó que Magali estaba hermosa y feliz, y trató de sonreírle, pero la chica pronto notó que él se veía diferente.

Magali frunció el ceño y preguntó:

– ¿Pasó algo, Júlio? Te ves mal.

– Sí, de hecho, no me siento bien.

– Me gustaría cenar en ese restaurante que te gusta, que tiene buena música y excelente comida. Podemos bailar un poco.

Júlio respiró hondo, la miró seriamente y respondió:

– Será mejor que lo dejemos para otro día, Magali. Tengo mucho dolor de cabeza, el cuerpo pesado y escalofríos. Creo que estoy cogiendo una gripe.

Magali se puso seria y se sentó decepcionada. Júlio intentó suavizar la situación y prometió:

– Esto pasará pronto. Mañana estaré bien y podremos ir a cenar allí.

– Sí... A ver... Es que hoy me preparé para que pasemos una noche especial...

– Me gustaría mucho, pero realmente no estoy en condiciones de ir. Lo siento, Magali.

– Les avisé a Joyce y Juan que no cenaríamos en casa. No tenemos nada que comer.

– Llamemos al restaurante que elegiste y ordenemos la cena. Te traerán todo lo que quieras. Y te prometo que en cuanto estés bien, iremos todos allí a celebrarlo.

Alberto, llama al restaurante y pide lo que quiera. Mientras tanto me voy a dar una ducha para sentirme mejor.

Magali estuvo de acuerdo con Júlio y, mientras esperaban que llegara la cena, intentó hablar de cosas felices. Después del baño, Júlio se unió a Alberto y Magali, pero se mostró distante, no se expresó como de costumbre y luego se quedó en silencio de una vez por todas. Alberto, a su vez, empezó a sentir que el ambiente era pesado y tenía un fuerte deseo de salir de allí, de irse lejos.

Intentó con todas sus fuerzas controlar ese sentimiento, pero empezó a sospechar que la atmósfera pesada que los rodeaba estaba siendo causada por alguien muy enojado, y, como solo estaban ellos tres en la habitación, ese enojo solo podía venir de otra persona. Ante este pensamiento, sintió fuertes escalofríos en todo el cuerpo y, pensativo, comenzó a pedir ayuda al padre Juan.

Llegó la comida, pero Júlio, pálido, se levantó y dijo:

– En realidad, no me siento bien. Estoy enfermo y no tengo hambre. Voy a subir y acostarme un rato para mejorar. Disfruten la cena. Si mejoro, al menos vendré a tomar el postre.

Los dos, al observar la palidez del rostro de Júlio, no intentaron detenerlo.

– Es una pena. Pero realmente necesitas descansar. Estoy segura que pronto estarás bien – dijo Magali.

Alberto ofreció:

– ¿Quieres que vaya a la farmacia a comprar algún medicamento? ¿Tienes dolor de cabeza o de estómago? Puede que hayas comido algo que no te sentó bien...

– No comí nada fuera de casa. Tienes buena voluntad, pero no tomo medicamentos sin receta. Me siento muy cansado, así que me voy a acostar, intentaré relajarme y creo que estaré mejor pronto. Gracias.

– Si necesitas algo házmelo saber. Estoy aquí para ayudar.

Júlio le dio las gracias y fue a su habitación y Alberto, preocupado, tuvo ganas de contarle a Magali el encuentro que había tenido con el padre Juan, pero se contuvo. No sabía cómo reaccionaría ella.

– Júlio está muy sano. Esto no es nada. Pronto estará bien. Disfrutemos de esta rica cena – comentó Magali.

Mientras comían, Magali comentó las conversaciones que había escuchado en el salón sobre algunas personas de la sociedad, pero, a pesar de prestarle atención a su amiga, Alberto sintió que había algo diferente en el aire.

En el momento en que se sentaron uno al lado del otro en el sofá de la sala a tomar café y licor, Alberto no pudo contenerse:

– Magali, mientras dormías, drogada por los medicamentos recetados por el médico, busqué un médium para pedir ayuda.

Magali frunció el ceño y comentó:

– ¡Qué raro! ¿Tú crees eso?

Alberto se rascó la cabeza, sonrió y respondió:

– Todavía no sé si debo creerlo. Pero sucedieron algunas cosas mientras estabas drogada que me hicieron pensar.

– ¿Cómo fue eso? – Preguntó Magali.

– Gerson cree y asiste a un Centro Espírita. Cuando tuviste esa pesadilla, sugirió que te llevara a un médium en Ribeirão Preto. Pero Júlio prefirió llevarte a un psiquiatra y drogarte. No estuve de acuerdo con la decisión de medicarte, porque ya sospechaba que tu problema podía ser espiritual. Este sentimiento fue tan fuerte que decidí buscar a Gerson, quien se ofreció a acompañarme al Centro y hablar con el espíritu del padre Juan.

– ¿Dijiste padre Juan?

– Sí. Su espíritu llegó a través del médium y le pedimos ayuda para resolver su caso. Dijo que vería qué se podía hacer. Fue solo eso, pero, dos días después, a pesar de tomar fuertes somníferos, te despertaste de buen humor, feliz, como si nada hubiera pasado. Fue un milagro y siento que él tuvo algo que ver con eso.

– ¡Padre Juan! Su nombre me resulta tan familiar... Siento que lo conozco. ¿Cómo es posible?

– No lo sé. Pero Gerson dijo que es mejor que volvamos a Ribeirão Preto y tratemos de hablar con el padre Juan para saber cómo va el caso porque cree que el alma de Josué aun puede regresar.

– ¡Dios no lo quiera! ¡No quiero volver a tener esta pesadilla!

– Gerson tiene el viernes libre. Podemos ir a Ribeirão Preto ese día.

Alberto se quedó pensativo unos segundos y luego preguntó:

– ¿No será el alma de Josué la que está atacando a Júlio? Mientras él se quejaba de sentirse mal, a mí se me puso la piel de gallina en todo el cuerpo. Y eso me preocupó mucho. Estaba tan nervioso que quería salir corriendo de aquí.

Magali se quedó pensativa un rato y luego dijo:

– Cuando hablas del tema, siento como si hubiera participado de alguna manera en estos hechos, aunque no creo en estas cosas. ¿No es extraño?

– Teniendo en cuenta las cosas que he sentido y visto suceder, empiezo a creer que las almas de los muertos pueden regresar. Ahora recuerdo que cuando hablé con el padre Juan sobre tu caso, me dijo al final: "Es hora que aprendas cómo son las cosas. Presta atención a los acontecimientos." Después el padre Juan puso su mano sobre mi cabeza y sentí que un calor muy fuerte me envolvía. Entonces desapareció todo mi cansancio y él dijo: "Vete en paz." No sé qué quiso decir con esas palabras, pero me sentí realmente bien.

– Hay algo en esta historia que necesito recordar. Lo intento, pero no puedo.

– Es mejor dejarlo pasar. Lo importante es que ahora estás bien. Esperemos un poco más. Puede ser que las molestias de Júlio pasen y todo vuelva a la normalidad.

– Es verdad. Cambiemos de tema.

Magali y Alberto hablaron un rato de banalidades y luego se retiraron. Entonces Magali entró en la habitación y notó que Júlio estaba durmiendo y que la luz de la mesita de noche estaba encendida. Ella se cambió de ropa y se preparó para dormir. Como no le gustaba tener una luz cerca de la cama, encendió una más débil casi cerca del suelo y se acostó.

Había tomado una copa de vino, tenía sueño, pero a pesar de eso no podía dormir. Magali dio vueltas en la cama por un rato y luego decidió ir a la oficina de Júlio, donde había algunas revistas de moda que ella había guardado allí. Se acomodó en un sillón, estiró los pies en un taburete, intentó relajarse, pero el sueño no llegaba. Ya casi amanecía, cuando ella, cansada, decidió acostarse. Júlio dormía, pero su sueño era inquieto y su respiración era diferente. De vez en cuando, murmuraba algo que Magali no podía entender, lo que la hacía sentirse mal y con ganas de salir de allí. Ya era de madrugada cuando finalmente logró conciliar el sueño, y solo se despertó a la hora del almuerzo. Magali todavía buscó a Júlio, pero notó que él ya no estaba allí.

Se levantó, se duchó, bajó las escaleras y Joyce le preguntó si quería almorzar o si prefería un refrigerio.

— Puedes servir el almuerzo, Joyce. ¿Júlio ya se fue a la oficina?

— Sí. Salió con el Doctor Alberto.

— Ayer Júlio no se encontraba bien. ¿Se despertó mejor?

— Sí. Se despertó un poco más tarde, pero se fue inmediatamente.

Magali exhaló un suspiro de alivio. Fue solo una molestia temporal. Esa conversación con Alberto la había dejado preocupada. Más tranquila, pensó en qué haría ese día para distraerse.

Pero, en los días siguientes, Júlio nunca volvió a ser como era. Desde esa noche, comenzaron a suceder episodios desagradables. Además de perder mucho dinero en los negocios, todo lo que antes funcionaba bien ahora ya no funciona. Nervioso y abatido, Júlio perdió el buen humor. Y, aunque Magali intentaba llevar la misma vida de siempre, notaba que su marido no reaccionaba y que, cada día, se ponía más irritado, de mal humor y hasta grosero con algunas personas.

Magali no conocía a ese hombre nuevo y estaba irritada con él. La atmósfera previamente agradable y ligera creada entre la pareja se había vuelto pesada y desagradable.

Alberto, según lo acordado, había ido al centro con Gerson, para hablar con el padre Juan. Al acercarse, miró a Alberto y le dijo:

– Tu caso está en marcha y solo el tiempo dirá lo que cada uno elige. Pero la pareja de la chica está siendo atacada por una mujer fuerte, de mediana edad, ligada al poder del dinero, y por un hombre, con un fuerte magnetismo, que trabaja para ella. Quieren dejarlo en la miseria.

– ¡Entonces es eso! Júlio ha cambiado recientemente. Parece otra persona, está perdiendo todo lo que tiene. Por favor, padre Juan, ayúdanos. También estoy perdiendo todo lo que he logrado.

– La gente elige libremente, pero la vida tiene sus caminos. Cada uno recibe según lo que cree y hace.

– ¡Pero ayudaste a Magali y ahora está mucho mejor, aunque hizo algo muy grave! Júlio; sin embargo, es un hombre que nunca le ha hecho nada malo a nadie. Él me ayudó ofreciéndome trabajo cuando ni siquiera mi hermana quería echarme una mano.

– Si dijo eso, será mejor que invites a Júlio y veamos qué pasa. En la situación en la que se encuentra, eso cuenta.

Alberto se pasó la mano por el cabello diciendo nervioso:

– No sé. Pero en cualquier caso, eso es lo que haré.

– Si acepta, podrá contar conmigo. Me siento muy bien cuando voy allí.

Era pasado el mediodía cuando Gerson dejó a Alberto en casa y se fue. Cuando entró a la habitación, vio a Magali y fue a abrazarla. Después de los saludos, preguntó:

– Entonces, ¿Júlio ha mejorado?

Magali meneó la cabeza y lo miró seriamente:

– No sé lo que le está pasando. No se encuentra bien... Parece una persona diferente...

– Está preocupado por los negocios. ¡Debe ser eso! – Respondió Alberto.

– Me estoy cansando. No sé qué hacer para que vuelva a ser como antes. ¿Hablaste con el padre Juan?

Alberto le contó lo que le había dicho y concluyó:

– Creo que perdimos el viaje. Júlio no querrá ir allí.

Magali pensó un poco y luego dijo:

– Tenemos que convencerlo. Es muy extraño lo que está pasando con Júlio. No es normal. Cuando me acerco a él, me siento mal y tengo ganas de pelear. Empiezo a molestarme con todo lo que dice o hace. Solo me siento bien cuando estoy fuera de casa.

– Me siento igual.

Joyce se acercó para decir que estaban sirviendo el almuerzo. Mientras comían, Magali insistió en que Alberto hiciera todo lo posible para convencer a Júlio de ir a Ribeirão Preto y afirmó:

– Iré contigo. Tengo ganas de ver de cerca a este padre Juan.

Después del almuerzo, aunque estaba cansado por el largo viaje, Alberto fue a la correduría. Quería ver cómo les iba a Júlio y la empresa y pronto notó que no les iba nada bien. Júlio todavía estaba de mal humor, por lo que Alberto decidió dejarlo para hablar del asunto en casa, principalmente porque contaba con el apoyo de Magali para convencerlo. Él le había pedido que esa noche pudiera superar el mal humor de Júlio y tratar de complacerlo, actuando como antes.

Cuando llegó Júlio, Magali lo recibió con mucho cariño, al que él intentó corresponder. Durante la cena, ella habló de temas banales, dijo cosas alegres y Júlio volvió a sonreír, lo que no era común en los últimos tiempos.

Fue en la sala, tomando un café, que Alberto habló sobre su viaje y la conversación con el padre Juan. Mientras hablaba, Magali le hizo preguntas para ayudarlo, dándole la oportunidad de explicarse mejor.

Alberto empezó a comentar el tema del secuestro de Magali, de quien Gerson le había dicho que era un hombre de fe, hasta el viaje que hicieron los dos para pedir ayuda al padre Juan, y concluyó:

— Confieso que cuando lo vi, Magali se puso mucho mejor. Como estaba antes, de muy buen humor, más feliz, sin que el médico cambiara el tratamiento, deduje que el milagro había ocurrido a través del padre Juan.

Júlio escuchó la conversación entre su esposa y su excuñado, y cuando Alberto empezó a hablar de la pérdida de dinero que había sufrido Júlio y su cambio de comportamiento, se volvió más atento.

— Eres un hombre capaz, bondadoso y feliz. Siempre te ha resultado fácil manejar el dinero y ganas muy bien. ¿Por qué todo cambió de una nuera a otra? ¡Piensa en eso! Si las cosas siguen así acabaremos perdiéndolo todo. Siento que algo extraño está sucediendo. Hablé con Gerson y él siente lo mismo. Por eso, anteayer fuimos al Centro Espírita a pedir ayuda al padre Juan.

Júlio se movió inquieto y preguntó:

— ¿Y qué te dijo?

— El padre Juan quiere que vayas a hablar con él al Centro. Podemos llevarte.

Magali intervino:

— Yo también quiero hablar con el padre Juan. Soñé que él hablaba conmigo.

Indeciso, Júlio meneó la cabeza:

— No lo sé... todo me parece tan extraño. ¿De verdad crees que esto podría funcionar?

– Tal como están las cosas, ¿qué explicación daría a por qué estamos perdiendo tanto dinero sin que haya ocurrido nada diferente? – Recordó Alberto.

Magali reforzó:

– Vamos a intentarlo. Si no ayuda, no hará daño. Vayamos a Ribeirão Preto y veamos qué pasa.

Júlio se quedó pensativo por unos segundos y luego dijo:

– Sí, tal vez sería bueno salir un rato y respirar un poco de aire fresco. ¿Cuándo podemos ir?

Satisfecho, Alberto le dijo a Gerson que al día siguiente temprano iban a Ribeirão Preto y le preguntó si a él también le gustaría ir. Gerson; sin embargo, dijo que tenía una cita por la mañana, temprano, pero que tomaría el auto y saldría inmediatamente después.

Eran más de las diez de la mañana cuando Gerson, conduciendo su coche, entró en la carretera. Dos horas después, para su sorpresa, vio el auto de Júlio estacionado en una gasolinera y fue a su encuentro. Alberto al verlo, dijo inmediatamente:

– ¡Me alegro que nos hayas visto! Nuestro coche se averió y hemos estado aquí hace varias horas. El mecánico no puede arreglarlo.

Gerson miró a su alrededor, sonrió levemente y luego sugirió:

– Dejemos el auto aquí con el conductor y ustedes tres irán conmigo a Ribeirão.

Júlio no quedó satisfecho:

– Este auto es nuevo, nunca ha tenido nada, no lo entiendo.

– Esas cosas suceden. Te llevaré allí. Por favor, póngase cómodos. Vámonos, no podemos perder el tiempo. Nos quedan al menos seis horas más de viaje. Cuando regreses, el coche ya estará reparado. El conductor se encargará de los arreglos.

La pareja se sentó en el asiento trasero y Alberto al lado de Gerson. Luego se pusieron en camino.

Capítulo 29

El salón estaba lleno cuando entraron al Centro Espírita. Gerson habló con el asistente y presentó a la pareja diciendo:

– Vinieron a petición del padre Juan.

El chico miró la lista donde estaban todos sus nombres y dijo:

– Me informó que vendrían. Vengan.

El celador los condujo hasta el pasillo que daba acceso a la sala donde trabajaba el padre Juan, pidiéndoles que se sentaran y esperaran hasta que los llamaran.

Júlio se sentó, pero luego se levantó diciendo:

– No estoy bien. Vamos. Éste no es lugar para nosotros.

Magali lo miró y notó que se había puesto pálido y su apariencia había cambiado. Lo tomó el brazo diciendo con voz firme:

– ¡Esto no es nada! Siéntate. Contrólate a ti mismo. Llegamos hasta aquí y nos quedaremos.

Alberto miró a Gerson, que sostenía el brazo de Júlio y dijo con voz tranquila:

– Reacciona, Júlio. Los espíritus que nos rodean no quieren que te quedes aquí porque pretenden seguir dominándote.

– Este lugar no es bueno para mí. Necesito salir de aquí antes que me pase algo peor.

Magali lo había obligado a sentarse, pero se volvió a levantar, dispuesto a salir de allí de todos modos. En ese momento, se abrió la puerta y se le acercaron dos jóvenes, uno a cada lado. Uno de ellos dijo:

– Cálmate, Júlio. No tengas miedo. Vamos a entrar. Todos se habían levantado y el otro chico explicó:

– Ahora solo entra él. Los llamaremos en un rato.

Júlio, nervioso, intentó alejarse de los dos, pero uno de ellos dijo enérgicamente:

– Tu dominio se acabó.

En ese momento, la cabeza de Júlio cayó y perdió el conocimiento. Asustada, Magali quiso intervenir, pero Gerson la detuvo:

– Cálmate. Está en buenas manos. Unamos nuestros pensamientos y oremos para que esté bien.

Los dos entraron en la habitación donde, además del padre Juan, había algunas personas y colocaron a Júlio en una camilla. El padre Juan pidió a los presentes rodear a Júlio, formar una cadena tomados de la mano y vibrar a su favor.

Luego, puso su mano sobre la frente de Júlio, ordenando:

– Ahora basta. Lo dejarás en paz.

Júlio se inquietó y dijo nervioso:

– ¡Nunca! ¡Él es mío ahora! Soy la mujer de su vida. No acepto que se pierda. Soy muy rica, ella no es más que una estafadora que logró quitármelo.

– Tu poder se ha ido. ¡Él está libre de tu control!

— ¡Lo saqué de esa estúpida situación, pero en lugar de quedarse conmigo como yo quería, terminó con esa zorra malvada y asesina! ¡Esto no es justo!

— Tú y ese magnetizador, tu compañero, serán llevados a un lugar donde podrán reflexionar sobre sus actos y prepararse para una nueva encarnación, donde aprenderán las verdades de la vida y tendrán la oportunidad de evolucionar un poco más.

— ¡No por favor! ¡No quiero irme, olvidar el pasado! ¡Este castigo no!

— No es un castigo, es una oportunidad de progreso. Acéptalo y todo será más fácil.

— ¡No quiero! Tengo miedo. ¡Quiero quedarme aquí!

El espíritu Marcos Vinícius, frente a un grupo de espíritus vestidos con uniformes de enfermeros, entró a la habitación por el techo. El grupo abrió dos camillas mientras el padre Juan rezaba con la mano en la frente de Júlio y la gente a su alrededor vibraba de paz y luz.

Marcos Vinícius se acercó al padre Juan diciéndole:

— Estamos listos.

El padre Juan lo abrazó diciendo:

— ¡Bienvenido, Marcos Vinícius!

Intercambiaron algunas palabras, luego el padre Juan puso su mano en la frente de Júlio diciendo:

— Puedes llevártelos. Dios los acompañe.

Júlio se estremeció y el espíritu de una mujer de mediana edad, cubierta de joyas, y el de un hombre, ambos dormidos, fueron colocados sobre las camillas. A una señal de Marcos Vinícius, los enfermeros abandonaron el lugar guiando a los dos.

El padre Juan se acercó a Marcos Vinícius y le dijo:

– Finalmente logramos conseguir una tregua para ellos. Si aprovechan bien su tiempo y su libertad temporal, tendrán grandes posibilidades de progresar.

– Gracias a tu ayuda y la de tu amigo psíquico que nos has ayudado mucho.

– Ahora tú harás tu parte. Enviaré a los demás. Y volviéndose hacia los médiums que lo rodeaban, preguntó:

– Diles a los demás que entren.

Tras verlos sentados en las sillas junto a la camilla, el padre Juan pidió a los médium que les dieran energía a todos.

Marcos Vinícius se acercó a Júlio, que aun dormía, y lo llamó:

– ¡Júlio, ven conmigo, vamos a caminar!

El espíritu de Júlio salió de su cuerpo y miró a Marcos.

Vinícius, que sonrió diciendo:

– Mira, tus amigos están todos aquí. Está todo bien ahora. ¿Como te sientes?

– ¡Luz! ¡Qué maravilla! ¡Siento una gran alegría, se siente como un sueño!

– Mira a tu alrededor y siente, ¡todos lo están haciendo muy bien!

Júlio miró a Magali, se acercó a ella y la besó en la frente, luego, emocionado, abrazó a Alberto y Gerson.

Marcos Vinícius lo tomó del brazo diciendo:

– Vamos, vamos a dar un paseo.

Júlio se asustó:

– ¿Qué está pasando? ¿Morí?

– No. Tu cuerpo simplemente está dormido. Sabrás lo que pasa después de la muerte, pero seguirás viviendo. La certeza de la eternidad te hará sentir la grandeza de la vida y la oportunidad que se te brinda de encontrar la serenidad y la paz.

Pasó su brazo por el de Júlio y abandonaron el lugar.

El padre Juan se acercó a Magali y le dijo:

– Ahora muchas cosas cambiarán. Aprovecha el tiempo, intenta ser mejor cada día y cuida mucho a tu pareja que te quiere mucho. Sean felices.

– Padre Juan, usted siempre nos ha ayudado, pero siento que no lo merezco.

– Deja ir el pasado.

– ¡Abandoné a un hijo y voy a tener otro que fue mi enemigo durante mucho tiempo! ¡Tengo miedo de fracasar!

El padre Juan le puso la mano en la cabeza y le dijo:

– No te culpes. La culpa destruye el bien. Actuaste en ese momento, haciendo lo que sabías, queriendo defenderte. Deja pasar el pasado y sigue adelante dando lo mejor de ti. Sé compañera, amiga del hombre que tanto te ama, y la vida, amorosa y perfecta, te inspirará a elegir mejor tus caminos hasta encontrar la felicidad. Hagas lo que hagas, sea lo que sea, nada te impedirá algún día conocer la verdad y convertirte en una persona feliz y alegre. Ésta es la meta de la vida. La sabiduría siempre atrae la felicidad.

Las lágrimas corrieron por las mejillas de Magali, pero eran lágrimas de emoción, sabiendo que reconstruiría su vida y viviría en paz.

El padre Juan puso su mano sobre la cabeza de Alberto diciendo:

– ¡Hijo mío! Has aprendido mucho y has sabido cómo son las cosas. Continúa por este camino, haz lo mejor que puedas, apoya a tu familia, que está necesitada de todo. Incluso si no quieres vivir con ellos, haz lo que puedas para ayudarlos.

Luego, puso su mano sobre la cabeza de Gerson, diciendo:

– Gracias amigo por la ayuda que nos brindaste. Mantente fuerte en este camino. Tu vida cambiará para mejor.

Luego, dirigiéndose a todos, explicó:

– Júlio tardará unos minutos más en despertarse, está muy bien. Pueden irse. ¡Dios los bendiga!

Se marcharon en silencio, emocionados, ligeros, ya que todo cansancio y preocupación habían desaparecido.

Magali miró a Gerson y le preguntó:

– ¿Júlio tardará un poco en despertar? Tengo sed y hambre.

– No lo sé, pero está siendo tratado y cuando despierte se sentirá mucho mejor. La noche es cálida, salgamos, tomemos un poco de agua, caminemos un poco. Al final del pasillo había un filtro de arcilla y vasos desechables. Se sirvieron, el agua estaba fresquita, deliciosa y repitieron la dosis. Después salieron a caminar por el jardín, encantados por el cielo estrellado, donde la Luna llena brillaba soberana.

– ¡Este lugar es un paraíso! Ni siquiera parece que estemos en la Tierra – comentó Magali.

Dieron una vuelta y se detuvieron a mirar las rosas que florecían y perfumaban la noche. La gente salía del Centro y volvieron al pasillo, buscando a Júlio.

La puerta de la habitación del padre Juan estaba abierta, Magali miró hacia adentro, pero estaba vacía. Poco después vieron a Júlio salir de un baño de hombres, peinado, sonrojado y con el rostro hinchado. Al verlos se acercó diciendo:

– Los estaba buscando.

– ¿Cómo te sientes? – Preguntó Magali.

– Aliviado, no recuerdo lo que pasó en esa habitación. Solo sé que dormí y me desperté mucho mejor, con la sensación que todo está bien. Parece un milagro. ¿Estoy soñando?

Gerson sonrió y comentó:

– Estabas rodeado por dos espíritus que querían hacerte daño. El padre Juan los convenció para que se fueran.

– ¡Es difícil de creer! ¿Dios permite esto? Gerson lo miró seriamente:

– Este tema requiere observación y estudios para saber cómo y por qué sucede esto. Puedo prestarte algunos libros de estudio para que tomes conciencia de cómo son estas cosas.

La gente ya se había ido y Gerson sugirió:

– Van a cerrar. Vamos a salir.

En ese momento, el médium se acercó sonriendo y Gerson lo presentó:

– Este es Eurico, un querido amigo que fue elegido por el espíritu del Padre Juan para canalizar la ayuda espiritual.

Todos fijaron sus ojos en él: alto, delgado, frente alta, cabello castaño, grandes ojos color miel, labios gruesos, una sonrisa fácil que mostraba unos dientes blancos, en contraste con su piel oscura. Los miró y sus labios se abrieron en una amplia sonrisa.

Después de los saludos, dijo alegremente:

– Veo que todos están bien. A partir de ahora aprovechen el tiempo, intenten comprender y estudiar cómo son las cosas. Para aprender esto nacimos aquí. El tiempo para estar aquí es corto, pasa muy rápido.

– Quiero mejorar, aprender, elegir mejor mi camino – dijo Magali –. ¿Qué necesito hacer para eso?

– Vienes de muchas vidas y tu espíritu tiene vastos conocimientos. No te dejes atrapar por las ilusiones del mundo y haz solo lo que tu corazón sienta que es bueno. Ama tu cuerpo, que es un maravilloso instrumento para interactuar en este mundo. Cuídate mucho primero para que puedas estar bien, poder hacer las cosas con discernimiento y cooperar con la evolución de los seres. Eso es todo lo que puedo decirte.

Magali lo abrazó, conmovida:

– Gracias. Nunca olvidaré tus palabras. Eurico los abrazó uno a uno deseándoles progreso y luz.

Se marcharon pensativos y Alberto no pudo contenerse:

– ¡Tengo hambre! ¿Encontraremos algún lugar abierto para comer un buen bistec con papas fritas?

Todos rieron y Magali dijo alegremente:

– ¡Se acabó el milagro! ¡Estamos de vuelta en la Tierra!

A toda prisa, subieron al coche, dieron vueltas hasta encontrar un restaurante que tenía buena pinta y entraron a comer. Durante la cena, Alberto no se cansaba de observar el cambio que se había producido en ellos luego de la ayuda espiritual. Se sentía diferente, con ganas de cambiar, de convertirse en alguien más, alguien que supiera hacer mejor las cosas. Quería tener el placer de ser respetado, amado, aceptado por la gente.

Marcos Vinícius, que los observaba junto con el padre Juan, comentó:

– Ahora parece que han encontrado una mejor dirección.

– Es verdad. Esta vez aprendieron un poco más. Veamos cuánto pueden disfrutar. Me voy a Campos da Paz. ¿Vienes conmigo?

– Me quedaré aquí un poco más. Tengo que esperar a que se complete esta etapa.

Los dos se despidieron, cada uno se fue hacia un lado y pronto desaparecieron del lugar.

A la mañana siguiente, todos se levantaron temprano y, después del desayuno, emprendieron el viaje de regreso en el auto de Gerson. El conductor de Júlio había llamado al hotel y le había avisado que, esa misma noche, el mecánico no había podido encontrar la avería en el coche y que, cuando lo pusieron en marcha de nuevo, funcionaba bien y no había más problemas. Júlio le dijo que se llevara el auto a casa.

Durante el largo viaje, hablaron de la experiencia que cada uno tuvo en ese contacto con el padre Juan.

Júlio dijo que un joven alto y bien parecido llamado Marcos Vinícius lo había tomado del brazo y lo había conducido hasta el techo de la habitación, y él, asombrado, vio su cuerpo dormido tendido en la camilla y al padre Juan a su lado, con aspecto muy diferente al del médium. Se sentía muy ligero y de buen humor, creía que se había muerto. Su compañero lo llevó a pasear por la ciudad dormida, fueron a lugares muy hermosos. Se sintió fuerte, alegre y feliz. Supo que se trataba solo de un viaje extracorporal y, al final, dijo emocionado:

— Ahora sé que la vida continúa después de la muerte. Salí y caminé, me sentí más ligero y ágil, mientras mi cuerpo dormía.

Júlio no pudo contener su entusiasmo. No se cansaba nunca de hablar de las cosas que había sentido y visto en ese paseo.

Magali se había vuelto más introvertida. Los recuerdos de las cosas que había hecho todavía la molestaban. Había asumido su responsabilidad ante Josué, le había pedido perdón y estaba decidida, cuando fuera posible, a aceptarlo como su hijo. El hecho de haber abandonado a Beto la molestaba. No importa cuánto intentó justificar eso, no hubiera podido criarlo en ese momento, no podía olvidar ese momento en que lo había dejado en la puerta del orfanato. Sintió que algún día todavía tendría que afrontar esta responsabilidad de alguna manera. Pero no se sintió con el coraje de hablar sobre este tema.

Alberto pensó en la familia que había dejado en Minas Gerais, enviando solo algo de dinero cuando estaban en la pobreza, careciendo de todo en casa. Su esposa le había dicho que estaba horneando pedidos para ganar algo de dinero. Pero no tuvo suerte con sus ventas y se estaban quedando sin nada, incluso los medicamentos que ahora necesitaba tomar Ana, la hermana de Aurélia. Decidió ir a verlas, llevarles algo de dinero y ayudarlas en todo lo que pudiera. Sintió que estaba siendo egoísta, pensando solo en él, sabiendo que eran amas de casa, no tenían profesión y estaban en una edad en la que el trabajo no era fácil.

Gerson, por su parte, estaba muy feliz. Se dio cuenta de cuánto ese viaje estaba transformando a sus amigos y se sintió impulsado a hacer algo por ellos.

Cuando llegaron a casa de Júlio, invitaron a Gerson a pasar, pero él dijo que el viaje había sido largo y que quería volver a casa a descansar. Júlio quiso pagar los gastos del viaje, pero no se lo permitió:

– De alguna forma. Tuve mucho gusto en llevarlos allí y recibí mucho más de lo que di, pudiendo estar con el padre Juan y recibir su bendición.

Los ojos de Júlio se humedecieron cuando le dijo:

– Gracias por todo lo que hiciste por nosotros. Eres un amigo que quiero conservar para siempre. Estaré a tu disposición para cualquier cosa que necesites.

Luego del cálido abrazo, Gerson se despidió satisfecho de haber culminado exitosamente esa misión.

En los días siguientes, Júlio y Alberto volvieron a trabajar en la correduría. Las cosas no fueron fáciles, pero Júlio se volvió más atento a los detalles y, poco a poco, se dio cuenta que algunas cosas habían cambiado en el mercado y que necesitaba renovar conocimientos. Una vez hecho esto, las cosas volvieron a mejorar. Alberto, satisfecho, ahorró su dinero y se fue a Minas a pasar un fin de semana para ver a su familia.

Cuando llegó por sorpresa encontró a su esposa enferma, triste, la despensa vacía y a su cuñada Ana enferma, débil, recuperándose de una fuerte gripe, sin dinero para medicamentos.

Las dos lo recibieron nerviosamente y al verlo bien vestido, elegante y fuerte, se quejaban del abandono en el que se encontraban.

Alberto hizo lo que pudo, dejó una buena cantidad de dinero en ahorros a Aurélia y le prometió que todos los meses le enviaría lo que pudiera.

Al final se calmaron y él regresó a casa de Júlio satisfecho de haber venido a verlas y ayudarlas. En el avión, durante el viaje de regreso, se sintió feliz de haber hecho esto y se prometió seguir haciendo todo lo que pudiera por ellos.

Poco a poco todo volvió a la normalidad. La corredora volvió a crecer, Magali, dando sus paseos, y Alberto siguió encontrándola para regresar juntos a casa.

✳ ✳ ✳

En el orfanato, amanecía cuando Eugênia despertó, se levantó y se acercó a la cama donde dormía Beto. Había dormido en la habitación del niño durante tres noches. Solo fue a casa a ducharse y cambiarse cuando Rosa ocupó su lugar.

Ella se acercó a él, le puso la mano en la frente y sonrió con satisfacción. Finalmente la fiebre había bajado. Aun así, colocó el termómetro en la axila del niño, sujetándole el brazo para que no se moviera.

Beto abrió los ojos, la miró y suspiró aliviado:

– ¡Ah! ¡Todavía estás aquí! ¡Soñé que te habías ido y no volverías!

Eugênia lo miró y dijo con voz firme:

– Me gustas mucho y siempre estaré a tu lado.

Después de mirar el termómetro, sonrió y continuó:

– La fiebre desapareció. Ahora necesitas comer bien para recuperar tu salud.

Él la miró seriamente:

– No sé si quiero sanarme pronto.

– ¿Por qué? ¿Quieres volver a sentirte mal?

Él no respondió. Y ella continuó:

– Quiero que ahora seas fuerte para estudiar, crecer, cuidar tu vida y ser feliz.

– No sé cómo hacer esto.

– No me rendiré contigo. Me dedicaré a ti, me ocuparé de tus estudios y te enseñaré a ser un buen hombre.

– ¿Tendrías el coraje de adoptarme? ¿Para llevarme a tu casa?

Eugênia pensó un poco y luego respondió:

– Estoy cambiando mi vida. En unos días me casaré y viajaré unas semanas. Pero quiero que sepas que nunca te dejaré. Siempre estaré cerca, cuidando de tu futuro.

– ¿Aceptarías ser mi madre?

Conmovida, Eugênia lo abrazó y le dio un sonoro beso en la frente.

– ¡Ya eres mi hijo del corazón!

– Entonces, ¿puedo llamarte mamá?

– Claro que puedes. Pero ahora voy a la cocina a hacer avena y te la vas a tener que comer toda.

– No tengo hambre...

– Le pondré puré de plátano. ¡Será delicioso!

Fue a la cocina y allí encontró a Helena.

Comentó alegremente:

– Beto no tiene fiebre. Ahora simplemente mantener una buena dieta y estará bien.

– Se está encariñando mucho contigo y me temo que tiene grandes expectativas puestas en ti.

Eugênia pensó un poco y luego dijo:

– Amo a este chico y tengo la intención de hacer todo por él. Desde hace unos días, para pasar tiempo con Beto, no me ocupo de los preparativos de mi boda. Quedan pocos días y todavía tengo muchas cosas por hacer. Pero hoy, cuando venga Rogério, hablaré de Beto y de mi deseo de adoptarlo. Tengo la intención de convencerlo.

– Estoy segura que estará de acuerdo. Tienes una afinidad envidiable. Uno piensa y el otro habla. Nunca había visto una pareja así.

– Es mucha responsabilidad, pero estoy dispuesta a asumirla. Si Rogério está de acuerdo, mañana llevaré a Beto a mi casa. Rosa me ayudará y podré hacer los arreglos en la nueva casa para organizar todo antes de la boda.

– Estoy seguro que lo aceptará.

Poco antes del almuerzo llegó el médico, examinó a Beto y dijo sonriendo:

– La infección ha desaparecido. Ahora solo necesita buena nutrición y ejercicio. Le recetaré algunas vitaminas y se recuperará rápidamente.

Cuando se despidió, Eugênia lo acompañó hasta la salida y le dijo:

– Doctor, necesito irme a casa urgentemente, pero no quiero dejar a Beto. Me gustaría llevármelo hoy. Rosa me ayudará a cuidarlo. ¿Qué opinas?

– Yo creo que es genial. Fue difícil, no se acercó a nadie, pero lograste ganártelo. Es lo que te sanará en todos los aspectos.

– Gracias Doctor. Nos vamos a casa hoy.

Al final de la tarde, cuando llegó Rogério, Eugênia le habló de Beto. Pensó un poco y respondió:

– Ya sabía a dónde querías llegar. Siento que nos va a dar trabajo. Pero, por otro lado, será muy gratificante descubrir la manera de transformarlo en un hombre feliz.

Los dos fueron donde Beto, y Rogério, después de preguntarle cómo se sentía, dijo seriamente:

– Nos vamos a casar. ¿Quieres venir a vivir a nuestra casa y ser nuestro hijo del corazón?

Los ojos del niño brillaron y sus labios

Ellos esbozaron una amplia sonrisa cuando dijo:

– ¡Claro que quiero! ¡Hoy es el día más feliz de toda mi vida!

Ambos lo abrazaron al mismo tiempo y permanecieron así por unos minutos. Entonces Eugênia dijo:

– Entonces ve a vestirte y nos vamos ahora mismo.

Quiso saltar de la cama, casi se cae, y Rogério lo atrapó:

– Calma. Despacio. Todavía estás débil.

– Es mejor que te sientas un rato y te levante lentamente. No tenemos prisa – añadió Eugênia.

Una hora más tarde, cuando llegaron a casa de Eugênia, Rosa, sorprendida por la noticia, comentó:

– Sabía que algún día esto sucedería. Qué bien. ¡La familia está creciendo!

Y volviéndose hacia Beto, continuó:

– Yo también cuidaré de ti. En poco tiempo estarás fuerte, de buen humor, lleno de salud.

Mientras Eugênia preparaba la habitación de Beto, Rosa fue a la cocina a ver qué había para cenar.

Capítulo 30

Eugênia abrió los ojos y pensó con emoción:

– ¡Hoy es el día de mi boda!

Sentada en la cama, recordó a Júlio y cuánto había sufrido hasta aceptar el abandono y la traición de su exmarido. Aun en la habitación, también pensó en cómo la presencia de Rosa y el amor de Rogério habían transformado su vida. Introdujeron a Eugênia en la espiritualidad y en la amistad sincera y le hicieron creer en la posibilidad de ser feliz, no como en su primer matrimonio, sino ahora con bases más verdaderas.

Tanto Eugênia como Rogério enfrentaron problemas en sus primeros matrimonios. Rogério incluso había lidiado con la tragedia de la muerte de Milena, su hija y su ex esposa, pero aun así nunca había perdido la confianza en la vida. A pesar de extrañar a su amada hija, nunca dejó de intentar seguir adelante, seguro que vendrían días mejores.

Eugênia también recordó su alegría al elegir la decoración de la nueva casa que Rogério había comprado y los avances que había hecho Beto en esas dos semanas que había vivido en su casa.

Los primeros días el chico todavía se mostraba un poco distante. Observaba todo en silencio y no expresaba su alegría. Tanto Eugênia como Rosa lo trataron con naturalidad, respeto y cariño, intentando descubrir lo que le gustaba, ayudándole a probar cosas nuevas, estando siempre dispuestas. Poco a poco Beto se reveló más feliz y más atento. Sus ojos ahora tenían un brillo más intenso y las pesadillas que tenía cuando vivía en el orfanato ya no ocurrían.

Rosa y Eugênia le enseñaron que Dios era su padre mayor y que Beto podía, en lo más profundo de su corazón, hablar con Él cuando quisiera. Dios siempre lo ayudaría a encontrar el bien que merecía recibir, y para eso solo necesitaba desear el bien, no darle importancia al mal de los demás y cuidarse a sí mismo con amor.

Eugênia y Rogério llevaron a Beto a elegir la decoración de su habitación en la nueva casa, y el niño, inicialmente indeciso, pronto se emocionó cuando compraron algunos objetos que le gustaban.

El día anterior habían ido a la nueva casa, y los ojos de Beto brillaron de emoción cuando entró en la habitación que sería suya y donde viviría como hijo del matrimonio. Ahora él era parte de la familia.

Eugênia bajó a tomar un café y encontró a Beto esperándola. Cuando lo abrazó, notó que el niño estaba más tranquilo y pensativo.

Cuando se sentaron a la mesa con Rosa, él miró a Eugênia y le preguntó:

– ¿De verdad vas a viajar?

– Sí, pero solo por unos días. Rosa nos extrañará, pero estará aquí para hacerte compañía.

– Pero todavía soy un niño – dijo Beto.

– Pero por ahora eres el hombre de la casa.

Beto levantó la cabeza y respondió seriamente:

– Está bien. Yo me ocupo de todo.

Aunque quisieron reírse de su actitud, ambas estuvieron de acuerdo.

La boda civil se celebraría a las nueve en un elegante buffet, donde, tras la ceremonia, se serviría la cena. Rogério había invitado a algunos amigos; y Eugênia, algunas familias con las que siempre había mantenido una relación amistosa.

Poco antes de las siete, Rosa llegó al lugar de la boda para comprobar si todo estaba como Eugênia quería. Recorrió el vestíbulo, la antesala y el salón, donde los músicos afinaban sus instrumentos. Entonces, vio que las mesas estaban dispuestas alrededor de la pista de baile y sonrió con satisfacción.

Poco después comenzaron a llegar algunos invitados y Rosa y Rogério comenzaron a recibir a la gente. En medio del movimiento, Rogério se detuvo de repente, tomó a su tía del brazo y dijo emocionado:

– ¡Mira quién entra!

– ¡Robson! – exclamó Rosa emocionada.

Eugênia había enviado una invitación a Robson, aunque sabía que vivía fuera del país.

Robson, al verlos, se acercó, besó la mejilla de Rosa y abrazó a Rogério deseándole felicidad.

Mientras el novio se alejaba para recibir a algunos amigos, Robson la miró emocionado y dijo:

– Tenía muchas ganas de llegar. ¡Tenemos que hablar!

– ¿Sucedió algo?

– ¡Sí!

Algunas personas se acercaron interrumpiéndolos y Rosa se apresuró a darles la bienvenida. Cuando finalmente se alejaron, Robson tomó el brazo de Rosa y le dijo:

– Ven, tengo muchas ganas de hablar contigo.

– ¿Ahora...?

– Ya.

Robson la llevó a un rincón de la terraza, la abrazó y la besó varias veces. Luego dijo emocionado:

– ¡Cuánto esperé este momento! ¡Quiero casarme contigo! Di que aceptas y seré el más feliz de los hombres.

Rosa vaciló un poco, lo miró y respondió:

– Me gustas mucho, pero no puedo aceptarlo. No quiero dejar mi país, mi familia.

– ¡No necesitas hacerlo! ¡Estoy aquí para quedarme! Siempre quise vivir en Brasil. Conseguí un trabajo en una empresa italiana que tiene una sucursal en São Paulo.

Los ojos de Rosa brillaron y dijo alegremente:

– ¡Hiciste esto por mí!

– ¡Seremos muy felices juntos!

Al ver a Robson y a Rosa entrar en la habitación abrazados, el rostro de su tía sonrojado y sus ojos brillando de emoción, Rogério se acercó y dijo alegremente:

– ¡Se entendieron!

En pocas palabras, Rosa le contó la noticia a su sobrino, quien dijo emocionado:

– ¡Robson, eres un hombre afortunado! ¡Y Rosa es una mujer especial!

– Lo sé. Nunca podría olvidarla.

La música empezó a sonar. Eugênia, acompañada de Beto, que lucía muy elegante, llevando la caja con los anillos en el bolsillo de su chaqueta, bajó del auto.

Entonces Rogério fue a buscarlos. Con Beto a la cabeza, los tres entraron a la sala y caminaron paso a paso hasta la mesa donde ya los esperaba el juez.

La ceremonia comenzó y, después que Rogério y Eugênia fueran declarados marido y mujer, Rosa pronunció una oración pidiendo protección divina para la familia que se iniciaba.

– No puedo evitar agradecer a Dios por este día y bendecir a mi querido sobrino, a quien admiro y respeto, y a Eugênia, a quien amo como a una hermana. ¡Le deseo toda la felicidad del mundo!

Después de los saludos y cócteles, se sirvió la cena en un ambiente alegre y agradable. Admirada, Eugênia notó que Beto hablaba animadamente con un chico un poco mayor que él, con naturalidad y agrado. Era la primera vez que veía que esto sucediera.

Eugênia tocó el brazo de su marido diciendo:

– ¡Mira, Beto está haciendo un amigo! Rogério sonrió ampliamente y comentó:

– Que bien. ¡Se está abriendo a la vida!

En medio de la noche, la pareja abandonó rápidamente la fiesta. Las maletas ya estaban en el auto, pues Rosa había dejado todo listo para que se fueran. Eugênia la abrazó afectuosamente diciéndole:

– Rosa, gracias por todo. ¡Cambiaste mi vida y hasta me trajiste a Rogério!

– ¡Se merecen el uno al otro y serán muy felices!

– No dejes que Beto esté triste.

– Él va a estar muy bien. Ya lo he conquistado para siempre.

Rogério comentó:

– No sabes el poder que tienes, tía. ¡Eres un hada!

Rosa sonrió feliz y dijo:

– ¡Buen viaje! ¡Vayan con Dios!

Después de la salida de Rogério y Eugênia, la fiesta continuó hasta las tres de la madrugada. Beto permaneció despierto y Robson los acompañó a casa, saliendo para reunirse con ellos a última hora de la tarde del día siguiente.

Era domingo. Rosa había acordado con Beto ir a visitar a las gemelas al orfanato y Robson estaba listo para acompañarlos.

Rosa se despertó satisfecha y recordó que la fiesta fue un éxito y todo había salido bien. La llegada de Robson, que lo había dejado todo para estar con ella, la había conmovido. Pasados los cuarenta años, se había resignado a cooperar y contentarse con la felicidad de sus seres queridos. Pero la vida, generosamente, le estaba regalando un compañero amoroso, que había dejado todo para vivir a su lado. Se sintió valorada y feliz.

Miró su reloj y se levantó apresuradamente. Era más de la una de la tarde y pronto llegaría Robson a recogerlos para ir al orfanato.

De la fiesta sobraron muchos dulces, pastel y hasta comida, que Rosa había ordenado empacar en contenedores para llevar cuando visitaran a los niños.

Se duchó, se arregló con cuidado pensando en Robson y fue a buscar a Beto. El niño ya estaba listo, esperándola para el viaje. Si antes se aislaba de todos, ahora, después de los cambios que había atravesado, encontraba placer en hablar, hablar de las cosas que iba aprendiendo y en hacer amigos. Odete anunció que el almuerzo estaba listo y, aunque no tenían hambre, los dos acabaron comiendo un poco.

Cuando Robson llegó a recogerlos, Rosa y Beto ya lo estaban esperando. Después de los saludos, colocaron cuidadosamente todos los paquetes en el auto y partieron hacia el orfanato.

Al llegar, los tres fueron recibidos con gran alegría por Helena y los niños, quienes al descubrir que más tarde harían una fiesta con tarta y dulces, los esperaban ansiosos.

Cuando Helena abrazó a Beto se emocionó. Había ganado cuerpo y estaba relajado, y ella podía ver lo hermosa que era la sonrisa del chico y lo grandes, y brillantes que eran sus ojos marrones.

Desde que el grupo llegó al orfanato, las gemelas se habían aferrado a Rosa, cada una de un lado. Como siempre, Luíza preguntó ansiosamente:

– ¿Me llevarás a tu casa?

Rosa miró a Robson, quien emocionado observó la escena, miró a la niña y respondió:

– Vamos a ver. Todavía no tengo un lugar propio donde llevarlas.

Lúcia, insatisfecha, dijo:

– Nos quedamos en cualquier lugar. Puede que sea pequeña, pero queremos que seas nuestra madre.

Robson empezó a contarles algunas historias divertidas y les hizo algunos chistes. Se olvidaron de su tristeza y se rieron mucho.

Casi al final de la tarde llegó una pareja y fueron atendidos por Helena en su oficina. Cuando se fueron, Helena buscó a Rosa y le dijo discretamente:

– Hay aquí una señora embarazada, que quiere saber qué pasó con un niño abandonado en la puerta de un orfanato en Jundiaí hace unos diez años. Se enteró que el orfanato donde habían dejado al niño cerró y que algunos niños que vivían allí en ese momento fueron trasladados aquí. También dijo que el pequeño era hijo de un conocido y que la mujer al no tener medios para criar al niño lo había entregado a la institución. Ahora, después de tantos años, de haber mejorado su vida, busca al niño.

– ¡Después de tanto tiempo! ¡Es extraño! – Se sorprendió Rosa.

– Ella solo quiere conocerlo, saber si está bien.

Rosa pensó un poco y dijo:

– Si Beto quiere conocerlos, está bien.

Helena habló con Beto, quien se ofreció a acompañarla. Entraron a la oficina y Rosa decidió esperarlos afuera.

Poco después, Beto regresó y pronto se unió a Robson, quien estaba entreteniendo a las gemelas en otra habitación.

Rosa permaneció en el pasillo, esperando ver quiénes eran las personas que, después de tantos años, buscaban a Beto.

Cuando Helena abrió la puerta de la oficina, salió Alberto en compañía de una joven, que estaba embarazada. Rosa pronto reconoció a Magali, la mujer de la que Júlio se había enamorado. Recordó que, un día, Eugênia le había mostrado unos recortes de una columna social, señalando a la chica como el eje de su separación. Rosa simplemente no entendía por qué el hermano de Eugênia estaba con Magali. Y, Júlio, ¿dónde estaría? ¿Y qué tenían que ver con Beto?

Después que los dos abandonaron el orfanato, Rosa confirmó sus nombres con Helena y sintió que había algunas cosas por aclarar en esa historia.

Estaba oscureciendo cuando Robson, Rosa y Beto regresaron a casa. El niño estaba feliz y hablador, pero Robson estaba pensativo. Después de cenar, el niño fue a su habitación y Rosa comentó:

– Estás pensativo. ¿Sucedió algo? – Preguntó Rosa con curiosidad.

– Estoy pensando en las gemelas. El sueño de las niñas es que las adoptes, Rosa.

– Es mi sueño también. Se quedaron aquí desde muy pequeñas y se encariñaron conmigo. Realmente me gustaría adoptarlas, pero no tengo los medios para hacerlo, Robson. Las niñas necesitan una madre y un padre, una vida buena y organizada. Eugênia es como una hermana para mí, pero ella me apoya. Actualmente no tengo los medios para criar y educar a dos hijos.

Robson puso su mano sobre el brazo de Rosa diciendo:

– Estas chicas son adorables. Sus risas todavía resuenan en mis oídos. Si quieres, podemos adoptarlas. Tengo un buen empleo y puedo mantener cómodamente a una familia. Nada nos faltará.

Rosa lo abrazó diciéndole entusiasmada:

– ¿Realmente harías eso? ¡Cada día que pasa me gustas más, Robson! ¡Es como un sueño! Ya me había resignado a vivir sola, y apareciste tú y me diste dos hermosas hijas.

Abrazándose, los dos hicieron planes para hacer realidad este sueño pronto.

✲ ✲ ✲

Una semana después, cuando llegaron Rogério y Eugênia, se enteraron de muchas novedades.

Al enterarse que Robson y Rosa ya tenían previsto casarse y que el proceso de adopción de las gemelas estaba en marcha, Eugênia decidió:

– Nos mudaremos a esta casa y tú podrás vivir en la otra. Es vieja, pero muy bien construido. Puedes renovarla como quieras. Es muy cómoda y espaciosa.

Robson los miró diciendo:

– No sé qué decir... Tiene muy buena pinta.

– Tienes carta blanca para cambiarlo todo. Estoy aliviada. No sabía qué hacer con la casa. Pensé que Rosa viviría con nosotros en la nueva casa, incluso le preparamos un lugar. Pero ahora, con el matrimonio, las cosas han cambiado y estoy muy feliz por eso.

– Nosotros también – dijo Rosa y continuó:

– Esta visita al orfanato fue muy especial.

Cuando Rosa dijo que Alberto y Magali habían estado con Helena buscando a Beto, Rogério no pudo contenerse:

– ¡Cogiste el hilo! Sospecho que Beto es el hijo que Magali abandonó en la puerta del orfanato.

– ¿Por qué piensas eso? – Preguntó Eugênia asombrada.

– Seguí el caso. Envenenó y mató a su exmarido, cambió su nombre y dejó al niño en un orfanato en Jundiaí. Los hermanos de Josué, que fueron detenidos, contaron esta historia y la policía descubrió todo. Pero Júlio contrató a uno de los mejores criminalistas de Río de Janeiro, quien logró que ella fuera absuelta. Estoy seguro que Alberto sabe que ella es culpable. Él siempre la ayudó en secreto.

Rosa objetó:

– Pero Magali ahora está embarazada. La vi en el orfanato.

– Es posible que, por eso, se acordó del hijo que dejó allí y sintió cierto arrepentimiento. Sufrí mucho por no tener hijos... El embarazo vuelve a la mujer muy sensible – dijo Eugênia.

Rosa pensó un poco y consideró:

– La vida tiene caminos que desconocemos, pero siempre termina poniendo las cosas en su lugar.

– Es verdad – añadió Rogério.

El ambiente era propicio para las confidencias y continuaron hablando, haciendo planes para el futuro. En un rincón de la sala, los espíritus Marcos Vinícius y el padre Juan miraban contentos.

– Ahora muchas cosas del pasado han vuelto a su lugar. Creo que todos pasarán un momento más tranquilo, con progreso y luz – afirmó Marcos Vinícius.

El padre Juan sonrió satisfecho y consideró:

– Ahora podemos dejarlos e ir a otro lugar.

Poco después, los dos entraron a la casa de Magali. La pareja estaba en el dormitorio. Júlio durmiendo tranquilo. Magali esperó un poco, luego se levantó con cuidado y fue a llamar a la habitación de Alberto. Él le abrió y ella entró diciendo alegremente:.

– Estoy muy contenta con lo que descubrimos hoy en ese orfanato.

– ¡Fue una gran coincidencia que Eugênia adoptara a tu hijo! ¡Se ve increíble!

– Es verdad. Cuando el director dijo su nombre, ¡fue toda una sorpresa!

– Hoy creo que las cosas son muy diferentes a lo que imaginamos. Hay una fuerza mayor que nos ayuda a encontrar un mejor camino. ¡Me pasó a mí! ¡Mira cómo he cambiado!

– Es verdad. Pasaste de ser un adicto a los juegos a ser un gran amigo que me apoyó en todos los momentos difíciles que pasé. Hoy ya no haría lo que hice. Cometí muchos errores. Pero de ahora en adelante espero mantener el equilibrio. Ya no quiero pasar por lo que pasé. La culpa es muy pesada. Quiero educar a este niño que espero y convertirlo en un buen hombre.

– Júlio ya no pensó en tener hijos. Le resultó difícil aceptarlo.

– Cuando supimos que estaba embarazada me pidió que abortara, pero me negué y ahora siento que realmente le gusta la idea.

– Siempre hay una primera vez.

– Vine aquí para desahogarme. Me siento muy feliz, porque el hijo que abandoné ahora está haciendo madre a Eugênia. Sé que ese siempre fue su sueño. Le quité a su marido, pero le di un hijo. Y pudo encontrar a otra persona y está feliz. Estoy en paz. Voy a volver a la habitación. Que duermas bien Alberto.

– Tú también.

Fue a su habitación y el espíritu Marcos Vinícius sonrió al padre Juan, diciéndole:

– Ahora podemos irnos. Estarán en paz por algún tiempo.

– Vámonos.

Los dos cruzaron la pared de la habitación de Alberto y, dándose media vuelta, abandonaron el lugar. La noche estaba estrellada y los dos se levantaban. En unos segundos desaparecieron en el infinito.

Fin

Grandes Éxitos de Zibia Gasparetto

Con más de 20 millones de títulos vendidos, la autora ha contribuido para el fortalecimiento de la literatura espiritualista en el mercado editorial y para la popularización de la espiritualidad. Conozca más éxitos de la escritora.

Romances Dictados por el Espíritu Lucius

La Fuerza de la Vida

La Verdad de cada uno

La vida sabe lo que hace

Ella confió en la vida

Entre el Amor y la Guerra

Esmeralda

Espinas del Tiempo

Lazos Eternos

Nada es por Casualidad

Nadie es de Nadie

El Abogado de Dios

El Mañana a Dios pertenece

El Amor Venció

Encuentro Inesperado

Al borde del destino

El Astuto

El Morro de las Ilusiones

¿Dónde está Teresa?

Por las puertas del Corazón

Cuando la Vida escoge

Cuando llega la Hora
Cuando es necesario volver
Abriéndose para la Vida
Sin miedo de vivir
Solo el amor lo consigue
Todos Somos Inocentes
Todo tiene su precio
Todo valió la pena
Un amor de verdad
Venciendo el pasado

Otros éxitos de Andrés Luiz Ruiz y Lúcio
Trilogía El Amor Jamás te Olvida
La Fuerza de la Bondad
Bajo las Manos de la Misericordia
Despidiéndose de la Tierra
Al Final de la Última Hora
Esculpiendo su Destino
Hay Flores sobre las Piedras
Los Peñascos son de Arena

Otros éxitos de Gilvanize Balbino Pereira
Linternas del Tiempo
Los Ángeles de Jade
El Horizonte de las Alondras
Cetros Partidos

Lágrimas del Sol

Salmos de Redención

Libros de Eliana Machado Coelho y Schellida

Corazones sin Destino

El Brillo de la Verdad

El Derecho de Ser Feliz

El Retorno

En el Silencio de las Pasiones

Fuerza para Recomenzar

La Certeza de la Victoria

La Conquista de la Paz

Lecciones que la Vida Ofrece

Más Fuerte que Nunca

Sin Reglas para Amar

Un Diario en el Tiempo

Un Motivo para Vivir

¡Eliana Machado Coelho y Schellida, Romances que cautivan, enseñan, conmueven y
pueden cambiar tu vida!

Romances de Arandi Gomes Texeira y el Conde J.W. Rochester

El Condado de Lancaster

El Poder del Amor

El Proceso

La Pulsera de Cleopatra

La Reencarnación de una Reina

Ustedes son dioses

Libros de Marcelo Cezar y Marco Aurelio

El Amor es para los Fuertes

La Última Oportunidad

Nada es como Parece

Para Siempre Conmigo

Solo Dios lo Sabe

Tú haces el Mañana

Un Soplo de Ternura

Libros de Vera Kryzhanovskaia y JW Rochester

La Venganza del Judío

La Monja de los Casamientos

La Hija del Hechicero

La Flor del Pantano

La Ira Divina

La Leyenda del Castillo de Montignoso

La Muerte del Planeta

La Noche de San Bartolomé

La Venganza del Judío

Bienaventurados los pobres de espíritu

Cobra Capela

Dolores

Trilogía del Reino de las Sombras

De los Cielos a la Tierra

Episodios de la Vida de Tiberius

Hechizo Infernal

Herculanum

En la Frontera

Naema, la Bruja

En el Castillo de Escocia (Trilogía 2)

Nueva Era

El Elixir de la larga vida

El Faraón Mernephtah

Los Legisladores

Los Magos

El Terrible Fantasma

El Paraíso sin Adán

Romance de una Reina

Luminarias Checas

Narraciones Ocultas

La Monja de los Casamientos

Libros de Elisa Masselli

Siempre existe una razón

Nada queda sin respuesta

La vida está hecha de decisiones

La Misión de cada uno

Es necesario algo más

El Pasado no importa

El Destino en sus manos

Dios estaba con él

Cuando el pasado no pasa

Apenas comenzando

Libros de Vera Lúcia Marinzeck de Carvalho

y Patricia

Violetas en la Ventana

Viviendo en el Mundo de los Espíritus

La Casa del Escritor

El Vuelo de la Gaviota

Vera Lúcia Marinzeck de Carvalho

y Antônio Carlos

Amad a los Enemigos

Esclavo Bernardino

la Roca de los Amantes

Rosa, la tercera víctima fatal

Cautivos y Libertos

Libros de Mónica de Castro y Leonel

A Pesar de Todo

Con el Amor no se Juega

De Frente con la Verdad

De Todo mi Ser

Deseo

El Precio de Ser Diferente

Gemelas

Giselle, La Amante del Inquisidor

Greta

Hasta que la Vida los Separe

Impulsos del Corazón

Jurema de la Selva

La Actriz

La Fuerza del Destino

Recuerdos que el Viento Trae

Secretos del Alma

Sintiendo en la Propia Piel

Otros Libros de Valter Turini y Monseñor Eusébio Sintra

Isabel de Aragón, La reina médium

El Monasterio de San Jerónimo

El Pescador de Almas

La Sonrisa de Piedra

Los Caminos del Viento

Si no te amase tanto...

World Spiritist Institute

www.ingramcontent.com/pod-product-compliance
Lightning Source LLC
LaVergne TN
LVHW041738060526
838201LV00046B/856